DER STARKE SOZIALSTAAT

Ronnie Schöb ist Professor für Finanzwissenschaft an der Freien Universität Berlin. Seit 2015 ist er Mitglied des Wissenschaftlichen Beirats beim Bundesministerium der Finanzen. Schöb beschäftigt sich intensiv mit sozial- und arbeitsmarktpolitischen Fragen und bringt seine Forschungsergebnisse immer wieder in die öffentliche Diskussion ein.

RONNIE SCHÖB

DER STARKE SOZIALSTAAT

WENIGER IST MEHR

Campus Verlag
Frankfurt/New York

Meiner Frau

ISBN 978-3-593-51276-1 Print
ISBN 978-3-593-44513-7 E-Book (PDF)
ISBN 978-3-593-44520-5 E-Book (EPUB)

Umschlaggestaltung: total italic, Thierry Wijnberg, Amsterdam/Berlin
Umschlagmotiv: © Shutterstock/Foxy burrow
Redaktion: Andrea Dietrich
Satz: DeinSatz Marburg UG | tn
Gesetzt aus der Minion Pro und der Gobold
Druck und Bindung: Beltz Grafische Betriebe GmbH, Bad Langensalza
Printed in Germany

www.campus.de

INHALT

EINE NEUE VISION FÜR DEN SOZIALSTAAT

GEZIELTER HELFEN, STÄRKER FÜR DIE ZUKUNFT

Als ich mit der Arbeit an diesem Buch begann, war die Welt noch in Ordnung. Ökonomisch ging es Deutschland besser als je zuvor. Die Menschen machten sich immer weniger Sorgen um den Arbeitsplatz, die eigene wirtschaftliche Situation und die allgemeine ökonomische Entwicklung.[1] Unsere Wirtschaft präsentierte sich in guter Verfassung, hatte die Finanz- und Eurokrise gut gemeistert, auch die Herausforderungen im Zusammenhang mit der Flüchtlingskrise, und wuchs Jahr für Jahr.

Der Staat konnte seine Verschuldung ebenso stetig senken. Zwar gab es Diskussionen über größer werdende Vermögensungleichheiten und darüber, was der Sozialstaat über das hinaus, was er schon leistete, noch alles tun sollte. Doch die Einkommen stiegen, und davon profitierten zuletzt zunehmend auch die Menschen mit den niedrigsten Löhnen.[2] Wer arbeiten wollte, fand Arbeit, und in vielen Regionen herrschte Vollbeschäftigung. Wir waren – fast – in einer Luxussituation. Und deshalb fühlten wir uns sicher.

Dann aber traf uns völlig unerwartet die große Krise. Ein Virus, das sich von der chinesischen Stadt Wuhan unaufhaltsam und mit rasender Schnelligkeit über die ganze Welt ausbreitete, nahm uns von einem Tag zum anderen all unsere Sicherheit.

Wir begannen, Abstand voneinander zu halten, und wurden uns zugleich bewusst, wie stark wir aufeinander angewiesen sind. Schnell zeigte sich: Wir, die Bürger, konnten uns in der Krise einerseits auf die hohen sozialen Standards verlassen, die in den letzten Jahrzehnten geschaffen worden waren. Konkret bedeutet das: Wer aufgrund einer Corona-Infektion erkrankt, wird automatisch versorgt, die Kosten übernimmt die Krankenversicherung, und für den Lohnausfall steht der Arbeitgeber ein. Kündigungsschutzregelungen verbieten Massenentlassungen von einem auf den anderen Tag. Die geltenden Kurzarbeiterregelungen helfen Unternehmen zu überleben und schützen so unsere Arbeitsplätze. Wer arbeitslos wird, weil seine Firma die Krise nicht überlebt, erhält Arbeitslosenunterstützung. Selbstständige ohne Arbeitslosenversicherung fängt die sozialstaatliche Grundsicherung auf.

Darüber hinaus handelte der Staat schnell und entschlossen – nicht nur mit Kontaktverboten, sondern auch mit Hilfsprogrammen in nie zuvor gesehenem Ausmaß. Bereits im März, als das Coronavirus gerade begann, sich in Deutschland auszubreiten, wurde ein gewaltiges Schutzpaket verabschiedet, das den Zugang zu den Sozialleistungen in der Krise deutlich vereinfachte. Wer zum Beispiel sein Geschäft schließen musste, um Ansteckungswege zu unterbinden, konnte auf schnelle Unterstützung zählen, durch Zuschüsse, Mietstundungen oder Kredite. Wer das Gefühl hatte, sich infiziert zu haben, konnte zu Hause bleiben und sich – wenn nötig – auch ohne persönliche Vorstellung beim Arzt telefonisch krankschreiben lassen, um so niemanden zu gefährden. Er konnte dies tun, ohne finanzielle Konsequenzen fürchten zu müssen.

Der Sozialstaat war da – und er tat das, was seine Aufgabe in solchen existenziell bedrohlichen Situationen ist: Er half zügig und unbürokratisch. Dass mancher hierzulande gerne noch mehr Unterstützungsprogramme gesehen hätte, bleibt davon unberührt. Im internationalen Vergleich jedenfalls suchte das deutsche sozialstaatliche Niveau schon vor der Pandemie seinesgleichen. Für die zusätzlich gewährten Krisenhilfen galt das Gleiche.

Denn was für uns schon in Normalzeiten selbstverständlich ist, ist es in den meisten anderen Ländern selbst in extremen

Krisenzeiten nicht. Auch nicht im reichsten Land der Welt. Allein in den ersten sechs Wochen nach dem Ausbruch der Corona-Krise verloren über 30 Millionen US-Amerikaner ihre Arbeit und damit ihre Existenzgrundlage. Wer die Nachrichten aufmerksam verfolgte, konnte lernen: Die meisten Menschen in den USA kennen weder Kündigungsschutz noch Lohnfortzahlung. Hinter ihnen steht nicht einmal im Ansatz ein sie auffangender Sozialstaat, wie wir ihn kennen, allenfalls eine minimalistische Grundsicherung, die zum Leben kaum reicht.

Und nun? Angesichts der Wucht, mit der die Pandemie die auch sozialstaatlich schlecht vorbereiteten Vereinigten Staaten traf, blieb der US-Regierung nichts anders übrig als zu handeln, um im Wahljahr mit einem sozialen Sofortprogramm eine drohende Massenverelendung zu verhindern. Doch die Maßnahmen kamen spät und wurden nur langsam umgesetzt.[3] Derweil wuchsen die Existenzängste in der Bevölkerung. Und die Schlangen vor den Foodbanks, den Essensausgabestellen für Bedürftige, wurden länger und länger. Auch viele Menschen aus der Mittelschicht mussten sich einreihen.[4]

Das Fehlen eines funktionstüchtigen Sozialstaates, der unverschuldet in Not geratene US-Bürger zumindest ein Stück auffängt, verhinderte dabei auch eine schnelle Eindämmung des Virus. Denn es ist klar: Wer durch die Gemeinschaft nicht abgesichert wird und Angst hat, seinen Arbeitsplatz zu verlieren, überlegt sich sehr genau, ob er sich beim ersten Anzeichen einer Erkältung auf das Coronavirus testen lässt. Und niemand geht freiwillig in Quarantäne, wenn er weiß, dass ihm der Lohn gestrichen wird oder er dadurch seinen Job verliert.

Deutschland war und ist da nicht nur schon in Normalzeiten anders aufgestellt. Durch die massiven zusätzlichen Hilfen in der Krise schuf die Bundesregierung auch die Voraussetzungen für eine schnelle wirtschaftliche Erholung. Und diese Erholung wird natürlich, selbst wenn es heute viele noch nicht absehen oder glauben können, irgendwann einsetzen.

Und wie soll der Sozialstaat dann aussehen? Um diese Frage zu beantworten, lohnt sich ein Blick zurück. Mancher mag es vor dem dramatischen Hintergrund der Corona-Krise nicht mehr präsent haben, aber in den Jahren davor führten wir hierzulande im Hinblick auf die Fragen nach den Aufgaben und Leistungen des Sozialstaates eine doch recht eigenartige Diskussion. Trotz gut laufender Wirtschaft und erfreulicher Entwicklung des Niveaus von Beschäftigung, Einkommen und sozialer Sicherheit schienen viele mit dem Erreichten in Sachen sozialstaatlicher Leistungen nicht mehr zufrieden. Nicht wenige redeten sie klein, sprachen gar von »Sozialstaatsdämmerung«[5] – und meinten damit so etwas wie den Zerfall des Sozialstaates, der allmählich zu einem »Fürsorge-, Almosen- und Suppenküchenstaat« verkümmere.[6] Der Einzelne sei, so der Vorwurf, immer mehr auf sich selbst gestellt und zukünftigen Krisen schutzlos ausgeliefert. Der soziale Zusammenhalt löse sich auf. Der Sozialstaat müsse, so die Folgerung, massiv ausgebaut werden.

Natürlich sind seine Aufgaben und Leistungen immer wieder einmal gründlich zu hinterfragen. Genau das tue ich auch in diesem Buch. Diese Kritik aber ist – in Inhalt und Form – nicht nur unberechtigt, sie ist gefährlicher Unsinn.

Ich hatte – wie fast alle anderen auch – eine weltweite Pandemie dieses Ausmaßes und ihre Folgen nicht kommen sehen, als ich mit den Überlegungen zu meinem Buch begann. Für mich ging es um Fragen, wie der Sozialstaat mit einer möglichen »normalen« Wirtschaftskrise infolge sich verändernder Globalisierungsbedingungen umgehen kann. Etwa, wie er in Zeiten wachsender geostrategischer und handelspolitischer Unsicherheiten – insbesondere bedingt durch das Erstarken Chinas und das unstete Lavieren der USA – am besten aufgestellt ist. Oder wie er der Gefahr begegnet, dass die fortschreitende Digitalisierung womöglich viele unserer Arbeitsplätze vernichtet.

Für mich als Ökonom stand fest: Die nächste Wirtschaftskrise wird kommen. Und für mich stand ebenfalls fest: Auf diese Krise ist der deutsche Sozialstaat, so stabil er im Vergleich mit anderen auch erscheint, nicht ausreichend vorbereitet. Er muss reformiert werden, und zwar an einer entscheidenden Stelle: der Grundsicherung.

Die Corona-Pandemie und ihre wirtschaftlichen und sozialen Folgen haben mich in dieser Überzeugung bestärkt. Wir brauchen eine neue Vision eines an den Herausforderungen von morgen ausgerichteten, eines in diesem Sinne »starken Sozialstaates«. So lautet denn auch der Titel dieses Buches.

Zwar mag es sein, dass unser Sozialstaat nach der Krise ein etwas anderer ist, als er vor der Pandemie war. Denn nach einer ersten Phase großer Einigkeit über alle Parteigrenzen hinweg begannen die Parteien und viele gut organisierte Lobbygruppen wie Branchenverbände, Gewerkschaften oder Arbeitgebervertretungen schon sehr bald wieder damit, ihre politischen Sonderinteressen zu verfolgen. Die SPD etwa brachte die (zunächst befristete) Erhöhung des Kurzarbeitergeldes für ihre Stammwähler durch, im Gegenzug durfte die CSU den Mehrwertsteuerersatz für Cafés und Restaurants (ebenfalls zunächst befristet) von 19 Prozent auf 7 Prozent absenken. Noch ist aber nicht klar, was von diesen – und anderen – kostspieligen Regelungen zugunsten bestimmter Gruppen bleiben wird.

Ausgangspunkt meiner Argumentation in diesem Buch kann daher nur der Sozialstaat sein, wie er vor der Krise existierte. Von ihm ausgehend entwickle ich meine Vorschläge für eine Reform der Grundsicherung für wirklich in Not geratene Menschen, um die es mir hier geht. Denn als unterstes Sicherheitsnetz, das auffängt, wenn alle Stricke reißen, ist sie es, die bestimmt, wie stark der Sozialstaat wirklich ist.

Die Wurzeln des modernen Sozialstaats, der von seinen Bürgern her gedacht wird und nicht von einer wie auch immer gearteten Obrigkeit, sind alt. Bereits die erste Verfassung der Französischen Republik aus dem Jahr 1793 führt in Artikel 21 die zentrale soziale Aufgabe des Staates an:

>»Die Gesellschaft schuldet ihren unglücklichen Bürgern den Unterhalt, sei es, dass sie ihnen Arbeit verschafft, sei es, dass sie denen, welche zu arbeiten außerstande sind, die Existenzmittel gewährt.«[7]

Sie betont, dass für den Schutz des Einzelnen vor Armut Eigenverantwortung und Fürsorge durch die Gemeinschaft zusammengehören. Ihre Botschaft ist damit eindeutig: Wer arbeiten möchte, aber keine Arbeit findet, aus gesundheitlichen Gründen nicht arbeiten kann oder trotz seiner Arbeit in Armut lebt, dem schuldet die Gemeinschaft Unterstützung. Wer aber zu arbeiten in der Lage ist, soll sich selbst helfen. Ich finde: Das ist ein klares und einfaches Prinzip, das sich nach Fairness anhört und das auch heute – immer noch oder wieder – leitend sein sollte.

Ein Prinzip freilich ist das eine, die praktische Ausgestaltung bis ins Detail ist etwas anderes. Damit der Staat erwarten kann, dass sich möglichst viele seiner Bürger selbst um ihren Lebensunterhalt kümmern können, muss er die Voraussetzungen dafür schaffen. Es ist also seine Aufgabe, ein funktionierendes Bildungssystem zu schaffen, in dem jeder Bürger lernen und sich laufend weiterqualifizieren kann, sei es schulisch, praktisch oder akademisch, und das jedem Bürger entsprechend seinen Talenten die gleichen Erfolgsaussichten bietet. Doch das allein genügt noch nicht. Der Staat muss zudem eine funktionierende marktwirtschaftliche Ordnung gewährleisten. Nur in einem solchen System können sich die individuellen Fähigkeiten und Fertigkeiten in der Arbeitswelt entfalten und die Leistungen entsprechend belohnt werden.

Erfolg allerdings hat nicht nur mit Leistung zu tun, sondern auch viel mit Glück.[8] Genau an dieser Stelle setzt der moderne Sozialstaat an – und die Aufgabe, ihn gut aufzustellen und zu stärken. Ein Kern seiner Stärke ist dabei das implizite Versprechen aller Bürger, sich gegenseitig zu helfen, wenn das Glück sie einmal verlässt und sie existenziell in Not geraten. Genau dieses wechselseitige Versprechen, das der Idee des modernen Sozialstaates innewohnen sollte, gibt dem Einzelnen am Ende die Sicherheit, die nötig ist, um sich im Leben und im Job auszuprobieren und sich selbst etwas aufzubauen.

SOZIALPOLITIK ALS BALANCEAKT: DAS EWIGE DILEMMA

Allerdings muss der Sozialstaat erst einmal herausfinden, wer wirklich in Not ist und Unterstützung braucht und wer sich problemlos selbst helfen kann und das dann auch tun soll. Dabei steht er vor einem immer wiederkehrenden Dilemma. Es lautet: *Zu viel* Fürsorge untergräbt die Bereitschaft zur Selbsthilfe und verstärkt die Probleme, die sie eigentlich lösen will. *Zu wenig* Fürsorge fördert zwar Eigeninitiative, nimmt aber billigend in Kauf, dass diejenigen, die sich selbst nicht helfen können, im Stich gelassen werden.

Es gibt unterschiedliche sozialpolitische Ansätze, dieses Dilemma anzugehen und – mehr oder weniger – systematisch aufzulösen. Einige Länder setzen fast ausschließlich auf die Eigenverantwortung, getreu dem Motto »jeder ist seines eigenen Glückes Schmied«. Der Staat verzichtet dort ganz auf die Übernahme sozialer Verantwortung. Wie das Beispiel USA zeigt, ist dieser Ansatz, allein auf die Eigenverantwortung des Einzelnen zu vertrauen und nicht wenigstens ein Mindestmaß an sozialem Sicherheitsnetz anzubieten, spätestens in der Corona-Krise grandios – beziehungsweise fast tragisch – gescheitert.

Ein anderer Weg, dieses *Sozialstaatsdilemma* zu lösen, ist für manche die Schaffung des »gläsernen Bürgers«. Big Data, also das Sammeln von großen Datenmengen und riesige Rechenkapazitäten zu deren Verarbeitung, machen dies mittlerweile – zumindest annähernd – möglich. Mit dem sogenannten *Social Scoring* geht etwa China diesen Weg bereits. Der Staat hortet hier alle möglichen Daten über seine Bürger, um deren gesellschaftskonformes Verhalten festzustellen und es im gewünschten Sinn zu steuern. Was das »richtige Verhalten« ist, entscheidet dabei allein die politische. Mit dieser totalen sozialen Kontrolle will sie letztlich, eine »Mentalität der Ehrlichkeit« schaffen[9] – und so ihre eigene Macht absichern.

Ohne Zweifel ist das eine für westliche Demokratien und ihre Bürger beängstigende Methode. Die Idee freilich, moderne Technologien einzusetzen, findet mittlerweile nicht mehr nur in autoritären Staaten Gefallen. Großbritannien etwa benutzt Big Data, um soziale Problemfälle zu identifizieren. Und das österreichische Arbeitsministerium will herausfinden, wer gute und wer schlechte Chancen auf dem Arbeitsmarkt hat und entsprechend gefördert werden sollte.[10]

Soll das die Zukunft unseres Sozialstaates sein? Um den Preis, dass wir unsere individuelle Freiheit, den Kern unserer Werte, unserer Gesellschafts- und Wirtschaftsordnung und unserer Art zu leben aufgeben müssen? Das kann nicht die Lösung sein. Dieser Preis wäre zu hoch.

Eine andere Möglichkeit wäre, nicht pauschal alle Bürger in ihren Freiheitsrechten zu begrenzen, sondern nur diejenigen, die unmittelbar auf sozialstaatliche Unterstützung angewiesen sind. Etwa indem der Sozialstaat seine Bereitschaft zur Hilfe in Not an eine Pflicht zur Gegenleistung knüpft. Konkret: Staatliche Unterstützung gibt es in diesem Modell nur als Gegenleistung für öffentliche Arbeit.[11] Die Logik ist dabei die: Je mehr der Staat an

Gegenleistung für seine Fürsorge einfordert, desto größer wird der Anreiz für die Betroffenen, schnell wieder Arbeit im privaten Sektor zu finden. In diesem Modell wird das Sozialstaatsdilemma also letztlich dadurch gelöst, dass der Staat jedem Bürger immer die Möglichkeit gibt, sich selbst zu helfen – entweder im privaten Sektor oder, wenn es dort nicht geht, im Rahmen einer schlecht bezahlten öffentlichen Arbeitsbeschaffungsmaßnahme.

Die radikale Idee, die hinter diesem Ansatz steckt: Wer diese Möglichkeit hat, der braucht am Ende gar keine staatliche Unterstützung. Diese Idee wurde vor Einführung der Hartz'schen Arbeitsmarkt- und Sozialreformen in Deutschland ernsthaft diskutiert.[12] Doch ein in dieser konsequenten Weise fordernder Staat stößt in Deutschland auf breite Ablehnung. Zu Recht, denn mit einer so radikalen Verpflichtung aller, für jede Leistung des Staates eine Gegenleistung zu erbringen, verbaut der Sozialstaat vielen die Chance, entsprechend ihren eigenen Fähigkeiten und Talente wieder für sich selbst zu sorgen.

Andere Ideen weisen in die entgegengesetzte Richtung. Sie wollen das Dilemma der Sozialpolitik im Spannungsfeld zwischen Eigeninitiative und Fürsorge einfach ignorieren. Der Sozialstaat soll schlicht jedem Bürger das uneingeschränkte Recht zugestehen, Nein! sagen zu können. Mit anderen Worten: Wer nicht arbeiten will, soll es auch nicht müssen.[13] Jeder kann dann also machen, was er will – auch sein Leben lang faul sein. Der Staat stünde trotzdem in der Pflicht, ihn zu versorgen.

Die mit diesem Ansatz verknüpfte Idee eines bedingungslosen Grundeinkommens (BGE) hat seit einiger Zeit Hochkonjunktur und durch die Corona-Krise sogar noch neue Anhänger gefunden. Schon kurz nach dem Beginn des Lockdowns etwa hatten über 460.000 Unterstützer eine Online-Petition für die (zumindest vorübergehende) Einführung des bedingungslosen Grundeinkommens unterzeichnet.[14]

Es ist klar: Selbsthilfe wird in diesem Modell nicht mehr eingefordert. Aber ein Recht auf Faulheit zu gewähren ist lebensfern, und zur Finanzierung gibt es mehr als riesengroße Fragezeichen, wie ich später noch zeigen werde. Für mich disqualifiziert sich das bedingungslose Grundeinkommen daher selbst.

DAS UNTERSTE SICHERHEITSNETZ STÄRKEN

Mehr Überwachung, radikales Fordern oder bedingungslose Fürsorge: Der deutsche Sozialstaat hat in den letzten 70 Jahren keinen dieser Ansätze verfolgt. Stattdessen hat der von ihm eingeschlagene Weg eine Erfolgsgeschichte begründet mit immer weitreichenderer sozialer Absicherung eines immer größeren Anteils der Bevölkerung. Neben unseren Sozialversicherungen – also Arbeitslosen-, Unfall-, Renten- und Unfallversicherung – bietet dabei vor allem die steuerfinanzierte Grundsicherung für existenziell in Not geratene Bürger besonderen Schutz. Sie ist das unterste Netz, das auch diejenigen auffängt, die von den Sozialversicherungssystemen nicht oder nur unzureichend unterstützt werden.

Soll dieses Netz den Ansprüchen eines starken, zukunftsfähigen Sozialstaates gerecht werden, muss es bei drohender Arbeitslosigkeit, sinkenden Einkommen, explodierenden Mieten, rasant wachsenden Ausgaben für Kinder und drohender Altersarmut die bestmögliche Absicherung bieten – und zwar genau dann, wenn alle anderen vorgelagerten Sicherungssysteme versagen.

Genau das ist heute nicht der Fall. Denn auch wenn der deutsche Sozialstaat in vielem eine Erfolgsgeschichte ist: Gerade jetzt, wo die Bewältigung dieser Schutzaufgaben vor dem Hintergrund der Krise und großer Veränderungen wie Globalisierung und Digitalisierung immer drängender wird, klaffen im untersten Auffangnetz große Löcher.

Dabei ist es gerade dieses Auffangnetz, die Grundsicherung, das wir am dringendsten brauchen. Wer arbeiten kann, soll sich möglichst selbst helfen – das klassische Prinzip der Sozialstaatsidee. So muss der Sozialstaat auch heute so viel Eigeninitiative wie möglich fördern. Aber die, die sich nicht helfen können, werden wir nur dann sicher auffangen können, wenn die sozialstaatliche Grundsicherung wieder tragfähig ist. Welche Reformen dafür nötig sind, zeige ich in diesem Buch.

Ich werde dazu zunächst einmal den Fragen nachgehen, was einen modernen Sozialstaat ausmacht und warum dabei die Grundsicherung, das Herz des fürsorglichen Staates, so wichtig ist. Hier geht es um das soziokulturelle Existenzminimum, darum, ein Dach über dem Kopf zu haben, um die Unterstützung von Kindern und ein Minimum an sozialer Teilhabe.

Anschließend zeige ich, wie mit den Hartz'schen Arbeitsmarkt- und Sozialreformen der fürsorgliche Sozialstaat zunächst fordernder wurde, diese Forderungen aber im Zuge vieler irreführender Debatten oft wieder zurückschraubte. Die Folge war eine Schwächung der Grundsicherung für die wirklich Bedürftigen.

Mit dieser Bestandaufnahme im Gepäck stelle ich die Frage, wo wir im Kern ansetzen müssen, um die Grundsicherung neu aufzustellen. Dabei unterscheide ich unter anderem zwischen Alleinstehenden, Alleinerziehenden und (Ehe-)Paaren mit Kindern und betrachte die Unterschiede bei den Wohnorten.

Die Analyse der heutigen Grundsicherung und einiger Reformideen führt schließlich zu meinem eigenen, umfassenden Vorschlag: den einer wirklich solidarischen Grundsicherung. Die neue Grundsicherungsarchitektur, wie ich sie nenne, wird getragen von drei starken Pfeilern und schafft eine neue Balance von staatlicher Fürsorge und Stärkung der Eigeninitiative – vor allem (aber nicht nur) bei Familien mit Kindern und bei denen, deren Existenz von rasant steigenden Mieten bedroht ist.

Damit dieses neue System auch nachhaltig funktionieren kann, muss der Zugang zu den Grundsicherungsleistungen klar geregelt sein. Dabei gibt es vieles zu bedenken. Welche Ansprüche sollen Migranten haben? Wie lässt sich verhindern, dass der deutsche Sozialstaat ausgebeutet wird? Wie lassen sich Reformen und Lösungen mit EU-Bestimmungen wie etwa dem Recht auf Freizügigkeiten vereinbaren? Auch auf solche Fragen werde ich eingehen. Hier sind kreative Lösungen gefragt. Schließlich zeige ich im letzten Kapitel, wie auch Rentner, die immer mehr von Altersarmut betroffen sind, in die Absicherung durch die neue Grundsicherungsarchitektur einbezogen werden können und müssen.

Zum Nachschlagen zwischendurch finden Sie die wichtigsten im Text vorgestellten Begriffe, Regeln und Leistungen auf einem Blick erklärt im Glossar am Ende des Buches.

Die neue, solidarische Grundsicherung, wie ich sie vorschlage, setzt auf die doppelte Verantwortung des Einzelnen für sich selbst und die Gemeinschaft. *Der starke Sozialstaat* zeigt: Mehr soziale Sicherheit für die wirklich Bedürftigen zu gewährleisten wird umso besser gelingen, je mehr Eigeninitiative ermöglicht wird. Das Buch zeigt, wie das gehen kann.

Es ist Zeit, die Reform der Grundsicherung anzugehen und unseren Sozialstaat zukunftsfest zu machen. Wie nötig das ist, hat uns nicht nur die Corona-Pandemie mit ihren Folgen deutlich vor Augen geführt. Denn wir wissen: Die nächste Krise kommt bestimmt.

KAPITEL 1

WAS EINEN MODERNEN SOZIALSTAAT AUSMACHT

SOLIDARITÄT, FÜRSORGE, EIGENVERANTWORTUNG

Wir leben in einem reichen Land. Viele Menschen besitzen aber weder Vermögen noch hinreichende Möglichkeiten, mit ihrer Arbeit ausreichend Geld zu verdienen. Sie sind auf Hilfe angewiesen.

Bis ins späte Mittelalter ging man davon aus, dass Armut selbst verschuldet sei. Armenhilfe war daher meistens verbunden mit repressiven Disziplinierungsmaßnahmen. Menschen, die unverschuldet in Not gerieten, wurden ebenso wie Bettler bis ins 18. Jahrhundert hinein in Arbeitshäuser eingewiesen, in denen die Beschäftigung geregelt und kontrolliert werden konnte. Wer die Einweisung ablehnte, verlor jeden Anspruch auf Unterstützung.[1]

EINE ALTE IDEE: SOLIDARITÄT STATT ALMOSEN

Die Zeiten haben sich geändert. Wer heute alles verliert und in Not gerät, wird durch den Sozialstaat aufgefangen. Moderne demokratische Gesellschaften sehen den Staat in der Pflicht, seinen »unglücklichen Bürgern« zu helfen.

Dieser Sozialstaatsgedanke findet sich bereits 1793, nur wenige Jahre nach der Französischen Revolution, in der ersten Verfassung der Französischen Republik, die ich in der Einleitung bereits zitiert habe:

»Die Gesellschaft schuldet ihren unglücklichen Bürgern den Unterhalt, sei es, dass sie ihnen Arbeit verschafft, sei es, dass sie denen, welche zu arbeiten außerstande sind, die Existenzmittel gewährt.«

Das Grundgesetz der Bundesrepublik Deutschland bekennt sich ebenfalls, wenngleich allgemeiner formuliert, zum Sozialstaatsprinzip: »Die Bundesrepublik Deutschland ist ein demokratischer und sozialer Bundesstaat.«[2]

Beide Verfassungen haben die gleiche Vorstellung von sozialer Gerechtigkeit und einem daraus abgeleiteten Ausgleich zwischen Arm und Reich. Die französische Verfassung von 1793 sah in der Gesellschaft eine Solidargemeinschaft aller Bürger, die ihre »glücklichen« Mitglieder dazu verpflichtet, den »unglücklichen« zu helfen. Nach Schuld wird nicht gefragt. Dafür wird bestimmt, wie geholfen werden soll. Möglichkeiten zur Selbsthilfe müssen geschaffen werden für die, die arbeiten können. Zuvorderst wird damit die Eigenverantwortlichkeit eingefordert. Denen, die nicht arbeiten können, soll aber das Existenzminimum zugesichert werden. Daraus leitet sich die Fürsorgepflicht der Gemeinschaft ab.

Diese Vorstellung von einem Sozialstaat ist heute so modern wie vor über 200 Jahren. Sie sieht im Sozialstaat eine Art Versicherung, die von allen Versicherten einen Beitrag einfordert, um diejenigen, die Schaden erleiden, zu unterstützen. Die eigentliche Aufgabe des Sozialstaates geht weit darüber hinaus, nur den Unglücklichen zu helfen. Was ihn eigentlich ausmacht, ist, dass er allen Bürgern hilft, indem er ihnen Sicherheit verspricht, das beruhigende Gefühl, in der größten Not nicht im Stich gelassen zu werden. Je mehr sich die Bürger auf dieses Versprechen verlassen können, desto stärker ist der Sozialstaat. Leider ist diese bedeutsamste Aufgabe des Sozialstaates in Vergessenheit geraten. Es ist jedoch wichtig, dass wir uns darauf wieder besinnen.

Der Staat schützt uns auf vielfältige Weise. Er reguliert und kontrolliert viele Lebensbereiche, sodass wir uns um viele Dinge des Alltagslebens keine Sorgen machen müssen. Er schreibt vor, was in unsere Lebensmittel hineindarf, und gibt uns damit Sicherheit beim täglichen Einkauf. Mit den Kündigungsschutzregelungen stellt der Staat sicher, dass wir nicht von einem Tag auf den anderen unsere Arbeit und damit unsere Existenzgrundlage verlieren, und er mischt sich ein, wenn es um den Schutz am Arbeitsplatz geht. Die Liste an regulierenden Eingriffen ließe sich noch beliebig lange fortsetzen.

Sicherheit schafft der Staat auch durch die gesetzlichen Sozialversicherungen. Sie schützen uns heute vor den finanziellen Folgen von Krankheit, Berufsunfällen und Arbeitslosigkeit und helfen uns bei der Altersvorsorge. Und wenn all das nicht ausreicht, unterstützt er uns mittels seines Steuer- und Transfersystems, das Einkommen von Besserverdienern zu Geringverdienern umverteilt. Er tut dies, weil er davon ausgeht, dass Erfolg nicht nur mit Leistung, sondern auch viel mit Glück zu tun hat.[3] Staatliche Umverteilung wirkt dann wie eine Versicherung zwischen den »Glücklichen« und den »Unglücklichen«, die uns gegen unsere Karriere- und Lebensrisiken, die sich ansonsten nicht versichern lassen, absichert. Dessen sollten wir uns bewusst sein!

Die Grundsicherung ist dabei eine Art Basisversicherung für alle Bürger. Sie ist das unterste soziale Auffangnetz, das uns immer auffängt, wenn alle anderen Stricke reißen. Sie verhindert, dass wir unsere Existenzgrundlage verlieren. Wir dürfen sie aber nicht als Almosen des Staates oder der Gesellschaft gegenüber den Bedürftigen interpretieren. Wir sollten sie als *solidarische Grundsicherung* verstehen, die wie eine Versicherung auf Gegenseitigkeit klar definierte Rechte und Pflichten ihrer Mitglieder festlegt, sodass alle von dem gegenseitigen Schutz vor Armut profitieren können. Genau dies hat der moderne, der starke Sozialstaat zu leisten.

Unsicherheiten durchziehen unser Leben. Vieles können wir selbst tun, um diese Unsicherheiten zu reduzieren. Auf Rauchen zu verzichten, Sport zu treiben und sich ausgewogen zu ernähren erhöht die Chance, gesund zu bleiben, und verlängert die Lebenserwartung. Eine gute Ausbildung steigert unsere Chancen auf einen gut bezahlten Arbeitsplatz und minimiert das Risiko, arbeitslos zu werden oder für längere Zeit arbeitslos zu bleiben. Sparen hilft uns, für unerwartete Notfälle und das Alter besser gewappnet zu sein. Andere Risiken nimmt uns der Staat ab. So überprüft und überwacht er die Hygiene- und Gesundheitsvorschriften in Restaurants und Cafés – und dies nicht erst, seit uns das durch die Beschränkungen infolge der Corona-Pandemie nur allzu deutlich bewusst geworden ist. Noch bedeutsamer: Ärzte brauchen ein Staatsexamen, um praktizieren zu können. Das nimmt uns die Angst, in die Hände eines Kurpfuschers zu fallen. Ähnliches gilt für Physiotherapeuten oder Pflegepersonal. Sie dürfen nur praktizieren, wenn sie entsprechende Qualifikationen nachweisen können. All das bewahrt uns vor vielfältigen Risiken. Trotzdem bleiben noch genügend Risiken, die sich nicht vermeiden lassen, vor denen wir uns aber trotzdem gerne schützen möchten.

Das beginnt schon im Kleinen: Wir freuen uns auf den Urlaub und buchen frühzeitig, um einen günstigen Flug zu ergattern und ein ruhiges Zimmer mit Meerblick zu reservieren. Aber wie sieht es aus, wenn wir kurz vor dem Urlaub krank werden? Bekommen wir dann die Reisekosten erstattet? Welche Kosten kommen auf uns zu, wenn wir im Urlaub krank werden, unser Gepäck unterwegs verloren geht oder unsere Papiere gestohlen werden? Wir können uns so vieles ausmalen, was schiefgehen könnte. Wir können das Risiko selber tragen oder eine Versicherung abschließen. Viele Urlauber gehen lieber auf Nummer sicher und schließen eine umfassende Reiseversicherung ab. Sie reisen so mit einer Sorge weniger im Gepäck.

VERSICHERUNGEN DECKEN VIELFÄLTIGE LEBENSRISIKEN AB UND SCHAFFEN SICHERHEIT

Die Risiken sind aber weiterhin da, die Folgen werden nur auf viele Schultern verteilt. Versicherer können recht genau die im Durchschnitt zu erwartende Schadenssumme, das heißt das Schadensrisiko eines Versicherten abschätzen.[4] Der Wettbewerb unter den verschiedenen Versicherungsunternehmen sorgt dann dafür, dass sie keine überzogenen Versicherungsprämien verlangen, sondern nur solche, die sich an der zu erwartenden Schadenssumme orientieren. Wenn jeder zehnte Koffer verloren geht, muss die Versicherung nur jedem zehnten Versicherten einen Schaden ersetzen. Als Versicherungskunde muss ich daher kaum mehr als ein Zehntel des Wertes als Prämie zahlen und habe im Schadensfall dann keinen weiteren Verlust. Man zahlt also einen kleinen Preis für die Sicherheit, nicht auf einem großen Schaden sitzenzubleiben.

Was für die kleinen Risiken gilt, gilt umso mehr für die größeren. Wenn Sie ein Haus kaufen wollen, werden Sie sich in der Regel gegen den möglichen Verlust durch Brand, Hochwasser oder Sturmschäden absichern, egal wie gering die Wahrscheinlichkeit für dieses Ereignis auch sein mag. Schließlich könnten Sie im schlimmsten Fall alles verlieren. Entsprechend locken die Versicherungen: »Ein Feuer oder ein Sturm kann innerhalb weniger Augenblicke zunichtemachen, was Sie sich aufgebaut haben. Vor Zerstörung oder Beschädigung können wir Ihr Haus zwar nicht schützen. Aber wir fangen die finanziellen Folgen für Sie auf, denn Ihre eigenen vier Wände verdienen den besten Schutz.«[5] Gegen einen überschaubaren, fest planbaren monatlichen Betrag kann man sich auch dieser Sorgen entledigen.

Unsere Bereitschaft, die unterschiedlichsten Versicherungen freiwillig abzuschließen, spiegelt unser Bedürfnis nach Sicherheit wider. Wie viel wir für eine Versicherung zu zahlen bereit sind, hängt dabei nicht nur von dem zu erwartenden Schaden ab, sondern auch von unserer Scheu vor Risiken. Eine Versicherung ersetzt uns nicht nur den Schaden, sondern sie nimmt uns vor allem die mit der (finanziellen) Unsicherheit verbundenen Sorgen ab. Das ist es, was Versicherungen so wertvoll macht.

Private Versicherungsmärkte decken viele der kleineren und größeren Lebensrisiken ab. Die Reiseversicherung und die Gebäudeversicherung habe ich schon genannt. Gegen viele weitere und bedeutsamere Risiken kann man sich ebenfalls privat versichern. Unfall- und Berufsunfähigkeitsversicherungen sichern uns gegen die Folgen frühzeitiger Arbeitsunfähigkeit ab. Die Haftpflichtversicherung schützt uns vor den Kosten eines persönlichen Missgeschicks. Angehörige werden durch eine Lebensversicherung gegen die finanziellen Folgen eines frühzeitigen Todes abgesichert.

Es gibt aber viele gravierende Risiken, gegen die wir uns nicht auf privaten Versicherungsmärkten versichern können, weil für diese Risiken keine Versicherungsmärkte zustande kommen, oder wenn, dann nur sehr schlecht funktionieren. Hierfür gibt es zwei Gründe. Da ist zum einen das Problem der beschränkten Haftung. Wer für einen von ihm selbst verursachten Schaden ohnehin nicht aufkommen muss, will sich auch nicht versichern. Die Kosten tragen dann andere. Zum anderen ist da das Problem der asymmetrisch verteilten Information. Wenn die Versicherungen nicht wissen, wen sie da versichern, werden sie vorsichtshalber höhere Prämien verlangen. Bei hohen Prämien steigen aber diejenigen aus, die wissen, dass ihr Schadensrisiko gering ist. Sie verlieren damit allerdings an Sicherheit. In beiden Fällen kann es daher sinnvoll sein, dass der Staat die Rolle des Versicherers übernimmt.

Ein Beispiel: Stellen Sie sich vor, Sie besitzen ein Auto, mit dem Sie viel und gerne fahren. Lohnt es sich da nicht, freiwillig eine private Haftpflichtversicherung abzuschließen, um die Kosten für Schäden abzudecken, für die Sie im Falle eines selbst verschuldeten Unfalls geradestehen müssen? Schließlich kommen schnell hohe Schadenssummen zusammen, und die Reparaturkosten sind dabei häufig nur der kleinste Teil. Wenn Ihr Unfallgegner verletzt wird, zahlen Sie für die Arztkosten, den Krankenhausaufenthalt, eventuell notwendige Rehabilitationsmaßnahmen und den Lohnausfall. Und wenn es ganz schlimm kommt und Ihr Unfallgegner als Folge des Unfalls berufsunfähig und pflegebedürftig wird, müssen Sie auch noch dauerhaft Unterhalt leisten. Eine entsprechende Versicherung deckt die Kosten für alle diese Eventualitäten ab.

Nun stellen Sie sich vor, Sie hätten kein Vermögen und Ihr Nettoeinkommen läge unterhalb der Pfändungsfreigrenze von derzeit (2020) 1.178,59 Euro im Monat.[6] Ohne Versicherungspflicht könnten Sie auf eine Versicherung verzichten und es darauf ankommen lassen. Zwar sind Sie rechtlich voll haftbar, finanziell müssten sie aber nur einen kleinen Teil des Schadens tragen.[7] Was kann Ihnen also schon passieren? Man kann Ihnen allenfalls das Einkommen oberhalb der Pfändungsfreigrenze nehmen. Entsprechend gering ist die Summe, für die Sie im Schadensfall persönlich einstehen müssen. Warum sollten Sie sich gegen den geringen Schaden, den sie selbst tragen müssten, mit vergleichsweise hohen Versicherungsprämien absichern? Wenn Sie sich die Versicherung ersparen, bleiben Ihre Unfallgegner auf dem Schaden sitzen. Um das zu verhindern, zwingt Sie der Staat zum Abschluss einer Versicherung, überlässt es aber Ihnen, zu entscheiden, bei welchem privaten Anbieter Sie sich versichern wollen.

Autofahrer werden also gezwungen, Schäden, die sie Dritten zufügen, zu versichern. Sie werden jedoch nicht gezwungen, eine Vollkaskoversicherung abzuschließen, die die eigenen Schäden abdeckt. Da können Sie frei entscheiden, ob Ihnen diese Absicherung wichtig ist. Das könnte, so sollte man meinen, auch bei größeren Lebensrisiken gelten, wenn es etwa um die Absicherung gegen eigene Krankheit, Pflegebedürftigkeit, Arbeitslosigkeit oder um die persönliche Altersvorsorge geht. Dem ist aber nicht so, denn hier greift eine andere Art beschränkter Haftung, die sich aus dem gesellschaftlichen Konsens ergibt, niemandem die Hilfe zu verweigern, der krank oder pflegebedürftig ist. Und derjenige, der keine Arbeit findet oder zu alt und gebrechlich ist, um noch zu arbeiten, wird nicht einfach dem Hunger und der Hoffnung auf die Hilfsbereitschaft großzügiger Menschen ausgesetzt.

Wenn aber die Gesellschaft verspricht, den Einzelnen im Fall von Armut oder Krankheit zu schützen, steht dies in Konkurrenz zu einer privaten Absicherung und verdrängt private Versicherungen aus dem Markt. Man kann sich die Versicherungsprämie sparen und zum Beispiel darauf vertrauen, dass ein Krankenhaus niemanden abweisen wird, der hoch fiebernd oder mit schweren Verletzungen eingeliefert wird. Man weiß, dass das Sozialamt die Pflegekosten übernimmt, wenn keine Angehörigen mehr da sind, die einen pflegen, und das eigene Einkommen nicht ausreicht, das Pflegeheim zu bezahlen. Kein Jobcenter wird einen Betroffenen zwingen, aus einer bescheidenen Wohnung auszuziehen, wenn er arbeitslos und damit mittellos wird. Bis er wieder Arbeit hat, wird es ihn vielmehr finanziell unterstützen, den Lebensunterhalt abzudecken. Und er kann sich auf die kommunalen Sozialämter verlassen, die sich kümmern, wenn er alt und mittellos ist. Private Versicherungen sind gegenüber solch einer staatlichen Absicherung im Notfall nicht konkurrenzfähig.

Für Besserverdienende gibt es diese *Versicherungskonkurrenz* in der Regel nicht. Denn je höher Einkommen und Vermögen, desto größer die Fallhöhe. Von einem Vermögenden kann und muss die Gesellschaft verlangen, dass er erst einmal mit seinen eigenen Mitteln für die Schäden aufkommt. Krankenhäuser oder Pflegeheime können die Behandlungskosten direkt von ihm einfordern. Wenn er sich weigert zu zahlen, könnten Haus oder Lohnkonto gepfändet werden. Im Extremfall, etwa bei einer kostspieligen Krankheit, könnte er so sein ganzes Vermögen verlieren und müsste sich fortan mit einem Einkommen auf Höhe der Pfändungsfreigrenze begnügen. Im Schadensfall hat er also viel zu verlieren und wird sich daher gerne freiwillig gegen einen solchen Verlust versichern wollen.

Wer hingegen wenig verdient, wie ich in dem Beispiel oben gezeigt habe, für den lohnt es sich nicht, sich selbst zu versichern und damit Monat für Monat auf einen Teil seines ohnehin spärlichen Einkommens zu verzichten. Im Schadensfall müsste er nur mit dem kleinen Teil seines Einkommens einstehen, der über der Pfändungsfreigrenze liegt. Das ist die absolute Haftungsgrenze. Je näher man mit seinem Einkommen an dieser Haftungsgrenze liegt, desto kleiner wird der Anreiz, sich privat abzusichern.

Um also zu vermeiden, dass sich viele, die sich selbst versichern könnten, es unterlassen, weil sie sich im Schadensfall lieber darauf verlassen, dass ein anderer für den Schaden aufkommt, ist eine Zwangsversicherung sinnvoll. Sie kann Versicherungskonkurrenz vermeiden und damit die gesellschaftliche Verpflichtung zur Hilfe auf diejenigen begrenzen, die nicht genügend Einkommen erzielen können, um ihren Lebensunterhalt und auch noch die Versicherungsprämien zu zahlen. Genau das tut der Sozialstaat mit einem umfassend ausgestalteten Sozialversicherungssystem.

Es gibt einen weiteren wichtigen Grund für eine Zwangsversicherung: Kennt der Versicherte sein Risiko, der Versicherer aber
nicht, können Versicherungsmärkte unter Umständen zusam-
menbrechen. Welche drastischen Folgen ungleich verteilte Informationen haben können, zeigte sich in Kalifornien in den 1980er
Jahren. Mit dem Ausbruch von AIDS stieg die Anzahl von Männern mit geringer Lebenserwartung. Sofern die AIDS-Kranken
bereits eine Kranken- oder eine Risikolebensversicherung hatten,
erhöhten sich die Versicherungsausgaben und in der Folge auch
die Versicherungsprämien. Entsprechend dem Solidarprinzip
stehen alle bereits Versicherten für neue, unerwartete Kosten ein.

Anders sieht es bei neuen Versicherungsabschlüssen aus. Viele
HIV-Infizierte wollten ihre Angehörigen angesichts ihrer durch
die Krankheit deutlich verringerten Lebenserwartung noch
schnell finanziell durch eine Lebensversicherung absichern. Für
die Versicherungen stiegen in der Folge die Kosten mit jedem
neuen vertraglich abgesicherten AIDS-Kranken stärker an als die
Einnahmen aus den zusätzlich gezahlten Versicherungsprämien:
1986 wurden 13 Prozent aller Leistungsanträge innerhalb von zwei
Jahren nach Versicherungsabschluss gestellt, bei AIDS-Kranken
lag die Quote mit 45 Prozent deutlich höher.[8]

Die Versicherungen mussten nun also deutlich mehr Verträge
früher auszahlen, als sie erwartet hatten. Da die Versicherungen
von den Antragstellern keinen HIV-Test verlangen durften, konnten sie für das höhere Risiko auch keine höheren Prämien verlangen. Daher mussten sie zwangsläufig die Versicherungsprämien
für alle Versicherten erhöhen. Diejenigen, die nicht mit HIV infiziert waren, bezahlten dadurch für die Abdeckung des eigenen,
unveränderten Risikos immer höhere Versicherungsprämien.
Eine Lebensversicherung wurde so für sie immer unattraktiver.
Schließlich verzichteten viele sogar ganz darauf, eine Lebensver-

sicherung abzuschließen, obwohl sie sich gerne versichert hätten. Der Markt für diejenigen mit hoher Lebenserwartung – Versicherer sprechen hier von den »guten Risiken« – wurde ausgehöhlt.[9] Durch den Wegfall der guten Risiken verteilte sich der erwartete Schaden auf immer weniger Schultern und ließ die Prämien weiter ansteigen, woraufhin noch mehr Versicherte ausstiegen. Um diesen Teufelskreis zu unterbinden, versuchten die Versicherungsunternehmen, das Recht auf HIV-Tests vor Abschluss einer Lebensversicherung durchzusetzen, um einen Anstieg der Prämien für die bereits Versicherten zu vermeiden.[10]

Wenn Versicherer nicht feststellen können, ob ein einzelner Versicherter ein gutes oder schlechtes Risiko ist, bleiben am Schluss oft nur noch die schlechten Risiken übrig, die sich freiwillig versichern. Nur sie sind noch bereit, die hohen Prämien zu zahlen. Gute Risiken kündigen hingegen die Solidargemeinschaft auf, da diese aus ihrer Sicht nicht mehr gegenseitige Absicherung bietet, sondern nur noch von ihnen zu den schlechten Risiken umverteilt. Das untergräbt das Prinzip der Versicherung auf Gegenseitigkeit, denn es entsteht ein krasses Missverhältnis von abgesicherten Risiken und finanziellen Belastungen.[11]

Um das zu unterbinden, gibt es zwei Möglichkeiten. Entweder dürfen Versicherungen vor Versicherungsbeginn alle bekannten Risiken abfragen und dann für unterschiedliche Risiken unterschiedlich bemessene Versicherungsprämien erheben. Das führt zu einer Aufspaltung der Solidargemeinschaft in Risikoklassen. Dabei müssen die Versicherungen gar nicht einmal das genaue individuelle Risiko eines Versicherten kennen. Sie können sich auch nur auf statistische Kriterien wie Alter oder Geschlecht verlassen. So sind private Krankenkassen für ältere Versicherte teurer als für junge Versicherte. Oftmals stehen diesem Vorgehen jedoch Verbote im Weg. Versicherungen dürfen beispielsweise nicht mehr zwischen Männern und Frauen diskriminieren. In der Kfz-Versicherung kam das Frauen teuer zu stehen. Vor der Einführung der Unisex-Tarife Ende 2012 waren dort die Versicherungsprämien für Männer unter 25 Jahren deutlich höher als die für gleichaltrige Frauen, da junge Männer statistisch häufiger Unfälle verursachen. Jetzt zahlen die jungen, im Durchschnitt vorsichtiger fahrenden Frauen 11 Prozent höhere Prämien, mit denen sie einen Teil der von jungen Männern verursachten Unfallkosten bezahlen.[12]

Die zweite Möglichkeit, die Auflösung der Solidargemeinschaft zu vermeiden, besteht in einer Zwangsversicherung. Die kann nur der Staat durchsetzen. Die Zwangsversicherung ignoriert das Problem der asymmetrischen Information, indem sie einfach alle zu Versicherten macht. Den Preis dafür zahlen die guten Risiken. Sie kommen zwar in den Genuss einer Versicherung, zahlen aber die gleichen Versicherungsbeiträge wie die schlechten Risiken und subventionieren diese mit für sie überhöhten Prämien. Zwangsversicherungen leisten damit einen solidarischen Ausgleich über die Risikoklassen hinweg, den private Versicherungen nie gewährleisten könnten.

Ein Beispiel hierfür ist die gesetzliche Arbeitslosenversicherung. Es gibt Beschäftigte, die in florierenden Unternehmen arbeiten und sich ihrer Arbeitsstelle vergleichsweise sicher sein können. Und es gibt Beschäftigte, die in Unternehmen arbeiten, die immer wieder kurz vor der Insolvenz stehen. Entsprechend unterschiedlich sind die Risiken verteilt, ohne dass das für die Versicherer beobachtbar wäre. Sie können vielleicht noch branchenspezifische Risiken unterscheiden, aber schwerlich die Risiken einzelner Betriebe. Außerdem gibt es Arbeitslose, die wissen, dass sie höchstwahrscheinlich schnell wieder Arbeit finden können, und Arbeitslose, die wissen, dass sie es wesentlich schwerer haben werden. Bei gleichem Versicherungsbeitrag zahlen diejenigen mit geringem Risiko, arbeitslos zu sein, für das Arbeitslosengeld derjenigen mit hohem Risiko mit.

Mittlerweile hat der Staat in Deutschland ein umfangreiches gesetzliches Versicherungssystem in Bereichen aufgebaut, in denen Märkte nicht oder nur unzureichend funktionieren. Die Sozialversicherungen decken als Zwangsversicherungen diejenigen Risiken ab, die private Versicherungen nicht oder nur ungenügend absichern können. Sie nehmen uns eine Vielzahl von Risiken ab, deren wir uns häufig kaum mehr bewusst sind.

WIE UNS DER HEUTIGE SOZIALSTAAT KONKRET ABSICHERT

Es lohnt sich, sich die umfassende Absicherung einmal vor Augen zu führen, die unser Sozialstaat mittlerweile bietet. Die Anfänge der Sozialversicherungen finden sich im 19. Jahrhundert. Ihre Einführung diente der Reichsregierung als ein Instrument gegen die Ausbreitung des Sozialismus. Die damalige Reichsregierung unter Otto von Bismarck bekämpfte die Sozialdemokratie unter anderem mit dem »Gesetz gegen die gemeingefährlichen Bestrebungen der Sozialdemokratie« von 1878, wollte aber zugleich,

> »… dass die Heilung der sozialen Schäden nicht ausschließlich im Wege der Repression sozialdemokratischer Ausschreitungen, sondern gleichmäßig auf dem der positiven Förderung des Wohles der Arbeiter zu suchen sein werde«.[13]

Als erstes Gesetz zur Sozialversicherung verabschiedete der deutsche Reichstag am 15. Juni 1883 das *Gesetz betreffend die Krankenversicherung der Arbeiter.* Es führte die Versicherungspflicht für abhängig Beschäftigte in Industrie, Handwerk, Handel, Binnenschifffahrt und bestimmten Dienstleistungsbereichen ein. Mittlerweile besteht in Deutschland eine uneingeschränkte Versicherungspflicht.[14] 2017 waren rund 87 Prozent der Deutschen in der gesetzlichen Krankenversicherung (GKV) versichert.[15] Beschäftigte mit höherem Einkommen und Selbstständige müssen sich auch versichern, können aber zwischen gesetzlicher und privater Krankenversicherung wählen.

Das Angebot der gesetzlichen Krankenversicherung ist über die Jahre immer stärker ausgeweitet worden. Die Kassen zahlen für ärztliche und zahnärztliche Behandlungen, für die stationäre Behandlung im Krankenhaus und Kur- und Spezialeinrichtungen, für Rehabilitationsmaßnahmen, für Medikamente ebenso wie für vorübergehende häusliche Krankenpflege und Haushalts- und Betriebshilfen. Sie übernehmen einen Teil des krankheitsbedingten Lohnausfalls und zahlen Mutterschaftshilfe und Mutterschaftsgeld. Zusätzlich engagieren sich die gesetzlichen Krankenkassen bei der Krankheitsprävention, etwa durch die Bezahlung von Schutzimpfungen und Früherkennungsmaßnahmen, Bonuszahlungen für regelmäßige Zahnarztbesuche oder Zuzahlungen für Fitnessprogramme.

Die kleine Schwester der Krankenversicherung ist die gesetzliche Pflegeversicherung (GPV). Sie deckt seit 1995 das Risiko der Pflegebedürftigkeit ab und zahlt für häusliche, ambulante oder stationäre Pflege, finanziert Maßnahmen zur Vermeidung von Pflegebedürftigkeit sowie die soziale Absicherung von Pflegepersonen, die wegen der Pflege Angehöriger auf eine Berufstätigkeit verzichten.[16]

Die gesetzliche Unfallversicherung (GUV) zwingt seit 1884 die Unternehmer, ihre Arbeiter und Angestellten gegen Unfälle zu versichern. Die Leistungen umfassten ursprünglich verdienstbezogene Renten im Falle der Berufsunfähigkeit und Hinterbliebenenrenten bei tödlichen Betriebsunfällen. Mittlerweile sind in der gesetzlichen Unfallversicherung[17] alle angestellten Beschäftigten und darüber hinaus auch Arbeitslose, Kinder während des Besuchs von Kindergärten, Schüler, Auszubildende und Studenten sowie gemeinnützig tätige Personen versichert. Sie zahlt Entschädigungsleistungen an Verletzte, übernimmt das Sterbegeld und Hinterbliebenenrenten für Ehegatten, Kinder oder Verwandte. Außerdem finanziert die Unfallversicherung Maßnahmen zur

Vermeidung von Arbeitsunfällen und Berufskrankheiten, zur Sicherstellung erster Hilfe bei Arbeitsunfällen, zur Wiederherstellung der Erwerbsfähigkeit eines Verletzten und fördert seine Wiedereingliederung ins Berufsleben.

Fast ebenso lange, nämlich seit 1889, gibt es die gesetzliche Rentenversicherung (GRV). Sie sah ursprünglich einen Rentenanspruch ab dem 70. Lebensjahr und mindestens dreißig Beitragsjahren vor. Damit sicherte sie, anders als heute, nur eine Ausnahmesituation ab, denn 1890 lag die durchschnittliche Lebenserwartung für einen 25-jährigen Mann bei 61 Jahren, für gleichaltrige Frauen bei 63 Jahren.[18] Heute sind in der gesetzlichen Rentenversicherung alle abhängig Beschäftigten mit Ausnahme der Beamten unabhängig von der Höhe des Einkommens pflichtversichert.[19] Sie erhalten spätestens mit 67 Jahren eine Altersrente. Wer nur noch eingeschränkt arbeitsfähig ist, erhält schon früher eine Erwerbsminderungsrente. Stirbt ein Versicherungsnehmer, erhalten Hinterbliebene eine Hinterbliebenenrente; ein geschiedener Ehegatte, der ein Kind des Verstorbenen erzieht, erhält eine Erziehungsrente. Die gesetzliche Rentenversicherung fördert zusätzlich den Erhalt, die Besserung und Wiederherstellung der Erwerbsfähigkeit, beispielsweise durch Zahlung von Lohnersatzleistungen während Kuren und Fortbildungsmaßnahmen zur beruflichen Rehabilitation.

Einkommensrisiken aufgrund von Arbeitslosigkeit werden erst seit 1927 gesetzlich abgesichert. Die Arbeitslosenversicherung wurde zusammen mit staatlichen Maßnahmen der Berufsberatung und Arbeitsvermittlung eingeführt. Sie begründete einen Rechtsanspruch auf Arbeitslosenunterstützung, der das bis dahin geltende Fürsorgeprinzip im Rahmen der kommunalen Armuts- und Sozialhilfe für Erwerbslose ablöste.[20] Die heutige gesetzliche Arbeitslosenversicherung (GAV)[21] zahlt je nach Alter 12 bis 24 Monate ein Arbeitslosengeld in Höhe von 60 Prozent des Nettolohns des letzten Jahres, wenn man keine Kinder hat, und 67 Prozent, wenn man Kinder hat. Sie übernimmt zusätzlich die Zahlungen für die gesetzlichen Kranken-, Pflege- und Rentenversicherungen. Wer allerdings länger arbeitslos bleibt, erhält keine weiteren Leistungen aus der GAV und muss auf Grundsicherungsleistungen zurückgreifen, wenn er keine anderen finanziellen Möglichkeiten hat. Um Arbeitslosigkeit aufgrund vorübergehender Probleme in Unternehmen zu vermeiden, zahlt die GAV ein Kurzarbeitergeld, mit dem sie vorübergehende Lohnausfälle abdeckt, wenn dadurch Arbeitsplätze in den betroffenen Unternehmen erhalten bleiben.

HOHE LEISTUNGSNIVEAUS

All diese sozialen Errungenschaften sind für uns selbstverständlich. Wir merken oft gar nicht mehr, wie viel Last und Sorgen sie uns im Alltag abnehmen und wie viel Sicherheit sie uns über das gesamte Leben hinweg geben. Keine Frage: Unser Leben würde ohne diesen starken sozialen Rückhalt anders aussehen.

Was wir hingegen wahrnehmen, sind die immer wieder neuen Debatten über tatsächliche und vermeintliche Defizite unseres Sozialstaates und die Behauptungen, dass der Einzelne im bestehenden sozialstaatlichen System nur unzureichend geschützt sei. Natürlich ist es wichtig, seine Schwächen und Stärken vor dem Hintergrund sich wandelnder Herausforderungen immer wieder einmal einer kritischen Prüfung zu unterziehen. Nichts anderes tue ich in diesem Buch. Doch gleichzeitig will ich mich den immer neuen Versuchen, die Errungenschaften des Sozialsystems kleinzureden, entgegenstellen. Sie sollten uns nicht blind gegenüber den Errungenschaften des Sozialstaates machen. Und sie sollten uns nicht blind machen dafür, dass mit dem Kleinreden der Errungenschaften allzu oft Reformen begründet werden sollen, die nur dazu dienen, das Sozialversicherungssystem für spezielle Gruppeninteressen auszunutzen.

Es ist ein gefährliches Spiel, das wir da mit unserem Sozialstaat spielen. Wer den Sozialstaat immer wieder den Sonderinteressen von politisch gut organisierten Gruppen opfert – und das sind eben nicht die sozial Hilfsbedürftigen –, verspielt das Vertrauen der Bürger in ihn. Werden den Sozialversicherungen immer weitergehende Aufgaben aufgebürdet, die nicht zu ihren Kernaufgaben gehören, werden sie schnell zu Selbstbedienungsläden für durchsetzungsstarke Lobbygruppen. Oder gar zum paternalistischen Staat, der jegliche Eigeninitiative erstickt. Das aktuellste Beispiel für Fehlentwicklungen in dieser Hinsicht ist die Grundrente. Auf sie werde ich noch zu sprechen kommen.

Wichtig für alle Bemühungen zur Stärkung des Sozialstaates bleibt: Nur wenn sich die Sozialversicherungen strikt auf die Absicherungen der Risiken konzentrieren, für die sie geschaffen wurden, weil private Märkte sie nur unzureichend absichern können, handelt der Sozialstaat im Interesse aller seiner Bürger.[22] Und darum geht es letztlich.

DIE GRUNDSICHERUNG DER EXISTENZ: EIN VERSPRECHEN AUF GEGENSEITIGKEIT

Viele Lebensrisiken werden durch private Versicherungen einerseits und ein umfangreiches System staatlicher Pflichtversicherungen andererseits abgesichert. Allerdings werden damit längst nicht alle Lebensrisiken abgedeckt. Deshalb hat der Sozialstaat dort, wo weder Eigenvorsorge noch private und gesetzliche Versicherungen helfen, ein weiteres Auffangnetz der sozialen Sicherung eingezogen: die Grundsicherung.

Aus guten Gründen. Vieles in unserem Leben liegt nicht in unserer Hand. Es ist der Zufall, der entscheidet, in welche Familie und Gesellschaft wir hineingeboren werden, welche Begabungen uns vererbt und welche Fähigkeiten uns später vermittelt werden. Diese wichtigen Grundsteine für ein selbstbestimmtes und erfüllendes Leben sind uns also alles andere als sicher. Wie gerne würden wir uns gegen diese Unwägbarkeiten versichern. Doch welche Versicherung wäre dazu bereit? Eine Versicherung schließt man ab, bevor man weiß, ob ein Schaden eintritt oder nicht. Das aber ist bei diesen Lebensrisiken schlicht unmöglich.

Schon vor der Geburt werden erste Weichen gestellt. Die Wahrscheinlichkeit, auf ein Gymnasium zu gehen, hängt auch davon ab, in welches Elternhaus man geboren wird. Während 67 Prozent aller Kinder von Eltern mit Gymnasialabschluss Abitur machen, sind es bei den Kindern von Eltern mit Hauptschulabschluss nur 17 Prozent.[23] Einkommenspositionen innerhalb einer Gesellschaft werden teilweise vererbt. Wer in eine einkommensschwache Familie hineingeboren wird, verdient später mit größerer Wahrscheinlichkeit weniger als jemand, dessen Eltern zu den Spitzenverdienern gehören. Der Sohn, dessen Vater das Doppelte des Durchschnittseinkommens seiner Generation hatte, verdient in Deutschland im Durchschnitt 32 Prozent mehr als der Durchschnitt seiner eigenen Generation. Hat der Vater dagegen nur die Hälfte des Durchschnittseinkommens seiner Generation verdient, liegt das Einkommen des Sohnes im Durchschnitt 32 Prozent unter dem Durchschnittseinkommen seiner Generation.[24]

CHANCEN UND RISIKEN IM LEBEN SIND NICHT GLEICH VERTEILT

Die Startchancen sind also von Geburt an ziemlich ungleich verteilt. Und mit zunehmendem Alter lässt sich dann noch besser abschätzen, wo man sich später in der Einkommenshierarchie befinden wird. Die schulische Ausbildung ist weit vorangeschritten und der weitere Berufsweg vorgezeichnet. Wer sich nach all den Weichenstellungen zu denen zählt, die aller Voraussicht nach im weiteren Leben zu den Besserverdienenden gehören, wird von einer umfassenden Versicherung gegen Einkommensrisiken nicht mehr viel wissen wollen: Versicherer würden ihn als ein gutes Risiko bezeichnen, und entsprechend wäre er nicht bereit, viel für eine Versicherung auszugeben. Wer steht dann aber für diejenigen ein, die in Zukunft mit hoher Wahrscheinlichkeit zu den Geringverdienern gehören? Und auch die guten Risiken sind nicht völlig vor dem Ernstfall gefeit. Auch sie können alles verlieren und würden sich dann wünschen, dass sich jemand ihrer annimmt.

Jenseits der bestehenden privaten Versicherungen und der gesetzlichen Sozialversicherungen bietet sich hier eine Grundsicherung an. Sie verspricht denjenigen, denen im Leben wenig Glück beschert ist, sie nicht ihrem Schicksal zu überlassen, und sorgt mithilfe ihres Steuer- und Transfersystems für einen Ausgleich zwischen allen Mitgliedern der Solidargemeinschaft. Eine solche Umverteilung entspringt der gemeinsamen Vorstellung der Gesellschaft von sozialer Gerechtigkeit und führt zu einem entsprechenden Ausgleich von Arm und Reich.

EINE SOZIALE ABSICHERUNG, DIE ALLE WOLLEN

Die Parallelen zwischen der Grundsicherung und einer tatsächlichen Versicherung werden deutlich, wenn wir einmal annehmen, wir hätten unseren Platz in der Gesellschaft noch nicht gefunden, wir uns also hinter einem »Schleier des Nichtwissens«[25] befinden. Welcher Sozialstaat wäre uns hinter diesem Schleier am liebsten? Fragen Sie sich einmal selbst: Wie würden Sie hinter diesem Schleier des Nichtwissens entscheiden, wenn es um Ihr zukünftiges Leben in Deutschland geht und Sie noch nichts wissen über Ihre Begabungen, Ihre genetische Disposition für eine Krankheit, die es Ihnen unmöglich machen könnte zu arbeiten, und die vielen Zufälle, gute wie schlechte, die Ihnen im

Laufe Ihres Lebens begegnen werden? Wären Sie für eine existenzsichernde Grundsicherung, die Sie vor dem Schlimmsten bewahrt, auch wenn Sie sich dafür im Gegenzug verpflichten müssten, von Ihrem Einkommen etwas abzugeben, solange Sie zu den Glücklichen gehören?

Bevor Sie die Frage beantworten, sollten Sie bedenken: Die damit verbundene Umverteilung sorgt auch dafür, dass sich alle etwas weniger anstrengen. Der Glückliche, weil ihm die Steuern zu hoch sind, der Unglückliche, weil ihm mit steigendem eigenem Einkommen die staatliche Unterstützung gekürzt wird.

Man kennt das von privaten Versicherungen. Eine gute Absicherung macht bequem. Das erhöht die Schadenswahrscheinlichkeit und die Kosten. Bei privaten Versicherungen kann sich jeder Einzelne jedoch frei entscheiden, ob sich die Versicherung für ihn noch lohnt, wenn die Kosten wegen der nachteiligen Anreize zu hoch werden. Um im Geschäft zu bleiben, bieten Versicherungen deshalb häufig günstigere Versicherungsverträge an, die die negativen Anreize durch Selbstbehalte verringern. Bei einer existenzsichernden Grundsicherung gibt es diese Wahlfreiheit nicht. Entsprechend steht die Grundsicherung vor der immerwährenden Herausforderung, die Anreize zur Selbsthilfe für beide Seiten, die Glücklichen und die Unglücklichen, so weit wie möglich aufrechtzuerhalten, ohne dabei den Versicherungsgedanken aufzugeben.

GRUNDSICHERUNG HEIßT FÜREINANDER EINSTEHEN

Wie bei Versicherungen muss der Staat bei der Grundsicherung das Prinzip der *gegenseitigen* Solidarität durchsetzen. Er muss dazu alle Bürger zu dem gegenseitigen Versprechen verpflichten, zunächst einmal für sich selber zu sorgen und, wenn das nicht funktioniert, sich gegenseitig zu helfen. Er hat dann dafür zu sorgen, dass die Glücklichen ihrer Verpflichtung zur Hilfe nachkommen, auch nachdem ihnen klar geworden ist, dass sie zu den Glücklichen gehören. Und er muss in der Lage sein, die Fürsorge auf diejenigen zu beschränken, die der Solidargemeinschaft von Anfang an angehören. Ansonsten droht der Grundsicherung ein ähnliches Schicksal wie den kalifornischen Lebensversicherungen. Die Definition verbindlicher gegenseitiger Pflichten und die Abgrenzung der Solidargemeinschaft begründet eine *solidarische* Grundsicherung, die einer Versicherung auf Gegenseitigkeit sehr nahekommt.

Die Idee der solidarischen Grundsicherung geht vom Einzelnen aus, der sich hinter dem Schleier des Nichtwissens fragt, was für ihn selbst gut ist, und zu dem Schluss kommt, dass die Solidarität mit klar definierten Rechten und Pflichten in seinem ureigenen Interesse ist. Es sind dieses Eigeninteresse und das Wissen jedes Einzelnen, dass der Sozialstaat ihm Sicherheit gibt, die den Sozialstaat stark machen.

ALTRUISMUS MACHT NOCH KEINEN SOZIALSTAAT

Viele Menschen sorgen sich aber nicht nur um sich selbst, sondern auch um andere, und die Verbesserung des Wohlergehens der ärmeren Mitglieder ihrer Gesellschaft ist ihnen ein großes Anliegen.[26] Viele Reiche sind gerne bereit, etwas an die Ärmeren abzugeben, um so Ungleichheiten abzubauen. Doch alleine kann man nicht viel bewirken. Die eigene Hilfe ist nicht mehr als ein Tropfen auf den heißen Stein. Wenn man andere nicht dazu bringen kann mitzuhelfen, macht der eigene Beitrag einen nur ärmer, ohne dass damit vielen Ärmeren geholfen wäre. Entsprechend gering ist daher trotz der prinzipiellen Solidaritätsbereitschaft der individuelle Anreiz zur Hilfe.

Wenn sich alle Glücklichen aber gegenseitig verpflichten, den Unglücklichen zu helfen, kann auch dieses Dilemma überbrückt werden.[27] Im Kleinen wird diese Grundidee manchmal auch umgesetzt. Seit mittlerweile fünf Dekaden verspricht Jahr für Jahr ein unbekannter »Mister Zehnprozent«, den zehnten Teil seines Einkommens (2020 waren das 25.000 Euro) für konkrete wohltätige Projekte zu spenden, wenn mindestens eine bestimme Anzahl weiterer Personen seinem Beispiel folgen. 2020 schlossen sich ihm 391 Spender an und gaben insgesamt 166.000 Euro.[28]

Das Prinzip »einer gibt, weil die anderen geben« ist im Grunde das gleiche wie bei der steuerfinanzierten Grundsicherung. Wenn die Zahler sich darauf verlassen können, dass ihre solidarische Unterstützung gemeinsam mit der vieler anderer eine echte Hilfe ist und tatsächlich dort ankommt, wo sie gebraucht wird, werden durch eine solidarische Grundsicherung auch altruistische Motive befriedigt.

ZWEI HAUPTPROBLEME FÜR DIE SOLIDARISCHE GRUNDSICHERUNG

Die solidarische Grundsicherung definiert die Gesamtheit der Staatsbürger als Solidargemeinschaft, die jedem ein Grundsicherungsniveau garantiert, wenn Eigenvorsorge und alle anderen Sicherungssysteme nicht mehr weiterhelfen. Sie steht dabei aber vor zwei Problemen, mit denen auch Versicherungen, insbesondere die gesetzlichen Zwangsversicherungen wie Arbeitslosen- oder Rentenversicherung, zu kämpfen haben.[29]

VERSICHERUNGEN MACHEN NACHLÄSSIG

Das erste Problem bezeichnen Ökonomen als *Ex-ante Moral Hazard.* Wer versichert ist, verändert sein Verhalten. Versicherungen können die Bemühungen des Versicherten zur Schadensvermeidung nicht oder nur unzureichend beobachten beziehungsweise einfordern. So weiß der Versicherte, dass er, unabhängig von seinem eigenen Bemühen um Schadensvermeidung oder -begrenzung, im Schadensfall entschädigt wird. Seine Bemühungen um Schadensvermeidung kommen dann nicht ihm, sondern in erster Linie der Solidargemeinschaft der Versicherten zugute.[30]

Dort, wo individuelle Bemühungen zur Schadensvermeidung beobachtbar und einforderbar sind, können sie Vertragsbestandteil werden und zu geringeren Versicherungsprämien führen. Das zeigt sich beispielsweise in der Krankenversicherung. Die Krankenkasse kann Schutzimpfungen oder den regelmäßigen Besuch beim Zahnarzt überprüfen. Entsprechend kann sie Vorsorge belohnen oder das Unterlassen mit höheren Beiträgen sanktionieren. Damit stellt sie sicher, dass die Solidargemeinschaft nicht für Nachlässigkeiten der Versicherten aufzukommen hat. Schwieriger ist es, Vorsorge durch viel Bewegung, weniger Alkohol, den Verzicht aufs Rauchen und bewusste Ernährung einzufordern. Die Versicherung kann hier allenfalls indirekte Anreize setzen, etwa, wenn sie einen Teil der Fitnessclubrechnung übernimmt, wenn man regelmäßig zum Training geht. Sie kann aber nicht feststellen, ob und wie intensiv man trainiert oder ob man sich doch nur an der Bar des Fitnessclubs zu einem netten Gespräch mit Freunden trifft.

ZU VIEL FÜRSORGE WIRKT LEISTUNGSFEINDLICH

Das gleiche Problem zeigt sich auch in der staatlichen Grundsicherung. Bildung lohnt sich, wenn man dadurch mit größerer Wahrscheinlichkeit einen besser bezahlten und sichereren Arbeitsplatz findet. Eine Grundsicherung allerdings, die ein Arbeitsloseneinkommen auf der gleichen Höhe wie ein Arbeitseinkommen ermöglicht, setzt keinen Anreiz zur Eigeninitiative. Warum in eine Ausbildung in einen schlecht bezahlten Beruf investieren, wenn man mit weniger Aufwand und mehr Freizeit das gleiche Geld bekommt? So machen großzügige Grundsicherungsleistungen solche Ausbildungen und Berufe zunehmend unattraktiv.

Wie attraktiv eine Ausbildung ist, lässt sich durch die sogenannte persönliche Bildungsrendite messen. Sie gibt an, wie sich Ausbildungskosten und der Verzicht auf heutigen Lohn durch das spätere höhere verfügbare Einkommen in der Zukunft »verzinsen«. Für jemanden, der eine Lehre macht, anstatt ganz auf eine Berufsausbildung zu verzichten, liegt die Verzinsung bei 1,6 Prozent.[31] Steigt die Grundsicherung, sinkt der Einkommenszuwachs durch die Berufsausbildung und damit die Rendite. Entsprechend unattraktiver wird es, in Bildung zu investieren.

Typisch, werden Sie vielleicht jetzt denken, so können nur Ökonomen argumentieren. Natürlich berechnen junge Menschen am Anfang ihres Arbeitslebens nicht auf den Euro genau, was ihnen zusätzliche Bildung später an zusätzlichem Einkommen bringt. Aber sie sehen, wenn ihre Eltern oder andere Verwandte mit der Grundsicherung genauso gut oder schlecht zurechtkommen wie andere, die sich mit harter, aber schlecht bezahlter Arbeit über Wasser halten. Sie sehen auch, wenn einige ihrer Freunde nach der Lehre keine feste Anstellung finden, während andere ohne Schulabschluss anscheinend immer obenauf sind. Sicher hängt die Entscheidung für oder gegen eine gute Ausbildung auch davon ab, wie viel Sinn der Einzelne überhaupt in Bildung sieht und wie groß sein Glaube daran ist, die eigene Zukunft wirklich selbst beeinflussen zu können. Unabhängig davon steigt aber die Wahrscheinlichkeit, sich für eine Lehre zu entscheiden, wenn die beruflichen Chancen besser werden, die Löhne steigen oder Arbeitslosigkeit weniger attraktiv wird.

Versicherungen ändern das Verhalten der Versicherten nicht nur *vor*, sondern auch *nach* dem Schadenseintritt. Ökonomen sprechen in diesem Fall von *Ex-post Moral Hazard*. Die Verpflichtung der Versicherung, für den entstandenen Schaden aufzukommen, verringert den Anreiz für den Betroffenen, den eingetretenen Schaden so gering wie möglich zu halten. Entsprechend höher sind die Kosten, die die Solidargemeinschaft zu schultern hat. Wer krankenversichert ist, kann von der Krankenversicherung Leistungen in Anspruch nehmen, die er ohne Versicherung nie in Anspruch nehmen würde. Anstatt eine einfache Erkältung mit bewährten Hausmittelchen zu kurieren, geht ein Versicherter lieber zum Arzt und lässt sich Medikamente verschreiben, die die Krankenkasse übernimmt.[32] Oder man geht bereits wegen kleinerer Verletzungen mal schnell in die Notaufnahme des nächstgelegenen Krankenhauses, obwohl überhaupt keine Dringlichkeit vorliegt.[33]

Wie stark versicherungsbedingte Verhaltensänderungen sein können, zeigte sich eindrucksvoll während der ersten Erdölkrise 1974. Im Laufe eines Jahres ging die Gesamtzahl an Kuraufenthalten unter Angestellten in der freien Wirtschaft drastisch zurück. Aus Angst um den eigenen Arbeitsplatz verzichteten viele darauf, neue Kuren zu beantragen. Bei den Beamten hingegen, die sich keine Sorgen um ihren Arbeitsplatz machen mussten, stieg die Zahl der Kuraufenthalte im gleichen Jahr um 4 Prozent.[34]

Selbstbehalte mildern das Problem der Überinanspruchnahme. So wird bei therapeutischen Maßnahmen wie Rückengymnastik oder Rückenmassagen aufgrund diagnostizierter Rückenbeschwerden eine Eigenbeteiligung der Patienten eingefordert, da Rückenschmerzen schwer objektiv festzustellen sind und damit Missbrauch leichter möglich ist. Je höher der Eigenanteil, desto geringer wird der Anteil unnötig verschriebener Massagen –

aber eben auch der Versicherungsschutz. Beim Einsetzen eines Herzkatheders wird hingegen keine Selbstbeteiligung verlangt. Hier kann die Versicherung darauf vertrauen, dass kein Patient sich unnötigerweise einer solchen Operation unterziehen wird.[35] Auch die Kfz-Versicherungen arbeiten mit Selbstbeteiligungen. So sind etwa bei einer Vollkaskoversicherung Selbstbeteiligungen zwischen 300 Euro und 1.000 Euro üblich. Zwar kann man die Selbstbeteiligung auch ausschließen, muss dann aber eine höhere Prämie akzeptieren. Das wird nur tun, wer sich selbst als großes Risiko einschätzt.

ZU VIEL FÜRSORGE ERHÖHT DIE ANSPRÜCHE

Ähnliche Probleme gibt es auch in der sozialstaatlichen Grundsicherung. Um länger anhaltende Arbeitslosigkeit zu vermeiden, könnten Arbeitslose, wenn sie aus der Arbeitslosenversicherung in die Grundsicherung fallen, Schadensbegrenzung betreiben, indem sie ihre Ansprüche an eine neue Beschäftigung reduzieren, zum Beispiel in puncto Gehalt, Arbeitsweg oder Leistungen wie Urlaubstage oder Sonderzahlungen. Je großzügiger jedoch die Grundsicherungsleistungen sind, desto größer wird die Bereitschaft, ein bescheidenes Arbeitsangebot abzulehnen, um auf ein besseres Angebot in der Zukunft zu warten.

Für die Jobcenter ist es kaum möglich, die Ernsthaftigkeit von Bewerbungen zu überprüfen. Sie können schwer feststellen, ob eine Anstellung nicht zustande kam, weil man nicht geeignet war oder weil man mangelndes Interesse an der Stelle demonstrierte. Deshalb gibt es auch bei der Grundsicherung eine Art Selbstbehalt. Sie ersetzt nicht das gesamte weggefallene Arbeitseinkommen, sondern beschränkt sich auf eine Absicherung des Lebensnotwendigen. Einen beachtlichen Teil des Einkommensverlustes trägt der Betroffene damit selbst. Das gilt auch bei der Suche nach einer neuen Arbeit. Bei einer erfolglosen Bewerbung deckt die Solidargemeinschaft nur einen Teil des Schadens ab. Die Differenz zwischen entgangenem Lohn und der Grundsicherung lässt sich als Eigenanteil des Hilfebedürftigen interpretieren.

In einem Punkt unterscheidet sich die sozialstaatliche Grundsicherung jedoch von privaten wie gesetzlichen Versicherungen. Private Versicherungen definieren ihre Solidargemeinschaft durch einen Versicherungsvertrag, in dem der Versicherte die Pflichten anerkennt, wie die Bezahlung der Versicherungsprämien sowie gewisse Informationsverpflichtungen. Die Versicherung garantiert im Gegenzug eine Entschädigung im Schadensfall. Wer den Vertrag unterzeichnet, wird Mitglied der Solidargemeinschaft. Im Rahmen gesetzlicher Sozialversicherungen ist es der Staat, der die Zugehörigkeit zur Solidargemeinschaft festlegt. So werden etwa alle Beschäftigten automatisch Teil der deutschen gesetzlichen Sozialversicherung, wenn sie eine abhängige Beschäftigung annehmen.

Bei der Grundsicherung ist die Abgrenzung einer Solidargemeinschaft nicht so einfach. Man kann sich einerseits durch Wegzug der Beitragspflicht entziehen, wenn man sich sicher sein kann, zu den Besserverdienenden zu gehören. Viele nicht abhängig beschäftigte Spitzenverdiener schlagen ihr Domizil im Ausland auf, um sich der deutschen Steuer und damit dem deutschen Umverteilungssystem zu entziehen.

Andererseits übt eine großzügige Grundsicherung eine große Anziehung auf Menschen anderer Länder aus. Die Entscheidung, nach Deutschland zu kommen, wird für alle mit ungewissen Berufsaussichten leichter, wenn sie sich sicher sein können, dass sie für den Fall, dass es in Deutschland mit der Arbeitssuche schiefgeht, Anspruch auf Grundsicherung für sich und ihre Familienangehörigen haben. Bei uneingeschränkter Freizügigkeit motiviert ein damit verbundener Zugang zur Grundsicherung auch diejenigen zu kommen, die bereits wissen, dass sie auf Hilfe angewiesen sein werden. Das aber gefährdet die Stabilität der solidarischen Grundsicherung.[36] Statt unter den gleichen Voraussetzungen wie die anderen Mitglieder der Solidargemeinschaft – ich zahle, wenn ich kann, und erhalte, wenn ich nicht kann – in die Vereinbarung einzutreten, fällt für diese Bedürftigen die Verpflichtung von vornherein weg – ich zahle nicht und erhalte trotzdem. Das ist zum Beispiel zunehmend bei vielen in Deutschland lebenden Bulgaren und Rumänen der Fall, die hier Grundsicherungsleistungen beziehen. Das stößt auf viel Unverständnis und untergräbt die Bereitschaft der anderen, für die Grundsicherung zu zahlen.

Hier müssen wir gegensteuern. Sonst droht unserer Grundsicherung am Ende ein ähnliches Schicksal wie einst den kalifornischen Lebensversicherern. Versicherungen können sich allerdings aus dem Markt verabschieden. Eine Grundsicherung kann das nicht. Sie kann allenfalls ihre Leistungen verringern. Doch wenn wir ein friedliches, demokratisches, wohlhabendes, auf Teilhabe und sozialen Ausgleich bedachtes Gemeinwesen bleiben wollen, darf genau das nicht passieren. Wie sich das vermeiden lässt, zeige ich im 8. Kapitel.

KAPITEL 2

WENN ALLE STRICKE REIßEN

DAS HERZ DES FÜRSORGLICHEN STAATES

Das Grundgesetz sichert jedem Bürger ein menschenwürdiges Existenzminimum zu. Wer in Not auf Hilfe angewiesen ist, so lautet die Botschaft, soll darauf vertrauen können, dass unser Sozialstaat ihm das Nötige zum Leben garantiert. Doch was heißt das genau? Was braucht der Mensch zum Leben? Wie viel mehr als das (Über-)Lebensnotwendige sollte es sein, damit man in unserem Land menschenwürdig leben kann?

Wer auf staatliche Fürsorge angewiesen ist, braucht für das alltägliche Leben ausreichend zu essen und zu trinken, Bekleidung, Hygienemittel, Haushaltswaren und so weiter. Das ist unstrittig. Unklarheit besteht jedoch, was die jeweilige Qualität und die jeweiligen Mengen angeht. Braucht es auch mal ein Glas Wein zum Abendessen oder muss Leitungswasser reichen? Wie groß soll der neue Kühlschrank sein, wenn der alte seinen Geist aufgibt? Man braucht ein Dach über dem Kopf. Aber wie groß sollte die Wohnung sein und welchen Standard sollte sie haben?

Noch schwieriger wird es mit den Dingen, die über das Lebensnotwendige hinausgehen. Was zählt für uns als Gesellschaft zu einem menschenwürdigen Leben dazu, was wollen wir uns gegenseitig noch zugestehen, wenn alle Stricke reißen? Muss man telefonisch erreichbar sein können? Braucht es Internet, Radio oder Fernsehen, um sich zu informieren und zu unterhalten? Muss man unbedingt ausgehen, um Freunde zu treffen, einen Ausflug in die Stadt oder ins Grüne machen? Und gehört ein Kinobesuch dazu?

Diese und unzählige weitere Fragen sind zu klären, will der Sozialstaat denjenigen Menschen ein menschenwürdiges Dasein sichern, die über kein eigenes oder kein ausreichendes Einkommen verfügen. Gelingt ihm das, nennt man das »bedarfsgerechte Grundsicherung«.

Was bedarfsgerecht ist, ändert sich mit der Zeit. Vor dreißig Jahren waren Internet und Handys kein Thema. Heute gehören sie zum Alltag. Sollten sie damit heute auch zum täglichen Bedarf zählen? Wie sieht es mit Teilhabe am gesellschaftlichen und kulturellen Leben aus? Genügen hierfür Radio, Fernsehen und Internet, oder braucht man zukünftig auch einen Zugang zu Streaming-Diensten? Eine heute zufriedenstellende Antwort ist morgen vielleicht schon überholt. Was bedarfsgerecht ist und was nicht, müssen wir als Gesellschaft immer wieder neu aushandeln.

Es lohnt sich, zu Beginn einen Blick darauf zu werfen, wie der Begriff »bedarfsgerecht« im Rahmen der derzeitigen Grundsicherung definiert wird und was das konkret in Euro bedeutet. Dabei geht es im Wesentlichen um drei Bereiche, in denen ein Mindestbedarf festzulegen ist. Zum einen geht es um den alltäglichen Bedarf. Dann muss entschieden werden, wie groß eine Wohnung sein sollte, um als bedarfsgerecht zu gelten. Schließlich kommen weitere Bereiche dazu, vor allem die Absicherung im Krankheits- und Pflegefall im Rahmen des Sozialversicherungssystems, aber auch die Festlegung zusätzlicher Bedarfe in bestimmten Lebenslagen.

DER ALLTÄGLICHE BEDARF

Bei der Bestimmung der einzelnen Fürsorgeleistungen, auf die jeder Hilfsbedürftige Anspruch hat, gibt es große Gestaltungsspielräume, sodass die Bestimmung, was »bedarfsgerecht« ist, teilweise sehr willkürlich ist.

Der alltägliche Bedarf wird zunächst einmal durch einen Regelsatz festgelegt. Er umfasst die zur Sicherung des Lebensunterhalts benötigten Ausgabenkategorien, insbesondere für

»… Ernährung, Kleidung, Körperpflege, Hausrat, Haushaltsenergie ohne die auf die Heizung und Erzeugung von Warmwasser entfallenden Anteile sowie persönliche Bedürfnisse des täglichen Lebens. Zu den persönlichen Bedürfnissen des täglichen Lebens gehört in vertretbarem Umfang eine Teilhabe am sozialen und kulturellen Leben in der Gemeinschaft.«[1]

Um die Höhe des alltäglichen Mindestbedarfs in Euro und Cent zu bestimmen, wird derzeit ein kompliziertes Verfahren angewendet. Im Rahmen der Einkommens- und Verbraucherstichprobe (EVS) werden alle fünf Jahre rund 60.000 Haushalte bundesweit hinsichtlich ihrer wirtschaftlichen Lage und Wohnsituation befragt. Ein Teil der Befragten führt dabei genau Buch über ihre monatlichen Ausgaben für verschiedene Gebrauchsgüter wie Nahrungsmittel, Getränke, Kleider und so weiter. Der Regelbedarf orientiert sich dann an den durchschnittlichen Ausgaben einer Vergleichsgruppe von Haushalten mit niedrigen Einkommen, die selbst nicht allein von staatlichen Transferleistungen leben müssen. Die Frage, welche Haushalte bis zu welchem Einkommen in der Vergleichsgruppe berücksichtigt werden, spielt eine entscheidende Rolle bei der Festlegung, was in Deutschland als bedarfsgerecht zu gelten hat.

Die Antworten auf zwei Fragen bestimmen maßgeblich, was als Mindestbedarf, als sogenanntes *soziokulturelles Existenzminimum*, anzusehen ist. Erstens: Wer sollte in die Vergleichsgruppe? Zweitens: Welche Ausgaben sind unbedingt notwendig? Die Frage nach der Größe der Vergleichsgruppe ist politisch hochbrisant. Kommen nur die einkommensschwächsten 10 Prozent in die Vergleichsgruppe, sind die ermittelten Ausgaben für den alltäglichen Bedarf natürlich niedriger, als wenn die einkommensschwächsten 20 oder 30 Prozent berücksichtigt werden. Und auch bei der Frage, welche der angegebenen Ausgaben als lebensnotwendig beziehungsweise bedarfsgerecht anzusehen seien, bestehen große Gestaltungsspielräume.

ESSEN GEHEN FÜR 8,12 EURO

Vor 2010 führten diese Gestaltungsspielräume zu teils bizarren Festlegungen, was genau als »bedarfsgerecht« anzusehen sei. Ein Beispiel: Im Jahr 2003 gaben die 20 Prozent der einkommensschwächsten Alleinstehenden im Schnitt 28 Euro im Monat für Gaststättenbesuche aus. Für die Experten im Bundesministerium für Arbeit und Soziales, die umzusetzen haben, was unter »bedarfsgerecht« zu verstehen ist, war das mehr als unbedingt nötig. Sie sahen 29 Prozent davon als ausreichend an, das sind monatlich 8,12 Euro.[2] Für Kinder gab es anteilig etwas dazu, so dass für eine vierköpfige Familie genau 25,60 Euro pro Monat für Gaststättenbesuche angesetzt wurden. Dieser Betrag wurde dann nicht etwa entsprechend der Preisentwicklung, sondern entsprechend der jährlichen Erhöhung der gesetzlichen Renten angepasst.

Es war wenig verwunderlich, dass das Bundesverfassungsgericht die Berechnung des Regelbedarfs in seinem Urteil vom 9. Februar 2010 für verfassungswidrig erklärte. Man könne solche Berechnungen nicht »ins Blaue hinein« anstellen, hieß es in der Urteilsbegründung.[3] Das Bundesverfassungsgericht forderte daher eine Neuberechnung im Rahmen eines transparenten, nachvollziehbaren und sachgerechten Verfahrens. Grundlage sollten zukünftig verlässliche Zahlen und ein schlüssiges Berechnungsverfahren sein.[4] Das führte zu weitreichenden Änderungen.

Zur Bedarfsermittlung werden nun in besagter Einkommens- und Verbraucherstichprobe die Ausgaben der einkommensschwächsten 15 Prozent der Einpersonenhaushalte – zuvor waren es 20 Prozent – und der untersten 20 Prozent der Mehrpersonenhaushalte herangezogen. Dabei werden nur Haushalte mit eigenem Einkommen berücksichtigt, diejenigen, die kein eigenes Einkommen haben und Sozialhilfe erhalten, sind aus der Berechnung ausgeschlossen. Bis zur jeweils nächsten Neuberechnung wird der Regelsatz jährlich fortgeschrieben, wobei man sich an der bundesdurchschnittlichen Preisentwicklung der im Regelsatz enthaltenen Güter und Dienstleistungen (zu 70 Prozent) und der Nettolohnentwicklung (zu 30 Prozent) orientiert.[5]

Ausgabenkategorien	Alleinstehende	Alleinerziehende mit 1 Vorschulkind	Ehepaare mit 2 Kindern (8 und 10 Jahre)
		Euro/Monat	
Nahrungsmittel, alkoholfreie Getränke	150,62	238,25	520,08
Bekleidung und Schuhe	37,86	77,59	159,67
Wohnen, Energie und Wohnungsinstandhaltung	38,30	47,60	102,19
Innenausstattung, Haushaltsgeräte und -gegenstände, laufende Haushaltsführung	26,63	40,58	68,17
Gesundheitspflege	16,41	24,31	45,02
Verkehr	36,00	64,26	122,77
Nachrichtenübermittlung	38,63	52,49	99,32
Freizeit, Unterhaltung, Kultur	41,45	77,50	162,48
Bildungswesen	1,11	1,85	3,08
Beherbergungs- und Gaststättendienstleistungen	10,74	13,11	29,78
Andere Waren und Dienstleistungen	34,26	44,45	81,44
Regelbedarf	432,00	682,00	1.394,00

TABELLE 1: Was darf das Leben kosten? Bedarfsgerechte Ausgaben und Regelbedarf verschiedener Haushalte

Quelle: Eigene Berechnungen, Stand 2020.[6]

Tabelle 1 zeigt, wie sich der Regelsatz für das Jahr 2020 aus den einzelnen Ausgabenkategorien zusammensetzt. Nach den Vorgaben des Bundesverfassungsgerichts werden seit 2011 die Regelbedarfe für Alleinstehende und Kinder getrennt ermittelt. Nur bei Paaren wird der Bedarf weiterhin mit dem 1,8-Fachen des Bedarfs eines Alleinstehenden pauschal hochgerechnet. Bei Kindern wird der alltägliche Bedarf aus den jeweiligen Ausgaben der Haushalte herausgerechnet.

So ergibt sich beispielsweise der Bedarf eines Vorschulkindes für Nahrungsmittel in der Tabelle 1 aus der Differenz des Bedarfs eines Alleinstehenden in Höhe von 150,62 Euro und des Bedarfs des Alleinerziehendenhaushaltes in Höhe von 238,25 Euro. Danach belaufen sich die Ausgaben für die Nahrungsmittel für ein Vorschulkind im Durchschnitt auf gerade einmal 28 Prozent der Ausgaben für einen Erwachsenen. Der Differenzbetrag von 87,63 Euro geht in den Regelsatz für das Vorschulkind ein. Bei Kindern wird jedoch noch zusätzlich nach dem Alter unterschieden. Deshalb gibt es für sie unterschiedliche Regelsätze.

Unter dem Strich bekommen Erwachsene 432 Euro, Kinder unter sechs Jahren 250 Euro, Schulkinder bis 13 Jahre erhalten 308 Euro und Jugendliche ab 14 Jahren 328 Euro. Die Gesamtsumme wird als monatlicher Pauschalbetrag ausbezahlt, über den die Leistungsempfänger dann frei verfügen können.

Mit der Festlegung, wer in die Vergleichsgruppe kommt, und der genauen Definition des Warenkorbs hat der Gesetzgeber innerhalb der scheinbar objektiven Statistik zwei Stellschrauben eingebaut, mit denen er die Höhe des »zur Sicherung des Lebensunterhalts«[7] notwendigen Regelbedarfs maßgeblich beeinflussen kann.

BIER, SELTERS ODER LEITUNGSWASSER – WAS IST NOTWENDIG?

Nach wie vor legt der Gesetzgeber fest, was zur Existenzsicherung notwendig ist. Ausgaben der Vergleichsgruppe etwa für Zimmerpflanzen, Weihnachtsbäume, Advents- und Grabschmuck, Mobiltelefonkosten, Benzin, Urlaubskosten und für Haustiere und deren Futter sind es offensichtlich nicht. Je nachdem, was als lebensnotwendig oder nicht erachtet wird, steigt oder sinkt so der Regelsatz, den Bedürftige zur Absicherung ihres alltäglichen Bedarfs erhalten.[8]

Auch Alkohol und Tabak werden seit 2011 nicht mehr in den Bedarf eingerechnet. Stattdessen soll der Getränkebedarf vor allem mit Wasser gedeckt werden.

> »Da die Flüssigkeitsmenge mit einem preisgünstigen Getränk berechnet wurde, ist es angemessen, auch die alkoholfreien Getränke mit dem niedrigpreisigen Mineralwasser anzusetzen. Für die anzusetzenden 12 Liter Mineralwasser wurde ein Betrag von 2,99 Euro eingesetzt, für den Supermärkte flächendeckend eine entsprechende Menge Mineralwasser anbieten. Legt man die Preise der preisgünstigen Discounter für 1,5-Liter-Mineralwasserflaschen zugrunde, ergibt sich für 12 Liter Mineralwasser sogar nur ein Preis von 1,52 Euro. Bei den als regelbedarfsrelevant berücksichtigten 2,99 Euro ist also bei preisbewusstem Einkauf durchaus Spielraum für Saft oder andere alkoholfreie Getränke.«[9]

Hier lobt sich der Gesetzgeber für seine Großzügigkeit, aber in der Summe kürzt er damit den Regelsatz um 18,50 Euro.[10] Sicherlich gibt es viele gute Gründe gegen den Konsum von Alkohol und Tabak. Aber wer auf sein Bier nicht verzichten will und vom Rauchen nicht loskommt, wird das Geld anderweitig einsparen. Solche Ausgaben bei der Festsetzung des Regelbedarfs nicht zu berücksichtigen führt also lediglich dazu, dass den Leistungsbeziehern damit weniger Geld für sich und ihre Angehörigen für andere Dinge des alltäglichen Bedarfs zur Verfügung steht.

MAN BEKOMMT, WAS MAN WILL

Die zweite Stellschraube, mit der der Regelsatz beeinflusst werden kann, ist die Größe der Vergleichsgruppe. Sie bestimmt, wo die Empfänger von Grundsicherungsleistungen in der Einkommenshierarchie angesiedelt werden. Warum sind es gerade die einkommensschwächsten 15 Prozent der Alleinverdiener und 20 Prozent der einkommensschwächsten Familien? Würde man einkommensstärkere Haushalte mitberücksichtigen, wären die Regelsätze höher. Bestünde die Vergleichsgruppe für die Alleinverdiener beispielsweise so wie vor 2011 weiterhin aus den unteren 20 Prozent, dann wäre der monatliche Regelbedarf eines Erwachsenen um 21 Euro höher.[11]

Auch die Frage, wer in die Vergleichsgruppe kommen sollte, beeinflusst den Regelsatz. Einerseits werden in der Vergleichsgruppe auch Haushalte erfasst, die zusätzlich zu ihrem Arbeitseinkommen noch weitere Grundsicherungsleistungen erhalten.[12] Das führt dazu, dass die mit Grundsicherungsleistungen bezahlten Ausgaben die Höhe der Grundsicherung mitbestimmen. Andererseits ist auch die Berücksichtigung der sogenannten »verdeckt Armen« problematisch, die trotz Anspruch auf staatliche Leistungen verzichten. Sie leben von weniger als dem, was als bedarfsgerecht angesehen wird. Da sie in der Statistik nicht unmittelbar als Leistungsempfänger erkennbar sind, werden ihre Ausgaben bei der Bestimmung des Regelsatzes mitberücksichtigt. Damit werden die Ausgaben dieser besonders einkommensschwachen Haushalte in die Berechnung des Regelsatzes miteinbezogen. Das drückt ihn offensichtlich nach unten. Würde er unter Ausschluss aller Grundsicherungsbezieher und aller verdeckt Armen bestimmt, erhöhten sich beispielsweise die durchschnittlichen Konsumausgaben einer dreiköpfigen Familie um 24,5 Prozent – das sind 266 Euro im Monat.[13]

Diese Beispiele zeigen, dass der Regelsatz nicht nach objektiven Kriterien bestimmt wird. Das bestehende Verfahren liefert eine einzige Zahl, die unter sehr willkürlichen Annahmen und in der Öffentlichkeit kaum bekannten Kriterien festlegt, was in Deutschland unter bedarfsgerecht zu verstehen ist.

Der Regelsatz wird bundeseinheitlich und für jedes Haushaltsmitglied individuell festgelegt. Bei den Leistungen für Unterkunft und Heizung sieht das anders aus. Zu unterschiedlich sind
die Mieten in den einzelnen Regionen, als dass man mit einem
festen Geldbetrag jedem Bedarf gerecht werden könnte. Auch
eine Aufteilung der Wohnkosten auf einzelne Haushaltsmitglieder ist wenig sinnvoll. Deshalb erstattet man in der Grundsicherung die Wohnkosten, die für den gesamten Haushalt als
angemessen angesehen werden.[14] Was angemessen ist, macht
der Gesetzgeber dabei an der Wohnfläche und der Qualität der
Wohnung fest. Je nach Wohnort gelten 45 bis 50 Quadratmeter
für einen Alleinstehenden als angemessen und 15 Quadratmeter
für jede weitere Person. Die Mietkosten werden jedoch nicht in
unbegrenzter Höhe, sondern nur bis zu einer Miete übernommen, die für »Wohnungen mit bescheidenem Zuschnitt« in der
jeweiligen Stadt oder Gemeinde aktuell bezahlt werden.[15] Als
Vergleich dürfen dabei aber nicht nur Mieten in »günstigen«
Stadtteilen herausgegriffen werden. Die Vergleichsmieten müssen
vielmehr die Durchschnittswerte des unteren Mietpreisniveaus
im gesamten Stadtgebiet oder eines größeren Vergleichsraums
widerspiegeln. Damit will man nicht zuletzt auch eine Ghetto-
bildung verhindern.[16]

MÜNCHEN IST NICHT ÜBERALL

Zusätzlich zur Kaltmiete werden auch die anfallenden Neben-
kosten übernommen. Heizkosten werden dabei nur im Umfang
vergleichbarer Heizkosten ersetzt, die entsprechend dem kommunalen oder bundesweiten Heizspiegel festgelegt werden.[17] Die
regionalen Unterschiede, die sich bei diesem Verfahren ergeben,

sind sehr groß, wie ein Vergleich der Obergrenzen in Berlin, Leipzig und München in Tabelle 2 zeigt.

	Größe	Brutto-kaltmiete	Grenzwert Heizkosten	Wohn-kosten	Warmmiete pro qm
Berlin	m²		Euro/Monat		
Alleinstehende	50	421,50	79,50	501,00	10,02
Alleinerziehende mit 1 Vorschulkind	65	509,60	103,35	612,95	9,43
Ehepaare mit 2 Kindern	90	705,60	143,10	848,70	9,43
Leipzig					
Alleinstehende	45	294,93	52,91	347,84	7,73
Alleinerziehende mit 1 Vorschulkind	60	387,69	70,54	458,23	7,64
Ehepaare mit 2 Kindern	85	562,08	99,93	662,01	7,79
München					
Alleinstehende	50	670,00	91,67	761,67	15,23
Alleinerziehende mit 1 Vorschulkind	65	881,00	120,83	1.001,83	15,41
Ehepaare mit 2 Kindern	90	1.189,00	166,67	1.355,67	15,06

TABELLE 2: Was angemessen ist: Wohnkostenerstattung in ausgewählten Städten

Quelle: Eigene Berechnungen anhand der kommunalen Vorgaben, Stand 2020.[18]

Die Berechnung geht zuerst von einer Wohnungsgröße aus, die lokal als angemessen gilt (1. Spalte). Davon wird in Abhängigkeit von ortsüblichen Vergleichsmieten die maximale Kaltmiete (2. Spalte) ausgewiesen. Hier zeigen sich die größten Unterschiede zwischen den einzelnen Städten; bei den Heizkosten sind die Unterschiede dagegen deutlich geringer. In der vierten Spalte stehen die maximal übernommenen Wohnkosten. Der Vergleich zeigt die großen regionalen Unterschiede: Alleinstehende in Leipzig bekommen die Warmmiete bis zu einer Höhe von 348 Euro pro Monat erstattet. In München liegt die Obergrenze rund 120 Prozent darüber. Eine vierköpfige Familie in München kann mehr als das Doppelte ersetzt bekommen als eine Familie in Leipzig und rund 60 Prozent mehr als eine Familie in Berlin.

Steigen die Mieten, steigt automatisch die Kostenübernahme in der Grundsicherung. So ist sichergestellt, dass auch Leistungsbezieher mit hohen Mieten immer in vollem Umfang die Miete für angemessene Wohnungen erstattet bekommen und sie nicht am alltäglichen Bedarf sparen müssen.

WO NOCH GEHOLFEN WIRD

Die Fürsorge deckt noch eine Reihe zusätzlicher Bedarfe ab. So haben zum Beispiel Schwangere, erwerbsfähige behinderte Personen oder solche, die eine kostenaufwendigere Ernährung benötigen, oder auch Haushalte, die ihr Warmwasser nur aus energiefressenden Durchlauferhitzern beziehen, besondere Bedarfe, die ebenfalls zu berücksichtigen sind. Und auch bei Alleinerziehenden wird ein Mehrbedarf unterstellt. Sie erhalten deshalb bei einem Kind unter sieben Jahren oder bei zwei Kindern unter sechzehn Jahren pauschal zusätzlich 36 Prozent ihres individuellen Regelbedarfs. Aktuell (2020) sind das umgerechnet monatlich 156 Euro. Bei einem Kind über sieben Jahren verringert sich die zusätzliche Zahlung auf 12 Prozent des Regelsatzes.[19]

ABGESICHERT – AUCH BEI KRANKHEIT UND PFLEGEBEDÜRFTIGKEIT

Der Regelsatz, die Übernahme der Wohnkosten und Mehrbedarfe addieren sich zu den tatsächlichen, sichtbaren Zahlungen der Grundsicherung auf. Weniger sichtbar, aber ebenso bedeutend ist die Absicherung im Krankheits- und Pflegefall. Leistungsempfänger sind im gleichen Umfang wie alle sozialversicherungspflichtig Beschäftigten gesetzlich kranken- und pflegeversichert. Unterstellt man für alle Bezieher von Grundsicherungsleistungen die gleichen durchschnittlichen Ausgaben für Gesundheits- und Pflegeleistungen wie für alle gesetzlich Versicherten, so entspricht dies monatlichen Versicherungsleistungen in Höhe von 291 Euro in der Krankenversicherung und rund 44 Euro in der Pflegeversicherung.[20] Diese Beträge müsste die Bundesagentur für Arbeit eigentlich monatlich pro Leistungsempfänger an die Sozialversicherungen überweisen, wenn sie die zu erwartenden Kranken- und Pflegekosten in vollem Umfang versichern wollte. Tatsächlich zahlt sie 2020 monatlich jedoch nur einen festen Pauschalbetrag von 103,64 Euro für die Krankenversicherung und 22,01 Euro für die Pflegeversicherung.[21] Diese Beiträge übernimmt der Steuerzahler. Wer schließt die Lücke? Die Sozialversicherungen und damit die Solidargemeinschaft der Sozialversicherungspflichtigen. Sie unterstützt jeden Leistungsempfänger mit 209 Euro monatlich – ohne dass dies in irgendeiner Kostenrechnung der Grundsicherung ausgewiesen wird.[22]

MIT DEM BERLINPASS GÜNSTIGER FAHREN

Die Grundsicherung umfasst aber nicht nur tatsächliche Leistungen, sondern auch die Möglichkeit spezieller Vergünstigungen, die ausschließlich Bezieher von Grundsicherung in Anspruch nehmen können.

In Berlin etwa erhalten Leistungsbezieher den »berlinpass«, der ihnen von den Bürgerämtern kostenfrei gegen Vorlage des Bewilligungsbescheids des Jobcenters ausgestellt wird. Damit erhält man beispielsweise die Monatskarte für die öffentlichen Verkehrsmittel für 27,50 Euro anstatt für regulär 84 Euro. In den meisten Theatern der Stadt bekommen Leistungsempfänger damit für 3 Euro Karten für nicht ausverkaufte Veranstaltungen. Auch in vielen Kinos, in den städtischen Schwimmbädern, dem Zoo, dem Tierpark, dem botanischen Garten ebenso wie bei vielen Sportveranstaltungen gibt es mit dem berlinpass kostengünstigere Karten. Der Besuch der staatlichen Museen ist sogar kostenfrei. Bildungsangebote von Volkshochschulen, Musikschulen und Bibliotheken werden ebenfalls vergünstigt angeboten. Die finanziellen Vorteile steigen mit der Inanspruchnahme und damit mit dem Bedarf. Dieser ist allerdings nicht allzu groß. So wurden 2016 nur rund 18.700 Drei-Euro-Tickets für Theaterveranstaltungen für damals knapp 298.000 Bedarfsgemeinschaften ausgegeben.[23]

ZUSÄTZLICHE UNTERSTÜTZUNG DURCH DIE TAFELN

Eine besondere Rolle spielen die Tafeln, von denen es bundesweit mittlerweile mehr als 900 gibt. Als gemeinnützige Einrichtungen, die meist auf private Initiative zurückgehen, sammeln sie Lebensmittel, die beispielsweise in Supermärkten übrig bleiben und gespendet werden, und geben diese an Bedürftige aus. Die Regelungen zur Lebensmittelabgabe sind dabei von Tafel zu Tafel sehr unterschiedlich. In den meisten Fällen erhält man gegen einen Kostenbeitrag von 1 bis 2 Euro Lebensmittel mit einem Einkaufswert von 10 bis 20 Euro. Die Ausgabemengen je Kunde können dabei stark schwanken. Sie hängen vom Spendenvolumen ab und von der Inanspruchnahme durch Bedürftige.[24]

Nach ihrem eigenen Verständnis sind die Tafeln die Folge des Versagens des Sozialstaates, der – so der Vorwurf – nicht in der Lage sei, Bedürftige vor Armut zu schützen.[25] Einerseits erscheint dieser Vorwurf berechtigt (darauf geht der Abschnitt »Macht Hartz IV wirklich arm?« näher ein). Andererseits bieten die Tafeln den Betroffenen eine zusätzliche Möglichkeit der Bedarfsabsicherung, mit der sie Geld sparen, das sie dann für anderes verwenden können.[26]

Zusätzlich zu den Regelsätzen in der Grundsicherung stehen Kindern im Rahmen des 2011 bundesweit eingeführten sogenannten Bildungspakets weitere Vergünstigungen zu, die die Chancengleichheit verbessern sollen.[27] Durch dieses Paket werden mittlerweile die gesamten Kosten für das tägliche Essen in Schulen und Kitas sowie die Fahrtkosten zur Schule übernommen. Weitere 150 Euro stehen pro Schuljahr für Schulbedarf wie Schulranzen, Schulhefte, Stifte und Wasserfarbkästen zur Verfügung. Mit bis zu 15 Euro pro Monat werden sportliche oder kulturelle Aktivitäten unterstützt.[28] Die Kosten für Schulausflüge, mehrtägige Klassenfahrten[29] sowie Kosten für Lernförderung werden ebenfalls übernommen.

Obwohl diese Vergünstigungen grundsätzlich ihren Sinn haben, können sie mitunter absurde Situationen herbeiführen. So sorgen gerade einmalige Zuwendungen immer mal wieder für Aufsehen, wie etwa vor einigen Jahren bei der Klassenfahrt einer Berliner Schule nach New York. Da alle 15 Schüler eines Englisch-Leistungskurses aus Bedarfsgemeinschaften stammten, hatte jeder einzelne Anspruch auf die vollständige Kostenübernahme in Höhe von 2.539 Euro. Solche Fälle sind allerdings die Ausnahme. Normalerweise fallen bei mehrtägigen Klassenfahrten Kosten zwischen 300 Euro und 700 Euro pro Schüler an.[30]

Die meisten dieser Unterstützungsleistungen, insbesondere die Leistungen für Kinder im Rahmen des Bildungspakets, sind wichtig und sinnvoll. Trotzdem sind sie problematisch. Denn sie verbessern die finanzielle Situation von Leistungsbeziehern im Vergleich zu denjenigen Familien, die über kaum mehr Einkommen verfügen, aber keine staatliche Unterstützung erhalten. Diese Familien müssen für all diese zusätzlichen Kosten alleine aufkommen. Wer sich also bemüht, wieder Arbeit zu finden, um auf eigenen Beinen zu stehen, wird bedenken, dass er im Erfolgsfall auch viele Vergünstigungen verliert.

WAS UNTER DEM STRICH HERAUSKOMMT

Ich fasse die wichtigsten Leistungen der heute bestehenden sozialstaatlich gewährleisteten Grundsicherung einmal zusammen: Wer arbeitslos ist und keinen Anspruch auf Arbeitslosengeld (ALG I) und kein anderweitiges Einkommen hat, erhält die Grundsicherung in Form von Arbeitslosengeld II (ALG II), das umfasst die Regelsätze für alle Haushaltsmitglieder, die Übernahme der Wohnkosten sowie eventuelle Sonderbedarfe. Umgangssprachlich werden diese Leistungen auch als Hartz IV bezeichnet. (Zusätzlich überweist das Jobcenter auch noch Beiträge an die Kranken- und Pflegeversicherung.) Wie viel diese Leistungen tatsächlich insgesamt ausmachen, ist wie schon gesagt nicht so leicht zu bemessen, da diese Zahlungen von vielen individuellen Merkmalen abhängen. Sie variieren mit der Familiengröße, hängen vom Alter der Kinder ab und davon, wo und wie man wohnt und welche Vergünstigungen man tatsächlich in Anspruch nimmt. Es ist daher nicht möglich, einen festen Betrag zu nennen, der für einen arbeitslosen ALG-II-Empfänger und seine Angehörigen bedarfsgerecht ist.

Man muss zudem zwischen der Summe, die ein Betroffener tatsächlich erhält, und dem maximal möglichen Anspruch unterscheiden. Wer in einer kleinen Wohnung lebt und als langjähriger Mieter eine günstige Miete zahlt, erhält weniger ALG II als jemand, der in die gleich große Nachbarwohnung neu einzieht und deutlich mehr Miete zahlt. Beide können trotz unterschiedlicher Fürsorgeleistungen den gleichen Bedarf abdecken.

Die tatsächlichen Transferzahlungen sagen daher wenig darüber aus, ob die Grundsicherung bedarfsgerecht ist und ob sie hilft, Armut zu vermeiden oder nicht. Es sind die Obergrenzen, die die tatsächliche Bedarfsabsicherung und damit das Ausmaß sozialstaatlicher Fürsorge bestimmen.

Im Folgenden konzentriere ich mich stellvertretend auf drei typische Berliner Bedarfsgemeinschaften: Alleinstehende, Alleinerziehende mit einem Vorschulkind unter sechs Jahren und Ehepaare mit zwei Schulkindern zwischen sieben und dreizehn Jahren. Tabelle 3 fasst die wesentlichen Zahlungen an sie zusammen.

	Regelbedarf	Wohnkosten	Mehrbedarf	Summe
	Euro/Monat			
Alleinstehende	432	501		933
Alleinerziehende mit 1 Vorschulkind	682	613	156	1.451
Ehepaare mit 2 Kindern	1.394	849		2.243

TABELLE 3: Hilfe zum Lebensunterhalt in Berlin

Quelle: Eigene Berechnungen, Stand 2020.[31]

Alleinstehende erhalten in Berlin 933 Euro monatlich, Alleinerziehende mit einem Vorschulkind 1.451 Euro. Bei der vierköpfigen Familie addieren sich die ALG-II-Leistungen auf 2.243 Euro. Das sind die Beträge, die unser Sozialstaat Hilfebedürftigen zugesteht, da sie »für [die] physische Existenz und für ein Mindestmaß an Teilhabe am gesellschaftlichen, kulturellen und politischen Leben unerlässlich sind«.[32]

Es geht also um viel mehr als die reine Existenzsicherung – es geht darum, ein Mitglied der Gesellschaft bleiben zu können. In einer immer reicher werdenden Gesellschaft bedeutet Teilhabe, dass die Ärmsten nicht immer weiter zurückfallen dürfen, sondern in angemessenem Umfang auch von den sich verbessernden Lebensbedingungen in der Gesellschaft profitieren sollen.

Das nennt sich Bedarfsgerechtigkeit oder auch Absicherung des *soziokulturellen Existenzminimums.*

Für diese Art der Existenzsicherung sprach sich auch schon der Ahnherr der Wirtschaftswissenschaft, Adam Smith, aus. Für ihn gehörten zu einer Grundsicherung »auch Dinge, ohne die achtbaren Leuten, selbst der untersten Schicht, ein Auskommen nach den Gewohnheiten des Landes nicht zugemutet werden sollte«.[33]

Bedürftigkeit definiert sich also relativ zum Wohlstand einer Gesellschaft. Heute geht es meist in der gesellschaftlichen Diskussion gar nicht um die richtige Höhe des soziokulturellen Existenzminimums. Stattdessen reduziert sich die politische Debatte oft auf die einfache Frage: Macht Hartz IV arm? Eigentlich ist die Antwort klar. Mit der Grundsicherung wird das gesellschaftliche soziokulturelle Existenzminimum abgedeckt, also das, was die Gesellschaft als bedarfsgerecht ansieht. Von daher ist die so gestellte Frage irreführend: Kann, wer das soziokulturelle Existenzminimum erhält, arm sein? Es lohnt sich, diesem Debattenverlauf rund um Hartz IV ein wenig nachzuspüren.

MACHT HARTZ IV WIRKLICH ARM?

Die öffentlichen Statistiken definieren diejenigen als »arm«, die über weniger als einen festgeschriebenen Prozentsatz des mittleren Einkommens verfügen.[34] Offiziell werden dabei zwei Grenzen unterschieden. Wer weniger als 60 Prozent des mittleren Einkommens hat, gilt als armutsgefährdet, wer weniger als 50 Prozent hat, gilt als arm. Dabei wird nicht klar gesagt, was die Gefährdung von der tatsächlichen Armut unterscheidet. Nicht verwunderlich also, wenn in der öffentlichen Diskussion die Armutsgefährdungsgrenze meist mit der Armutsgrenze gleichgesetzt wird.[35] Sie bestimmt heute, was Armut ist, und damit auch maßgeblich die Diskussion, wie gerecht unser Sozialstaat ist. 2018 lag die Armutsgefährdungsquote bei 15,5 Prozent.[36] Was genau sagt diese Zahl? Wie verlässlich ist sie und wo stehen diejenigen, die im Rahmen der Grundsicherung auf staatliche Fürsorge angewiesen sind?

WENN EIN EURO WENIGER PLÖTZLICH ARM MACHT: WILLKÜRLICHE ARMUTSGRENZEN

Um eine Armutsgrenze zu bestimmen, muss man zunächst das mittlere verfügbare Haushaltseinkommen bestimmen. Man sollte meinen, dieses Einkommen ließe sich statistisch leicht bestimmen. In etwa so, wie man problemlos aus einer Gruppe von Personen, in der man alle der Körpergröße nach aufstellt, denjenigen mit der mittleren Körpergröße sofort herauspicken kann: links und rechts von ihm stehen gleich viele kleinere und größere Leute. Leider ist das beim Einkommen viel komplizierter. Weil es um Bedarfsgerechtigkeit geht, genügt es nicht, einfach nur die Haushaltseinkommen zu erfassen und dann das mittlere Einkommen zu bestimmen. Eine vierköpfige Familie braucht mehr als ein Alleinstehender, aber sicherlich nicht genau das Vierfache. Man braucht nur eine Küche, einen Flur, ein Bad, eine Waschmaschine, einen Esstisch und so weiter, um den gleichen Lebensstandard zu erreichen beziehungsweise den gleichen Bedarf abzudecken wie ein Alleinstehender. Um unterschiedliche Haushalte vergleichen zu können, ist daher zunächst zu klären, mit wie viel weniger Einkommen pro Haushaltsmitglied eine größere Familie den gleichen Bedarf abdecken kann wie ein Alleinstehender.

Die OECD bietet dafür ein standardisiertes Konzept an, das für jede Haushaltsgröße das verfügbare Einkommen festlegt, das der Haushalt benötigen würde, um den gleichen Lebensstandard zu erreichen wie ein Alleinstehender. Laut OECD braucht ein Ehepaar ohne Kinder 50 Prozent mehr Einkommen als ein Alleinstehender. Für jedes Kind unter 14 Jahren kommen 30 Prozent dazu, für jedes weitere Haushaltsmitglied über 14 Jahren 50 Prozent. Ein Alleinerziehender mit Vorschulkind benötigt demnach das 1,3-fache Einkommen eines Alleinstehenden, eine vierköpfige Familie mit zwei Kindern über 14 Jahren das 2,5-fache Einkommen.

Mit diesen Umrechnungsfaktoren wird das verfügbare Einkommen eines Haushalts auf ein Pro-Kopf-Einkommen umgerechnet, das ein Alleinstehender haben müsste, um den gleichen Bedarf abzudecken. Bei einem Alleinerziehenden mit einem Vorschulkind erhält man dieses sogenannte Nettoäquivalenzeinkommen, indem man das tatsächlich verfügbare Einkommen durch 1,3 teilt. Bei einem Ehepaar mit zwei Kindern über 14 Jahren erfolgt die Umrechnung mit dem Faktor 2,5.

Die Umrechnungsfaktoren, die die OECD verwendet, sind für alle Einkommen gleich. Das ignoriert die Tatsache, dass über verschiedene Haushaltsgrößen vergleichbare Bedarfe sehr stark mit dem Haushaltseinkommen variieren. So belastet ein weiteres Familienmitglied die Haushaltskasse umso mehr, je kleiner das Haushaltseinkommen ist. Haushalte mit niedrigem Einkommen geben den größten Anteil ihres Einkommens für Lebensmittel aus. Kommt jemand dazu, steigen die Belastungen entsprechend stark an. Mit steigendem Haushaltseinkommen sinkt der Anteil der Ausgaben für Lebensmittel und damit auch die prozentualen Mehrbelastungen durch ein zusätzliches Haushaltsmitglied. Wer wenig Geld hat, wird eher umziehen müssen, wenn Nachwuchs kommt, als jemand, der bereits in einer größeren Wohnung wohnt und das Gästezimmer zum Kinderzimmer umwandeln kann. Entsprechend braucht es bei niedrigen Einkommen pro zusätzlichem Haushaltsmitglied proportional deutlich mehr zusätzliches Einkommen als bei höheren Einkommen, um den gleichen Mehrbedarf abzudecken.

Das spricht für einkommensabhängige Umrechnungsfaktoren, um die Einkommen unterschiedlich großer Haushalte vergleichbar zu machen. Man kann diese berechnen, indem man für unterschiedliche Einkommen jeweils die tatsächlichen Ausgaben der unterschiedlich großen Haushalte bestimmt, die zur Abdeckung des gleichen Bedarfs notwendig sind.[37] Die so berechneten einkommensabhängigen Nettoäquivalenzeinkommen unterscheiden sich gewaltig von den mit den OECD-Gewichten berechneten. Um als Alleinerziehender mit einem Kind in Berlin den gleichen Lebensstandard zu erreichen wie ein alleinstehender ALG-II-Empfänger (933 Euro im Monat, siehe Tabelle 3), müsste laut OECD-Methode das Einkommen 1,3-mal so hoch sein, also 280 Euro mehr betragen. Legt man jedoch eine einkommensabhängige Gewichtung zugrunde, verdoppelt sich dieser Unterschied.

Unser Grundsicherungssystem zahlt in Berlin einem Alleinerziehenden heute 517 Euro mehr als einem Alleinstehenden und ist damit deutlich näher an der einkommensgewichteten Variante (siehe Tabelle 3). Nach OECD-Definition können sich Alleinerziehende in Berlin damit deutlich mehr leisten als Alleinstehende. Nimmt man hingegen die einkommensabhängige Umrechnung, können sie nicht den gleichen Bedarf abdecken wie Alleinstehende. Was stimmt nun?

WELCHE ARMUTSQUOTE DARF ES DENN SEIN?

Es gibt ein weiteres Messproblem: Unterschiedliche Statistiken führen zu unterschiedlichen Ergebnissen. Je nach Datengrundlage liegen die Armutsgefährdungsgrenzen bei Verwendung der OECD-Methode zwischen 1.066 Euro und 1.170 Euro.[38] Bei der einkommensabhängigen Umrechnung ergäbe sich für 2020 eine

Armutsgefährdungsgrenze von 1.307 Euro.[39] Je nach Datenauswahl ergibt sich damit bereits eine Bandbreite von über 241 Euro bei den Armutsgefährdungsgrenzen. Abbildung 1 zeigt, wie hoch die Fürsorgeleistungen für die drei Berliner Haushaltstypen im Vergleich zum mittleren verfügbaren Einkommen sind.

ABBILDUNG 1: Arm oder nicht: Wie Empfänger von Hartz-IV-Leistungen in den unterschiedlichen Bewertungssystemen eingeordnet werden

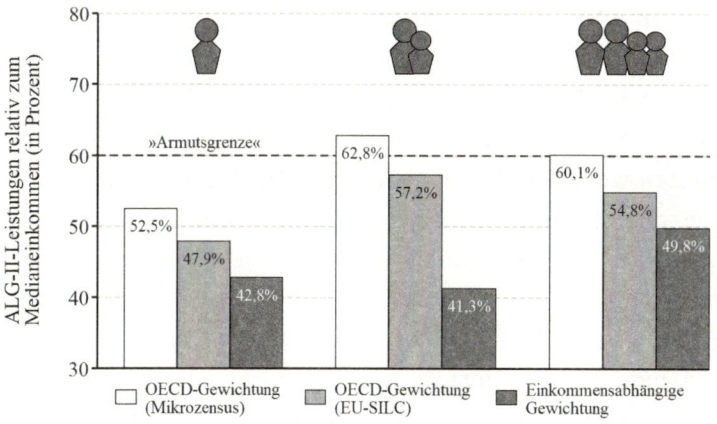

Im Sprachgebrauch als »Armutsgrenze« bezeichnet (korrekt wäre die Bezeichnung »Armutsgefährdungsgrenze«), umfasst die gestrichelte Linie diejenigen, die monatlich weniger als 60 Prozent des mittleren Nettoeinkommens zur Verfügung haben. Der direkte Vergleich der Berechnungssysteme zeigt die gravierenden Unterschiede in der Einstufung, ob jemand offiziell als arm gilt oder nicht.

Quelle: Eigene Berechnungen für Berliner Haushalte, basierend auf Tabelle 3.[40]

Die Auswahl der Datengrundlage führt bereits zu Unterschieden in der Größenordnung von rund 5 Prozentpunkten. Die Unterschiede steigen gewaltig, wenn man auch noch die Äquivalenzgewichtungen verändert. Besonders dramatisch zeigt sich das bei alleinerziehenden ALG-II-Beziehern. Ihr relatives Einkommen schwankt je nach Berechnung um 21,5 Prozentpunkten. Bei Familien sind die Unterschiede zwischen einkommensabhängiger Gewichtung und OECD-Gewichtung weniger gravierend, da sich mit höheren Einkommen die Unterschiede der beiden Ansätze verringern. Aber auch hier zeigen sich Unterschiede von bis zu zehn Prozentpunkten. Je nach Berechnungsmethode kann man feststellen, dass Alleinstehende und Familien, die in Berlin von der Fürsorge leben, nicht einmal armutsgefährdet sind, oder aber, dass sie sogar unter der Armutsgrenze von 50 Prozent liegen.

Die Auswahl des richtigen Nettoäquivalenzeinkommens und die der richtigen Datengrundlage sind nicht die einzigen Probleme, die man hat, wenn man mit Armutsgrenzen argumentieren will. Man muss sich auch Klarheit darüber verschaffen, mit welchen Einkommen die jeweiligen Fürsorgeleistungen verglichen werden sollen. Ist ein Einkommen in Leipzig genauso viel wert wie das gleiche Einkommen in München? Wenn ja, so sollte man das mittlere bundesweite Nettoäquivalenzeinkommen nehmen – darauf beziehen sich die oben genannten Zahlen. Dagegen spricht jedoch, dass die Mieten in Leipzig viel niedriger sind, man also dort mit gleichem Geld einen viel größeren Bedarf abdecken kann als in München. Sollte man daher besser die regionalen Unterschiede mitberücksichtigen und die Grundsicherungsleistungen mit den jeweiligen regionalen mittleren Einkommen vergleichen?

HARTZ IV: BESSER IN MÜNCHEN, SCHLECHTER IN LEIPZIG?

Abbildung 2 verdeutlicht die Unterschiede, die sich für die drei Bedarfsgemeinschaften in Leipzig und München ergeben, wenn man einmal das mittlere Einkommen in Deutschland und einmal das mittlere Einkommen in Bayern beziehungsweise Sachsen zugrunde legt.

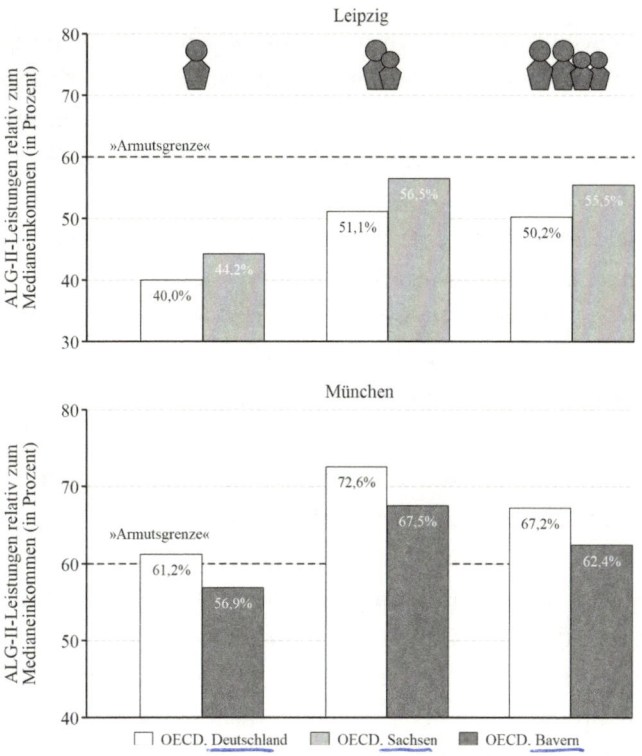

Quelle: Eigene Berechnungen, basierend auf Tabelle 3 und dem Mikrozensus 2018.

Die Unterschiede sind gravierend. So kommt ein alleinstehender ALG-II-Empfänger in München aufgrund der hohen Mietkosten, die für ihn übernommen werden, auf 61,2 Prozent des mittleren bundesweiten Äquivalenzeinkommens, ein Alleinstehender in Leipzig hingegen nur auf 40,0 Prozent. Demnach ist der Münchner nicht einmal armutsgefährdet, der Leipziger hingegen arm. Bei Alleinerziehenden und Familien zeigen sich ähnlich große Unterschiede. In allen Fällen gilt: Keiner ist in München mit ALG II arm, in Leipzig hingegen liegen alle Leistungsbezieher deutlich unterhalb der »Armutsgrenze«. Man kann sich die Schlagzeilen ausmalen: »Wie unser Sozialsystem den Osten benachteiligt«.

Eine solche Interpretation übersieht das Grundprinzip der Bedarfsabsicherung, welches in der sozialstaatlichen Grundsicherung verankert ist. Es ist in beiden Städten gewährleistet, nur kostet es in Leipzig weniger. Der Leipziger schneidet im Vergleich nicht deshalb so schlecht ab, weil er ärmer ist als der Münchner, sondern weil er für eine gleichwertige Wohnung weniger zahlen muss und er nur die tatsächlichen Kosten erstattet bekommt. Die Unterschiede zwischen Leipzig und München messen daher keine unterschiedliche Bedarfsabdeckung, sondern nur die damit verbundenen unterschiedlichen Kosten.

Wenn man in Leipzig und München gleichwertig wohnt und den gleichen Regelbedarf bekommt, dann ist höchstens derjenige bessergestellt, der mit der Regelleistung mehr Waren kaufen kann. Und das wird der Leipziger ALG-II-Empfänger sein, der geringere Lebenshaltungskosten in seiner Stadt vorfindet.[41] Was der Münchner sich für 432 Euro kaufen kann, bekommt der Leipziger schon für 415 Euro. Damit ist auch das subjektive Armutsempfinden eines Leipzigers schwächer als das eines Münchners, da er in seinem Alltag im Vergleich zu seinen Nachbarn auf weniger verzichten muss.

Wenn man schon über relative Armut sprechen will, dann sollte man das zumindest anhand regionaler Vergleiche tun. Damit rechnet man zum Beispiel für die Leipziger Bedarfsgemeinschaften den Effekt heraus, dass alle Leipziger Haushalte im Durchschnitt weniger Einkommen zur Verfügung haben als der Bundesdurchschnitt. So wird berücksichtigt, dass das nominal niedrige Einkommen in Leipzig nicht allein ein Problem der ALG-II-Bezieher ist.[42] Wie der bundeslandspezifische Vergleich (die jeweils grauen Balken) zeigt, steigt in Leipzig das relative Einkommen durch die statistische Umstellung, während es in München fällt. Der Abstand zwischen den relativen Einkommen von Leipzig und München halbiert sich. Das ergibt sich zwingend aus der Logik der Grundsicherung. Die Absicherung des realen Bedarfs ist überall gleich. Mit regionalen Vergleichen nähert man sich diesem Grundsatz an. Die verbleibenden Unterschiede zeichnen aber immer noch ein verzerrtes Bild.

Was zeigen diese Überlegungen? Helfen sie, die Frage zu beantworten, ob die Grundsicherung im heutigen System des Sozialstaats für eine menschenwürdige Existenzsicherung sorgt oder arm macht? Nein! Mit den richtigen Zahlen lässt sich für beide Antwortmöglichkeiten eine Begründung finden. Eine Reform des Sozialstaats, die auf eine Reform der Grundsicherung zielt, wie ich es in diesem Buch tue, muss hier für größere Klarheit sorgen.

Auch deswegen lohnt im nächsten Kapitel ein genauerer Blick auf die Hartz-IV-Gesetze, die wichtige Koordinaten unseres heutigen Grundsicherungssystems definieren, auf ihre Erfolge und ihre Defizite.

KAPITEL 3

HARTZ IV: ERFOLGREICH UND ZU UNRECHT VERHASST

Wieder arbeiten wollen – und auch sollen – und am Ende genug zum Leben haben: Das ist das Grundprinzip der als Hartz IV bekannten Arbeitsmarkt- und Sozialreformen von 2005. Die Diskussionen darüber, ob sie bis heute erfolgreich sind oder nicht, wurden in den letzten Jahren immer stärker ideologisch aufgeladen. Das ist nicht hilfreich. Es ist an der Zeit, die sozialpolitischen Ergebnisse der Hartz-IV-Reformen sachlich und mit besonderem Blick auf ihren Beitrag zur Grundsicherung zu analysieren.

FÜRSORGEPFLICHT UND ZWANG – UNAUFLÖSBARES DILEMMA?

Ob auf Wahlplakaten, in großen Reden oder in den unzähligen Talkshows, überall versichern die Politiker: Wir kümmern uns! Zum Beweis versprechen sie immer neue und weitergehende soziale Wohltaten. Ganz allmählich verwandeln sie damit unseren Sozialstaat in eine Karikatur eines Vollversicherungsstaates, der seine Bürger an die Hand nimmt und durch alle Gefahren einer immer unsichereren und komplexeren Welt schleust. So feierte sich beispielsweise Berlin gleich zu Beginn der Corona-Krise dafür, am schnellsten bei der Auszahlung von Soforthilfen gewesen zu sein: 1,4 Milliarden Euro wurden da Anfang April 2020 in nur sechs Tagen an 120.000 Antragsteller ohne weitergehende

Anforderungen ausbezahlt.[1] Drei Wochen später beschloss die Bundesregierung die Erhöhung des Kurzarbeitergeldes und die Senkung der Mehrwertsteuersätze für Gaststätten.

Die Politik verteilt Wohltaten, sie traut sich nicht mehr, die Bürger in die Pflicht zu nehmen. Dabei ist es gerade ihre Eigenverantwortung, die für den Erfolg eines Sozialstaats maßgeblich ist. Das gilt insbesondere auch, wenn es in den nächsten Jahren darum geht, die sozialen Folgen der Corona-Krise zu meistern.

Auch in der Sozialpolitik gilt der Grundsatz: Vorsorge ist besser als Nachsorge. Deshalb soll eine gute Sozialpolitik nach Möglichkeit verhindern, dass Stricke reißen und Notlagen entstehen, in denen wir auf staatliche Fürsorge angewiesen sind. Damit das gelingen kann, müssen vor allem die wirtschaftlichen Rahmenbedingungen geschaffen werden, zu denen Unternehmen in der Lage und willens sind, genügend Arbeitsplätze bereitzustellen. Ist dies geschehen, muss die Sozialpolitik vorrangig allen, die keine Arbeit haben, helfen, schnellstmöglich wieder Arbeit zu finden. Ihren Erfolg sehen wir darin, dass die Arbeitslosenzahlen niedrig sind, die meisten Menschen positiv in die Zukunft blicken und mit ihrer persönlichen wirtschaftlichen Situation zufrieden sind.

Wer keine Arbeit findet, soll sich auf staatliche Fürsorge verlassen können. Das allerdings stellt die Sozialpolitik vor ein großes Problem. Je großzügiger die Nachsorge, desto schwieriger die Vorsorge! Wenn sich der Sozialstaat bei Notleidenden sehr fürsorglich zeigt, hat dies zwangsläufig Einfluss auf die Bereitschaft der Betroffenen, diese Fürsorge aus eigener Kraft zu beenden und für sich selber zu sorgen. Es wird attraktiver, sich auf dem finanziellen Polster der Solidargemeinschaft auszuruhen.

Das ist das fundamentale Sozialstaatsdilemma: Je großzügiger der Sozialstaat, desto mehr Bedürftige schafft er. Die große Herausforderung des Sozialstaats ist es, dieses Dilemma durch eine ausgewogene Balance von Nachsorge (also Fürsorge gegenüber Notleidenden) und Vorsorge (Stärkung der Bereitschaft zur Selbsthilfe) aufzulösen. Ein Sozialstaat ist umso stärker, je besser ihm diese Aufgabe gelingt.

Bei der Bekämpfung des Sozialstaatsdilemmas ist die Sozialpolitik aber in einem Teufelskreis gefangen. Ihr Erfolg zeigt sich darin, dass möglichst viele Menschen für sich selbst sorgen können. Der Anreiz zur Selbsthilfe steigt mit dem finanziellen Abstand zu denen, die sich nicht helfen können. Wenn die Notleidenden aber immer weiter zurückfallen, wächst der Druck auf die Sozialpolitik, ihnen gegenüber wieder fürsorglicher zu werden. Gibt sie diesem Druck nach, schwächt sie wiederum die Anreize zur Selbsthilfe und gefährdet damit den eigenen Erfolg.

In diesem Teufelskreis war die Bundesrepublik nach der Wende lange Jahre gefangen. Wer arbeitslos wurde, wurde weich aufgefangen, mit der Folge, dass die Zahl der Arbeitslosen in jeder Rezession anstieg, in guten Zeiten aber nicht mehr abnahm. So wurde der deutsche Sozialstaat in den 1990er Jahren zum »kranken Mann Europas«.[2] Nur langsam dämmerte es der deutschen Politik, dass Großzügigkeit allein kein Kennzeichen eines starken Sozialstaats ist.

WENN KINDER IN DER GRUNDSICHERUNG ZUM PROBLEM WERDEN

Es ist aber nicht die Großzügigkeit allein, die das Ausmaß des Sozialstaatsdilemmas bestimmt. Es wird auch durch die Familiengröße beeinflusst. Je größer eine Familie, desto größer ist der Bedarf. Ein Alleinstehender in Berlin erhält bis zu 933 Euro monatlich an Grundsicherungsleistungen, bei einer vierköpfigen Familie sind es schnell mehr als 2.200 Euro. Entsprechend mehr Einkommen aus eigener Kraft zu erwirtschaften ist ungleich schwerer, als nur sich selbst zu versorgen.

Auch hohe Mieten vergrößern das Sozialstaatsdilemma. Sie werden von der Grundsicherung abgedeckt. In München erhält ein arbeitsloser Alleinstehender wegen der höheren Mieten bis zu 260 Euro mehr als ein Berliner. Bei einer vierköpfigen Familie beträgt der Unterschied sogar über 500 Euro. Wer aber auf sich selbst gestellt ist, muss umso mehr arbeiten, je höher seine Miete ist.

Das Problem ist: Grundsicherungsleistungen steigen mit dem Bedarf, Löhne dagegen nicht. Was das für das Sozialstaatsdilemma bedeutet, wird erkennbar, wenn man sich einmal überlegt, wie lange man arbeiten müsste, um ohne weitere Unterstützung auf das Einkommen eines Arbeitslosen zu kommen. In Berlin wären das für einen Alleinstehenden knapp 30 Stunden Arbeit in der Woche zum Mindestlohn, in München sogar 40 Stunden. In einer vierköpfigen Berliner Familie müssten beide Eltern je 37 Stunden arbeiten, in München sogar je 48 Stunden. Dabei ist noch gar nicht mit eingerechnet, dass sie auch noch auf viele weitere Vergünstigungen für ALG-II-Empfänger verzichten müssen, wenn sie arbeiten. Je höher die garantierten Fürsorgeleistungen, desto weniger lohnt sich Eigenleistung: Höhere Bedarfe schaffen zusätzliche Abhängigkeiten.

MITARBEITER GESUCHT – WAS UNS DAS ÜBER DAS SOZIALSTAATSDILEMMA SAGT

Das Sozialstaatsdilemma ist nicht nur abstrakte Theorie. Es zeigt sich tagtäglich in den Aushängen in Cafés, Restaurants oder Bäckereien, mit denen – meist vergeblich – Aushilfskräfte gesucht werden, obwohl es gleichzeitig genügend Arbeitslose gibt, die für diese Arbeitsplätze in Frage kämen, sich aber nicht auf diese Stellen bewerben. Die große sozialpolitische Herausforderung besteht darin, diese Situation zu verändern. Wenn Arbeit da ist, muss sich diese für Arbeitslose auch lohnen. Doch wie soll der Sozialstaat das anstellen?

Mit den Hartz-Reformen von 2005 hat er es versucht. Diese Reformen griffen in das Grundsicherungssystem ein, verringerten die Fürsorgeleistungen zum Teil recht drastisch und versuchten zugleich, mithilfe einer Politik des Forderns und Förderns die Bereitschaft zur Arbeitsaufnahme und damit zur Selbsthilfe zu erhöhen. Das ist ihnen auch dank anderer günstiger Umstände gelungen. Aber ihr Erfolg machte die Hartz-Reformen nicht beliebter – im Gegenteil. Sie sind in weiten Teilen der Bevölkerung

verhasst und stehen sinnbildlich für den Niedergang des Sozialstaats. Zu Unrecht, wie ich gleich zeigen werde.

FORDERN UND FÖRDERN MÜSSEN SICH DIE WAAGE HALTEN

Mit einem Paket von Maßnahmen des Forderns und Förderns versuchten die Hartz-Reformen, die Bereitschaft Arbeitsloser zu erhöhen, auch schlechter bezahlte Arbeit anzunehmen. Ihr erklärtes Ziel
war es, die Eigenverantwortlichkeit der Arbeitssuchenden zu stärken

> »und dazu bei[zu]tragen, dass sie ihren Lebensunterhalt unab-
> hängig von der Grundsicherung aus eigenen Mitteln und Kräf-
> ten bestreiten können«.[3]

FÖRDERN STEHT IM VORDERGRUND:
NEUE HINZUVERDIENSTMÖGLICHKEITEN

Das Fördern steht bei Hartz IV im Vordergrund, insbesondere
mithilfe der neu geschaffenen Hinzuverdienstmöglichkeiten. Sie
ermöglichen einen gleitenden Übergang von der Arbeitslosigkeit in
die Beschäftigung. Wer arbeitet, soll stets mehr Einkommen haben
als ein Arbeitsloser. Deswegen werden geringe Arbeitseinkommen
aufgestockt, durch sogenannte ergänzende ALG-II-Leistungen.

Von geringfügigen Hinzuverdienstmöglichkeiten abgesehen,
galt vor 2005 der Grundsatz, dass staatliche Unterstützung nur
an Arbeitslose ausgezahlt wird.[4] Mit den Hartz-Reformen wurde
das anders. Wenn ein ALG-II-Empfänger eine Arbeit aufnimmt,
darf er einen Teil seines Arbeitseinkommens behalten. Von den
ersten 100 Euro seines Verdienstes wird ihm nichts abgezogen.
Damit sollen pauschal die mit der Arbeit verbundenen zusätzlichen Kosten wie etwa die Fahrt zur Arbeit abgedeckt werden. Über

diese 100 Euro hinaus darf er bis zu einem Bruttoeinkommen von 1.000 Euro von jedem zusätzlich verdienten Euro 20 Cent behalten. Der Rest wird zunächst für die Arbeitnehmerbeiträge zur Sozialversicherung herangezogen und dann mit den ALG-II-Leistungen verrechnet – die Leistungen werden »abgeschmolzen«. Bei Einkommen zwischen 1.000 Euro und 1.200 Euro (für ALG-II-Bezieher mit Kindern bis 1.500 Euro) darf er von jedem zusätzlich verdienten Euro nur noch 10 Cent mit nach Hause nehmen, darüber hinausgehendes Arbeitseinkommen wird zu 100 Prozent auf das ALG II angerechnet, bis alle Leistungen abgeschmolzen sind.

ABBILDUNG 3: Verfügbares Haushaltseinkommen bei Erhalt von Grundsicherung plus Hinzuverdienst

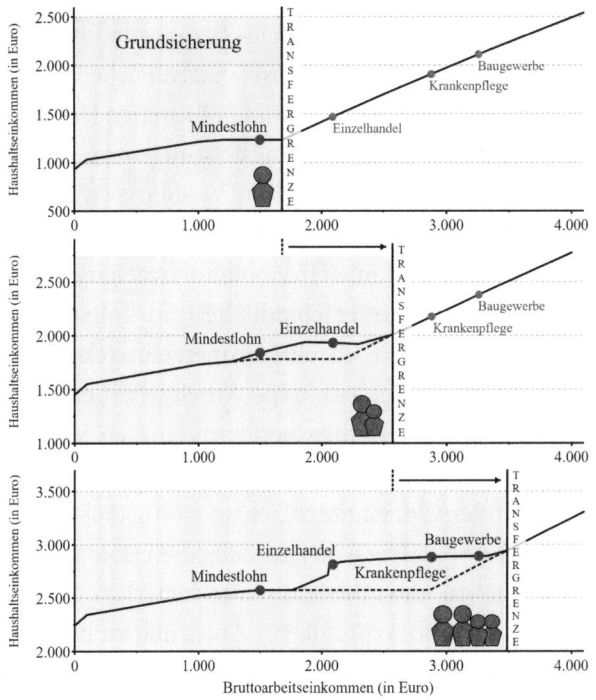

Die Punkte stellen ausgewählte Tariflöhne in Berlin dar. Die durchgezogenen Linien geben jeweils den günstigsten Einkommensverlauf an, die gestrichelten Linien geben den Einkommensverlauf ohne Inanspruchnahme der Kinderzuschlagsvariante an.

Quelle: Eigene Berechnungen, Stand Januar 2020.

Nehmen wir noch einmal als Beispiel den alleinstehenden Berliner aus dem letzten Kapitel (siehe Tabelle 3). Sein Bedarf liegt bei 933 Euro. Verdient er nun in einem Minijob 450 Euro, so darf er davon die ersten 100 Euro komplett behalten und hat damit bereits ein Einkommen von 1.033 Euro. Von dem Rest darf er 20 Prozent, das sind weitere 70 Euro, behalten und kommt damit insgesamt auf ein monatliches Nettoeinkommen von 1.103 Euro. Arbeitet er deutlich mehr und bekommt einen Bruttolohn von 1.000 Euro, so hat er am Ende des Monats netto knapp über 1.200 Euro in der Tasche. Liegt sein Bruttoverdienst bei 1.200 Euro, kommt er netto auf insgesamt 1.233 Euro und hat den maximal möglichen Hinzuverdienst ausgeschöpft (bei mindestens einem Kind liegt der maximale Hinzuverdienst bei 330 Euro). Von seinem restlichen Bruttoverdienst (1.200–300 Euro Hinzuverdienst = 900 Euro) werden zunächst Sozialversicherungsbeiträge gezahlt – das sind rund 280 Euro und Lohnsteuer. Der Restbetrag wird dann mit der Grundsicherungsleistung verrechnet. Durch seine Arbeit erhält er bei der letzten Verdienstvariante also de facto noch ergänzendes ALG II von gut 300 Euro.

Die durchgezogenen Linien in Abbildung 3 zeigen, wie sich das Nettoeinkommen für unterschiedliche Haushaltstypen in Abhängigkeit vom Bruttoarbeitseinkommen entwickelt. Das Bruttoarbeitseinkommen umfasst keine Arbeitgeberbeiträge zur Sozialversicherung. Das jeweilige Nettoeinkommen errechnet sich unter Berücksichtigung der Leistungsansprüche aus Tabelle 3, Wohngeld, Kindergeld, Kinderzuschlag, Lohnsteuer- und arbeitnehmerseitigen Sozialversicherungsabgaben. Die gestrichelten Linien unterstellen, dass die Haushalte weiterhin ALG II beziehen, anstatt den Kinderzuschlag in Anspruch zu nehmen (zum Kinderzuschlag komme ich später noch ausführlich). Rechts der Bezugsgrenze für den Kinderzuschlag setzt sich das Nettoeinkommen aus Nettoverdienst und Kindergeld zusammen.

Wenn der Gesetzgeber einerseits möchte, dass Leistungsempfänger hinzuverdienen können, weil sie finanziell besser dastehen sollen als jene, die nicht arbeiten, bedeutet das andererseits, dass das ALG II langsamer abgeschmolzen wird und länger Unterstützung gezahlt werden muss, selbst nach Aufnahme einer Vollzeitbeschäftigung. Deshalb erhält ein alleinstehender Berliner Grundsicherungsleistungen bis zu einem Arbeitseinkommen von 1.680 Euro. Das entspricht einer Vollzeitstelle mit einem Stundenlohn über dem Mindestlohn. Für den Münchner liegt die Bezugsgrenze aufgrund der höheren erstatteten Miete sogar bei 2.135 Euro. Innerhalb der Bezugsgrenze ist der Einkommensanstieg sehr flach. Das bedeutet, mehr Stunden zum gleichen niedrigen Stundenlohn bringen nur wenig oder gar keinen finanziellen Ertrag. Entsprechend gering ist die Bereitschaft, mehr zu arbeiten.

Der Grundsatz »Wer arbeitet, soll auch mehr haben« hat damit einen hohen sozialen Preis. Auch das zeigt die Abbildung 3. Hier sind einige ausgewählte Lohneinkommen markiert, die man bei einer Vollzeitarbeit in bestimmten Berufen erhält.[5] So hat ein Alleinstehender auch dann noch Anspruch auf ergänzendes ALG II, wenn er Vollzeit zum Mindestlohn arbeitet. Er bekommt dadurch 300 Euro mehr als ein Arbeitsloser. Allerdings muss er dafür auch 160 Stunden im Monat arbeiten. Und über die Regelarbeitszeit hinaus noch fleißig zu sein und etwa Überstunden zu machen lohnt sich schon gar nicht, denn er muss den gesamten Zusatzverdienst abführen, so lange, bis er keinen Anspruch mehr auf ergänzendes ALG II hat. Das gilt für alle Arbeiten, die zu Löhnen nahe dem Mindestlohn bezahlt werden. Hier sind Alleinstehende im Sozialstaatsdilemma gefangen.

Gravierender wird das Problem bei Alleinerziehenden und Ehepaaren mit Kindern. Bei ihnen schiebt sich die Bezugsgrenze mit der Haushaltsgröße immer weiter nach außen: Zum einen bekommen sie höhere Fürsorgeleistungen im ALG II, zum anderen gibt es für arbeitende Haushalte mit Kindern zusätzliche Förderinstrumente. Diese Leistungen machen es noch schwieriger, allein mit eigener Arbeit auf das gleiche Niveau zu kommen. Für Alleinerziehende im Einzelhandel (wohlgemerkt mit abgeschlossener Ausbildung) ist dies praktisch nicht zu schaffen, und selbst Alleinverdiener mit vierköpfiger Familie mit vergleichsweise deutlich besser bezahlten Berufen in der Pflege oder im Baugewerbe bleiben noch unterhalb der Bezugsgrenze. Wie sehr das »Armutsrisiko Kind« zutrifft, zeigt sich in diesem Vergleich sehr deutlich.

Wer nur wegen seiner Kinder ALG II beziehen würde, kann anstelle von ALG II einen Kinderzuschlag beantragen. Der Kinderzuschlag beträgt maximal 185 Euro pro Kind und Monat und wird zusätzlich zum Kindergeld und Wohngeld bezahlt.[6] Im Jahr 2020 lohnt sich für Alleinerziehende mit Vorschulkind diese Kinderzuschlagsvariante ab einem Bruttoeinkommen von 1.280 Euro. Sie bekommen dadurch mehr Geld und dürfen einen größeren Teil des zusätzlichen Arbeitseinkommens behalten. Bleiben sie im ALG-II-Bezug (siehe grau gestrichelte Linie), müssen sie ab 1.500 Euro das gesamte zusätzliche Arbeitseinkommen abführen, fallen aber schneller aus der Bedürftigkeit. Der Übergang vom ALG II zur Kinderzuschlagsvariante ist jedoch recht bürokratisch und damit wenig attraktiv. So wird damit gerechnet, dass gerade einmal 35 Prozent aller Berechtigten den Kinderzuschlag auch in Anspruch nehmen.[7] Alle anderen bleiben lieber im ALG-II-Bezug, für sie ist die gestrichelte Linie relevant.

Für Ehepaare mit zwei Schulkindern liegt die Bezugsgrenze noch höher, wenn sie die Kinderzuschlagsvariante ab einem Bruttoeinkommen von etwa 1.760 Euro in Anspruch nehmen. Da es bei dem Einkommen, ab dem der Haushalt Steuern zahlen muss, eine deutliche Erhöhung des Wohngelds gibt, erhöht sich das verfügbare Haushaltseinkommen bei einem Bruttoeinkommen von circa 2.000 Euro gegenüber dem Einkommen im ALG II zunächst um 228 Euro. Der Vorteil steigt dann weiter leicht an bis zu maximal 311 Euro. Allerdings beträgt der Transferentzug in diesem Bereich durch das parallele Abschmelzen von Wohngeld und Kinderzuschlag durchschnittlich über 95 Prozent. Unterhalb der Bezugsgrenze sind die Arbeitsanreize also minimal. Erst jenseits dieser Grenze, ab einem Einkommen von rund 3.500 Euro, lohnt sich Arbeit wieder, dann bleiben von jedem verdienten Euro knapp 60 Cent beim Haushalt.

KRAFTLOSE NACHBESSERUNG: DAS STARKE-FAMILIEN-GESETZ

Das Starke-Familien-Gesetz von 2019 wollte Familien besser fördern. Es beseitigte aber nur eine Abbruchkante, die vor 2019 dazu führte, dass Alleinerziehende bei einem Bruttoverdienst von 2.150 Euro mit einem Schlag 102 Euro verloren, wenn sie einen weiteren Euro hinzuverdienten. Viel gewonnen wurde durch das neue Gesetz nicht. Im Gegenteil: Mit steigender Kinderzahl verschiebt sich auch die Einkommensgrenze nach oben, bis zu der Haushalte Transferleistungen erhalten. Je höher aber die Transferentzugsrate ist, das heißt der Anteil am zusätzlich verdienten Bruttoeinkommen, der zur Rückzahlung der Leistungen abgezogen wird, desto mehr sinkt der Anreiz zu arbeiten. Wenn beispielsweise der Alleinverdiener einer Familie mit zwei Kindern in Berlin 160 Stunden im Monat auf dem Bau arbeitet, kommt seine Familie auf ein Nettoeinkommen von 2.892 Euro. Wenn er seine Arbeitszeit dagegen um ein Drittel verkürzt, hat er Anspruch auf Kinderzuschlag, Kindergeld und Wohngeld. Er kommt somit am Ende des Monats auf ein Nettoeinkommen von 2.840 Euro, das entspricht in etwa dem Tariflohneinkommen im Einzelhandel. Er gewinnt 53 Stunden Freizeit, verliert netto aber nur 52 Euro! Das 2018 verabschiedete Brückenteilzeitgesetz[8] erleichtert eine solche Arbeitszeitverkürzung, weil es dem Arbeitnehmer die Möglichkeit gibt, seine Arbeitszeit zeitweise zu reduzieren und später wieder nach oben anzupassen. Umgekehrt würde er bei einem Wechsel von Teilzeit in Vollzeit für die Mehrstunden quasi einen Stundenlohn von nur knapp 1 Euro netto erhalten. Dass sich viele einen solchen Wechsel lieber ersparen, ist nicht weiter verwunderlich.

Wie man sehen kann, fördern die durch Hartz IV geschaffenen Hinzuverdienstmöglichkeiten Arbeit, aber nur in einer Teilzeitbeschäftigung. Eigene Leistung wird nicht belohnt, wenn man Kinder zu versorgen hat, denn dann wird es ungleich schwerer, mit gering entlohnter Arbeit aus der Abhängigkeit des ALG II zu entkommen. Tatsächlich arbeiten über 50 Prozent der alleinstehenden Hinzuverdiener für weniger als 450 Euro brutto im Monat. Gerade einmal 5 Prozent arbeiten Vollzeit und verdienen über 1.200 Euro. Der Anteil der Familien mit einem Hinzuverdienst von über 1.200 Euro liegt mit 40 Prozent hingegen deutlich höher.[9] Warum diese großen Unterschiede? Dafür gibt es gute Gründe.

Wenn bei einer vierköpfigen Familie, in der zunächst beide Ehepartner arbeiten, ein Erwachsener seine Arbeit verliert, rutscht die Familie in den ALG-II-Bezug. Deswegen wird der zweite Verdiener seinerseits nicht gleich aufhören zu arbeiten. Schließlich hoffen beide, gemeinsam bald wieder aus dem ALG-II-Bezug zu kommen. Auch lohnt es sich für ein Ehepaar, bei dem zunächst beide Ehepartner arbeitslos sind, dass der Erste eine Vollzeitstelle annimmt, auch wenn er dadurch kaum mehr verdient als in Teilzeit oder in einem Minijob. Damit erhöht sich für die Familie insgesamt die Chance, aus dem ALG-II-Bezug zu kommen, sobald der zweite Erwerbsfähige wieder Arbeit findet. Trotzdem zeigt dieses Beispiel, dass das Sozialstaatsdilemma auch bei ihnen wirkt, wenngleich die individuellen Entscheidungen aufgrund hoher Transferentzugsraten oftmals vielschichtiger sind.

WIE DIE GRUNDSICHERUNG NOCH ÜBERALL HILFT

Beschäftigung wird nicht nur durch die verbesserten Hinzuverdienstmöglichkeiten gefördert, sondern auch durch öffentliche

Arbeitsbeschaffungsmaßnahmen, besser bekannt unter dem Namen *Ein-Euro-Jobs*.[10] Sie sind in der Regel auf sechs bis zwölf Monate begrenzt, bei einer wöchentlichen Arbeitszeit zwischen 15 und 30 Stunden.[11] In einem Ein-Euro-Job bekommt man keinen Lohn, sondern zusätzlich zum ALG II eine Mehraufwandsentschädigung, die zwischen 1 und 2 Euro pro Arbeitsstunde liegt. Bei 30 Stunden Arbeit in der Woche kommt man damit immerhin auf einen Hinzuverdienst von monatlich mindestens 240 Euro. Das ist vergleichbar mit dem Hinzuverdienst im privaten Sektor.

Typische Ein-Euro-Jobs sind Verschönerungsarbeiten in kommunalen Parks und auf Kinderspielplätzen, kleinere Unterstützungsdienste in der Seniorenarbeit und andere ehrenamtliche Tätigkeiten, aber auch Arbeiten in Natur-, Umwelt- und Gewässerschutzmaßnahmen. Da die Tätigkeiten keine regulären Arbeitsplätze gefährden sollen, sollen sie »marktfern« sein. Da fragt man sich zwangsläufig, inwieweit solche Arbeiten eine spätere Wiedereingliederung in den regulären Arbeitsmarkt fördern können. Und tatsächlich ist ihre Bilanz in dieser Hinsicht sehr durchwachsen.

Für die Erfolgsaussichten auf eine reguläre Arbeitsstelle spielt es eine wichtige Rolle, wo man eingesetzt wird. Je näher ein Ein-Euro-Job an Arbeitsfeldern liegt, in denen die Arbeitsnachfrage in den letzten Jahren besonders stark angestiegen ist, desto besser sind die Aussichten. Ein-Euro-Jobs im Gesundheits-, Pflege- und Kinderbetreuungsbereich erhöhen die Chancen auf eine spätere Beschäftigung. Im Umweltschutz, der Landschaftspflege oder der Infrastrukturverbesserung helfen Ein-Euro-Jobs den Betroffenen jedoch kaum weiter.[12] Hier bleibt es bei kurzfristiger Hilfe, die keine neuen Perspektiven schafft.

Eine Reihe weiterer Fördermaßnahmen wie Qualifizierungs- und Trainingsmaßnahmen, Eingliederungszuschüsse und die Unterstützung bei der Vermittlung spielten in den letzten Jahren nicht zuletzt dank der immer besseren Arbeitsmarktsituation keine große Rolle mehr. Sie werden hier nicht weiter behandelt.

Zusammengenommen betreffen sie im Durchschnitt heute weniger als 100.000 ALG-II-Bezieher pro Jahr.

DIE IDEE DES FORDERNS: WER WENIGER BEKOMMT, ARBEITET MEHR

Fördern ist die angenehmere Seite, Selbsthilfe zu stärken. Fordern wird dagegen oft weniger gern gesehen. Es ist aber als Grundsatz im Sozialgesetzbuch explizit festgeschrieben:

> »(1) … Eine erwerbsfähige leistungsberechtigte Person muss aktiv an allen Maßnahmen zu ihrer Eingliederung in Arbeit mitwirken …
>
> (2) Erwerbsfähige Leistungsberechtigte und die mit ihnen in einer Bedarfsgemeinschaft lebenden Personen haben in eigener Verantwortung alle Möglichkeiten zu nutzen, ihren Lebensunterhalt aus eigenen Mitteln und Kräften zu bestreiten. Erwerbsfähige Leistungsberechtigte müssen ihre Arbeitskraft zur Beschaffung des Lebensunterhalts für sich und die mit ihnen in einer Bedarfsgemeinschaft lebenden Personen einsetzen.«[13]

Als 2005 im Zuge der Hartz-Gesetze das Prinzip des Forderns stärker in den Vordergrund trat, bedeutete dies zugleich den Abschied von einer dauerhaften statusabhängigen Absicherung von Langzeitarbeitslosen. Bis dahin hatte der Anspruch gegolten, auch bei längerer Arbeitslosigkeit entsprechend seiner früheren Tätigkeit – also standesgemäß – abgesichert zu werden. Nun je-doch wurden die Bezugszeiten des Arbeitslosengeldes verkürzt und die Zumutbarkeitsregeln für neue Jobs verschärft. Wer in angemessener Zeit keine gleichwertige Arbeit mehr findet, so die neue Regel, muss bereit sein, mehr Zugeständnisse zu machen. Diese Regel wurde nach dem Auslaufen des Arbeitslosengeldbezugs noch weiter verschärft. Langzeitarbeitslose, die vor 2005 Arbeitslosenhilfe bezogen und dadurch dauerhaft 53 Prozent (beziehungsweise 57 Prozent, wenn man Kinder hatte) des früheren Nettolohns erhielten, erhielten nach einer Übergangsphase nur noch das soziokulturelle Existenzminium. Ihre Ansprüche wurden im Zuge der Reform nun auch mit dem Einkommen des Partners und mit dem eigenen Vermögen verrechnet. 15 Prozent der Arbeitslosenhaushalte verloren durch diese Umstellung alle Leistungsansprüche. Andere mussten deutliche Einkommensverluste hinnehmen. Die Einschnitte durch die Umstellung auf ALG II waren also umso größer, je großzügiger die Arbeitslosenhilfe zuvor war. Mehr als die Hälfte der früheren Sozialhilfe- und Arbeitslosenhilfeempfänger war betroffen, im Schnitt sank ihr Äquivalenzeinkommen um rund 30 Prozent.[14]

Die Hartz-Reformen haben die Versicherungsleistung der Grundsicherung auf das soziokulturelle Existenzminimum abgesenkt. Jeder Einzelne trägt seither einen größeren Anteil der finanziellen Folgen der Arbeitslosigkeit. Dieser größere Eigenbehalt erhöhte die Anreize insbesondere für gut qualifizierte Arbeitslose, wieder Arbeit aufzunehmen.[15] Es handelte sich jedoch um eine einmalige Umstellung innerhalb der Grundsicherung – eine Neufassung des Versicherungsvertrags mit erhöhter Selbstbeteiligung. Allerdings ist mit dieser Absenkung auf das soziokulturelle Existenzminimum die Untergrenze der Absicherung bereits erreicht. Eine weitere Absenkung der Fürsorgeleistungen steht, wenn das Niveau sozialer Absicherung nicht weiter heruntergefahren werden soll, als Anreizmechanismus daher nicht mehr zur Verfügung. Entsprechend muss der Staat anderweitig versuchen, Selbsthilfe nicht nur zu fördern, sondern auch mit Nachdruck einzufordern.

SANKTIONEN FÜR LEISTUNGSBEZIEHER: MEHR ALS BLOSSE SCHIKANE

Eine entscheidende Frage beim Fordern ist, wie der Sozialstaat mit jemandem verfährt, der nicht arbeiten will, obwohl er arbeiten könnte. Hier kommen die Sanktionen ins Spiel. Wenn jemand trotz verbesserter Hinzuverdienstmöglichkeiten kein Interesse daran zeigt, sich aktiv um Arbeit zu bemühen, kann der Sozialstaat damit drohen, die Fürsorgeleistungen zu kürzen. Dazu muss der Staat aber erst einmal klarstellen, was er unter einer aktiven Mitwirkung versteht, und festlegen, welche Rechte und Pflichten ein Arbeitsloser hat, wenn er staatliche Fürsorge in Anspruch nimmt. Beides geschieht im Rahmen einer sogenannten Eingliederungsvereinbarung zwischen Leistungsempfänger und Jobcenter.[16] Hält man sich nicht an diese Vereinbarungen und lehnt zum Beispiel ohne guten Grund ein Arbeitsangebot, einen Ausbildungsplatz oder einen Ein-Euro-Job ab, muss man mit finanziellen Sanktionen rechnen.[17]

Sanktionen sind ein Politikum. Oft wird ihre Legitimität und Wirksamkeit infrage gestellt, ohne jedoch zwischen der Idee und der Umsetzung zu unterscheiden. Richtig ist: Die Legitimation von Sanktionen hängt stark davon ab, wie wertschätzend ALG-II-Bezieher behandelt werden, inwiefern Eingliederungsvereinbarungen ihren Namen auch verdienen und inwieweit die vom Jobcenter vorgeschlagenen Maßnahmen sinnvoll sind. Andernfalls werden Sanktionen als Schikane empfunden[18] und stehen dann stellvertretend für einen Obrigkeitsstaat, der seine Bürger gängelt und sie zu Tätigkeiten zwingt, die sie nicht wollen.

Entscheidender jedoch ist: Es gibt eine Mitwirkungspflicht Betroffener und der Sozialstaat muss diese auch einfordern können. Wenn fördern allein nicht hilft, dann muss er die Möglichkeit haben, die Kürzung von Fürsorgeleistungen anzudrohen. Sanktionen dienen hier also als eine Vertragsstrafe, die bei Nichterfüllung der Mitwirkungspflicht fällig wird.

EIN ECHTES PROBLEM?

Doch wie gravierend ist das Problem der Sanktionen? 2018 wurden rund 904.000 Sanktionsmaßnahmen gegen insgesamt

403.000 Personen verhängt. Das entspricht 8,5 Prozent aller ALG-II-Empfänger. In der Summe ist das eine große Fallzahl. Doch sie vermittelt ein verzerrtes Bild. Das wäre ähnlich, als wenn von 100 Personen innerhalb eines Jahres 24 über Kopfschmerzen klagen, und man die Schlussfolgerung zieht: Ein Viertel leidet durchschnittlich unter Kopfschmerzen. Das gilt aber nicht, wenn in jedem einzelnen Monat immer nur 2 Personen über Kopfschmerzen klagen. Um etwas über das Verhältnis zwischen Leistungsempfängern und sanktionierten Personen zu erfahren, darf man nicht den Jahreszeitraum betrachten, sondern muss auf den Monat schauen. Im Dezember 2018 waren durchschnittlich 129.000 Erwerbsfähige von Leistungskürzungen betroffen. Das sind gerade einmal 3,2 Prozent aller Leistungsbezieher. Ihre Leistungen wurden dabei um knapp 19 Prozent gekürzt, das sind 109 Euro monatlich.

Meist wurden Meldeversäumnisse[19] sanktioniert. Wegen schwerwiegenderer Verstöße, etwa der Weigerung, eine Arbeit, Ausbildung oder Arbeitsmaßnahme anzutreten oder fortzuführen, wurden gerade einmal im Monatsdurchschnitt 0,6 Prozent aller Leistungsbezieher sanktioniert.[20] Diese geringen Fallzahlen könnten darauf hindeuten, dass Sanktionen überhaupt nicht notwendig sind, da die allermeisten Betroffenen freiwillig und aktiv an der Beseitigung ihrer Notlage mitwirken. Sie könnten aber auch ein Beleg dafür sein, dass die Androhung von Sanktionen wirkt und sie gerade deshalb selten verhängt werden müssen.[21] Die wirksamste Sanktion ist schließlich eine, die nie zur Anwendung kommt.

Zuletzt hat sich das Bundesverfassungsgericht im November 2019 mit Sanktionen beschäftigt und deren grundsätzliche Berechtigung bestätigt. In seinem Urteil stimmen die Verfassungsrichter der Ansicht des Gesetzgebers zu,

»dass eine solche Sanktion zur Durchsetzung von Mitwirkungspflichten erforderlich ist … Es erscheint jedenfalls plausibel, dass eine spürbar belastende Reaktion die Betroffenen dazu motivieren kann, ihren Pflichten nachzukommen, und eine geringere Sanktion oder positive Anreize keine generell gleichermaßen wirksame Alternative darstellen.«[22]

Allerdings sieht das Bundesverfassungsgericht die Verhältnismäßigkeit von Sanktionen verletzt, wenn im Wiederholungsfalle, wie es davor üblich war, die Kürzung 30 Prozent des Regelsatzes übersteigt.

»Die Wirksamkeit dieser Leistungsminderung ist bisher nicht hinreichend erforscht. Wenn sich die Eignung tragfähig belegen lässt, Betroffene zur Mitwirkung an der Überwindung der Hilfebedürftigkeit durch Erwerbsarbeit zu veranlassen, mag der Gesetzgeber ausnahmsweise auch eine besonders harte Sanktion vorsehen. Die allgemeine Annahme, diese Leistungsminderung erreiche ihre Zwecke, genügt aber angesichts der gravierenden Belastung der Betroffenen dafür nicht.«[23]

Die Verhältnismäßigkeit hängt demnach von der Wirksamkeit weitergehender Sanktionen ab, diese sind für das Bundesverfassungsgericht aber nicht nachgewiesen. Daher zwingt es den Gesetzgeber, das Ausmaß der Sanktionen auf 30 Prozent des Regelsatzes zu beschränken. Dagegen ist nichts einzuwenden. Wenn weitreichende Sanktionen keine Anreizwirkung entfalten, sollten sie im Sinne einer solidarischen Grundsicherung auch nicht eingesetzt werden.

Mit Hartz IV versuchte die Regierung Schröder, das Sozialstaatsdilemma zu entschärfen. Das Prinzip Fordern und Fördern erhöht bei Betroffenen die Bereitschaft zu arbeiten. Belohnt wird diese Bereitschaft aber nur, wenn auch entsprechende Möglichkeiten zur Selbsthilfe bestehen. Dafür braucht es zusätzliche Arbeitsplätze. Die Hartz-Reformen haben nicht direkt neue Arbeitsplätze geschaffen, sie fanden aber einen Arbeitsmarkt vor, der dazu bereit war.

Zu Beginn des neuen Jahrtausends wuchs die Einsicht, dass eine grundlegende Reform der Grundsicherung überfällig war. Deutschland galt in den 1990er Jahren noch als »kranker Mann« Europas.[24] Deutsche Unternehmen sahen sich nach dem Fall des Eisernen Vorhangs osteuropäischer Konkurrenz und wachsendem Wettbewerbsdruck ausgesetzt, mussten mit dem aufgrund des Wiedervereinigungsbooms überbewerteten Einstieg der D-Mark in den Euro zurechtkommen und wurden steuerlich stark belastet.

Darunter litt der Arbeitsmarkt, der sich zunächst wenig flexibel zeigte. Die Löhne stiegen bis in die zweite Hälfte der 1990er Jahre deutlich an. Das waren gute Nachrichten für diejenigen, die Arbeit hatten, nicht aber für diejenigen, die ihre Arbeit verloren und in der Folge keine neue fanden. Nach 1995 begannen die Löhne jedoch auseinanderzudriften. Während hohe Löhne weiter anstiegen, stagnierten die mittleren Löhne, und am unteren Ende der Lohnskala fielen die Reallöhne bis 2005 wieder unter das Niveau von 1992 zurück.

Diese Entwicklung hatte verschiedene Ursachen. Die seit den 1970er Jahren kontinuierlich steigende Arbeitslosigkeit[25] und die gleichzeitig schwindende Gewerkschaftsmacht veränderten die Machtverhältnisse zwischen Gewerkschaften und Arbeitgebern.[26] Die Tarifbindung nahm ab, und sowohl auf Branchen- als auch auf betrieblicher Ebene waren die Tarifparteien zunehmend bereit, flexibel auf die sich ändernden wirtschaftlichen Umstände der Betriebe zu reagieren. Immer mehr Tarifabschlüsse fanden auf Unternehmensebene statt, wo sie immer häufiger mit Öffnungsklauseln versehen wurden. Diese Klauseln erlaubten Abweichungen von den Tarifvereinbarungen, wenn einzelne Unternehmen in wirtschaftliche Schwierigkeiten gerieten. Da insbesondere die Löhne für Geringqualifizierte fielen, waren die Unternehmen wieder vermehrt bereit, Arbeitskräfte einzustellen, die besonders stark von Arbeitslosigkeit betroffen waren.

VOM KRANKEN MANN EUROPAS ZUM ARBEITSMARKT-SUPERSTAR

Bis 2005 schaukelten sich die Arbeitslosenzahlen von einem Konjunkturzyklus zum nächsten nach oben (siehe Abbildung 4). Sie stiegen in Rezessionen an, gingen aber in den Aufschwungphasen nicht mehr in gleichem Umfang zurück. 2005 waren schließlich rund 12 Prozent aller Erwerbspersonen arbeitslos. Dabei zeigten sich vor 2005 deutliche Unterschiede zwischen denjenigen, die nur vorübergehend arbeitslos waren und Arbeitslosengeld bezogen, und denjenigen, die längerfristig arbeitslos waren und Arbeitslosenhilfe bezogen.

ABBILDUNG 4: Arbeitslose – Entwicklung der Hilfeempfänger von 1992 bis 2019

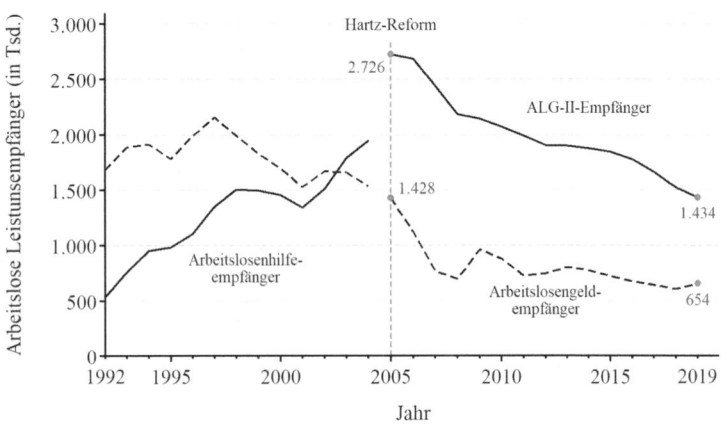

Die gestrichelte Linie gibt den Bestand an Arbeitslosengeldempfängern an. Die durchgezogene Kurve zeigt die Entwicklung der Arbeitslosenhilfeempfänger (bis 2005) beziehungsweise der arbeitslosen ALG-II-Empfänger (ab 2005).[27]

Quellen Statistik der Bundesagentur für Arbeit (2020c; 2020e, f).

Die Zahl der Arbeitslosengeldempfänger spiegelt das konjunkturelle Auf und Ab vor 2005 wider. Arbeitslosengeldempfänger waren diejenigen, die im Aufschwung als Erste wieder Arbeit fanden, entsprechend schnell ging ihre Zahl jeweils zurück. Bei den Arbeitslosenhilfeempfängern, die in der Regel länger als ein Jahr keine dauerhafte Beschäftigung fanden, verlief die Entwicklung hingegen weniger erfreulich. Selbst ein längerer Aufschwung führte vor 2005 nicht zu einem Abbau der Anzahl der Arbeitslosenhilfeempfänger. So verzögerte der Aufschwung von 1997 bis 2001 nur einen weiteren Anstieg, der dann in den mageren Jahren nach 2002 umso steiler ausfiel. Die Langzeitarbeitslosigkeit verfestigte sich zunehmend.[28]

Die Kehrtwende am Arbeitsmarkt kam erst mit den Hartz-Reformen. Langzeitarbeitslose waren nun auch zu niedrigen Löhnen wieder bereit zu arbeiten.[29] Die Zahl der arbeitslos gemeldeten ALG-II-Bezieher begann kontinuierlich zu sinken und lag 2019 im Jahresdurchschnitt mit 1,4 Millionen um 49 Prozent unter dem Niveau von 2006. Rechnet man die in den letzten Jahren neu hinzugekommenen Arbeitslosen aus den nichteuropäischen Asylherkunftsländern heraus, so fällt diese Abnahme mit 54 Prozent noch eindrucksvoller aus. Erstmals nach dreißig Jahren stieg die Langzeitarbeitslosigkeit seit 2005 nicht mehr an – im Gegenteil, sie baute sich deutlich ab.

Gewiss, viele Langzeitarbeitslose schieden altersbedingt aus dem Arbeitsmarkt. Viel bedeutsamer war aber der Wechsel zurück in Beschäftigung, wie der Anstieg der Erwerbstätigenquote um 8 Prozentpunkte auf 80 Prozent im Jahr 2016 zeigt.[30] Dabei wuchsen nicht nur Minijobs und Teilzeitbeschäftigung. Nach der Finanzkrise stieg auch die Zahl der sozialversicherungspflichtigen Vollzeitstellen. Die geringere Bezugsdauer von ALG I und ein gegenüber der Arbeitslosenhilfe deutlich niedrigeres ALG II erhöhten die Anreize, auch schlecht bezahlte Arbeit zu behalten und, in kleinerem Umfang, schlechter bezahlte offene Stellen anzunehmen. Beides trug maßgeblich zu dem Arbeitsmarkterfolg der Hartz-Reformen bei.[31] Innerhalb nur eines Jahrzehnts wurde der ehemals kranke Mann Europas dank des Zusammenspiels von Arbeitsmarktflexibilisierung und Hartz IV zum neuen Superstar. Die Arbeitslosigkeit fiel von knapp 12 Prozent im Jahr 2005 auf 4,9 Prozent zum Jahresende 2019. Ohne die Hartz-Reformen wäre die Arbeitslosenrate um bis zu 50 Prozent höher.[32] In vielen Regionen Deutschlands herrschte beim Ausbruch der Corona-Krise Vollbeschäftigung.

Allerdings stiegen die Arbeitsstunden nicht in gleichem Umfang wie die Zahl der Beschäftigten. Durch die überproportionale Zunahme der Teilzeitbeschäftigung sank die durchschnittliche Arbeitszeit um etwas über 4 Prozent. Arbeit wurde also auch auf mehrere Schultern umverteilt – auch das ist eine Form der Versicherung. Dabei handelte es sich jedoch nicht um eine organisierte, aus der Not geborene Umverteilung knapper Arbeitsplätze. Diese Umverteilung entsprach vielmehr weitgehend den Wünschen der Arbeitnehmer.[33] Die Hinzuverdienstregelungen im ALG II, die in erster Linie Teilzeitarbeit attraktiver machten, dürften dazu beigetragen haben.

Nach 2005 fiel die Zahl derjenigen, die auf Fürsorge angewiesen waren, deutlich ab. 2006 waren im Schnitt 5,3 Millionen erwerbsfähige ALG-II-Bezieher registriert, 2019 ist diese Zahl auf 3,9 Millionen gesunken (Abbildung 5). Man sollte dabei aber diejenigen, die als Flüchtlinge in den letzten Jahren nach Deutschland kamen und mittlerweile als anerkannte Asylberechtigte Anspruch auf Grundsicherungsleistungen erhalten,[34] herausrechnen. Ihre Zahl, die erst nach 2015 stark angestiegen ist, zeigt, dass unser Grundsicherungssystem nach der Flüchtlingswelle eine weitere, zusätzliche Aufgabe zu bewältigen hat. Sie mitzurechnen würde den Vergleich mit 2006 also verzerren. Ohne diese anerkannten Flüchtlinge liegt die Zahl der ALG-II-Empfänger 2019 bei nur noch durchschnittlich 3,3 Millionen, das ist ein Rückgang von fast 40 Prozent.

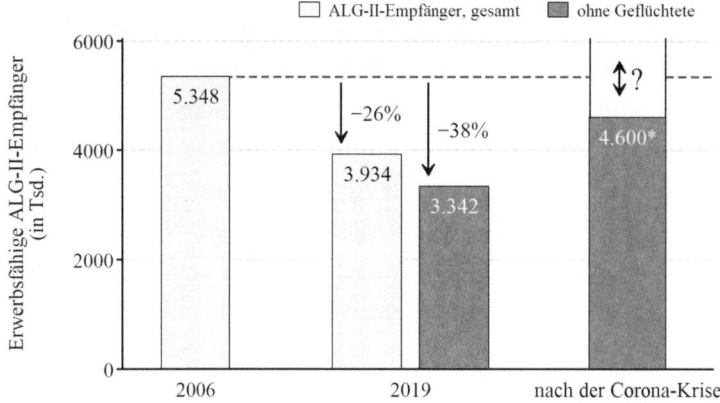

Die hellgrauen Balken zeigen die durchschnittliche saisonbereinigte Anzahl der erwerbsfähigen leistungsberechtigten ALG-II-Bezieher zwischen November 2005 und Oktober 2006 beziehungsweise November 2018 und Oktober 2019. Der dunkle Balken zeigt die Anzahl der erwerbsfähigen leistungsberechtigten ALG-II-Bezieher ohne anerkannte Flüchtlinge. Der letzte Balken gibt die erste Einschätzung der Bundesregierung über die Entwicklung der Zahlen infolge der Corona-Krise an.

Quelle: Bundesagentur für Arbeit (2020a, diverse Jahrgänge), BT-Drucksache 19/18107, eigene Berechnungen.

Wie schnell sich vermeintlich sicher geglaubte Dinge ändern können, zeigen die Corona-Pandemie und ihre Folgen. Fast von heute auf morgen stellt die Krise unsere Wirtschaft und unser Grundsicherungssystem vor vollkommen neue Herausforderungen. Die Bundesregierung rechnet mit bis zu 1,2 Millionen zusätzlichen ALG-II-Empfängern bis Ende 2020.[35] Es könnten aber noch viel mehr werden, auch in den Jahren danach. Damit ist eine Notfallsituation eingetreten, in der die Grundsicherung sich bewähren muss. Jetzt gilt es, dass sich die Solidargemeinschaft gegenüber allen, die in Not geraten sind, fürsorglich zeigt.

Sobald die Pandemie überstanden ist, muss die Grundsicherung weiterhin gut aufgestellt sein, um alle Betroffenen so schnell wie möglich wieder in Arbeit zu bringen. Dank der Struktur und

Erfolge der Hartz-Reformen ist die Ausgangslage dafür sehr gut. Mit ihnen hat der Sozialstaat in den letzten 15 Jahren dafür gesorgt, dass viel mehr Menschen wieder Arbeit gefunden haben und nicht mehr auf staatliche Hilfe angewiesen sind. Der Sozialstaat wurde damit seinem Anspruch nach Stärkung der Eigenverantwortung, die sich in den Hartz-Gesetzen widerspiegelt, in größerem Maße gerecht als zuvor. Das sollte nach der Bewältigung der Pandemie nicht vergessen werden. Nicht staatliche Wohltaten haben 2005 den Aufschwung auf dem Arbeitsmarkt beflügelt, sondern die gestiegene Bereitschaft, Eigenverantwortung zu übernehmen.

NEUE SOZIALE SCHIEFLAGE? NEIN!

Die Schaffung neuer Arbeitsplätze hatte ihren Preis: Neue Arbeitsplätze entstanden nur, weil die Löhne am unteren Ende der Lohnskala fielen. Das kam nicht unerwartet: Langzeitarbeitslose – die in den Hartz-Gesetzen besonders im Blick standen und stehen – finden nach langer Abwesenheit vom Arbeitsmarkt zunächst meist nur schlechter bezahlte Arbeit. In der Folge der Hartz-Reformen führte die erfolgreiche Wiedereingliederung der Langzeitarbeitslosen somit zwangsläufig zu einem Anwachsen des Niedriglohnsektors. Wie die untere, durchgezogene Kurve in Abbildung 6 zeigt, lag der Anteil der Niedriglohnverdiener 1995 noch bei 13,6 Prozent. Danach stieg er mit der einsetzenden Flexibilisierung des Arbeitsmarktes auf 17,5 Prozent im Jahr 2005 an. Danach verlangsamte sich der Anstieg, wurde aber nicht vollständig gestoppt. 2017 lag der Anteil der Niedriglohnbezieher leicht erhöht bei 17,8 Prozent.

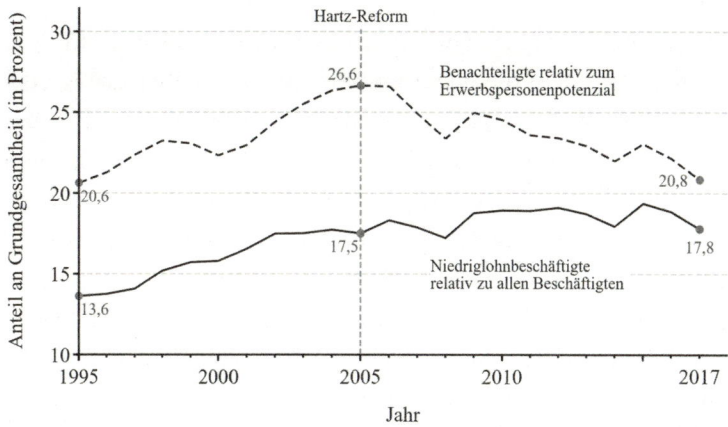

ABBILDUNG 6: Die Benachteiligten auf dem Arbeitsmarkt: Arbeitslose und Niedriglöhner

Niedriglohnbeschäftigte sind abhängig Beschäftigte mit einer Stundenentlohnung von weniger als ²/₃ des mittleren Bruttostundenlohns. Benachteiligte sind alle Arbeitslosen und Niedriglohn-beschäftigten. Das Erwerbspersonenpotenzial ergibt sich aus der Summe von Arbeitslosen und abhängig Beschäftigten.

Quelle: OECD (2020 a,b,c), eigene Berechnungen.

Die stabil hohe Niedriglohnquote wurde für die Kritiker der Hartz-Reformen zum Kronzeugen ihres Scheiterns. Sie offenbare eine neue soziale Schieflage[36] und spiegele den Anstieg prekärer Arbeitsverhältnisse und den allmählichen Abstieg der Mittel-klasse wider.[37] Wer im Niedriglohnsektor arbeitete, galt als »arm trotz Arbeit«. Hartz IV hätte »Arbeit statt Armut« schaffen sol-len, so die Kritik, stattdessen befeuerten die Reformen aber nur neue Abstiegs- und Zukunftsängste.

Entsprechend lauter wurden die Appelle an die Politik, sich dem wachsenden Problem der »Armut trotz Arbeit« im Niedrig-lohnsektor zu stellen und endlich zu handeln. In der Folge der Debatten wurde die Politik zunehmend blind für das Erreichte und wandte sich den vermeintlichen sozialpolitischen Defiziten der Reformen zu.

Dabei sind die Argumente der Kritiker meist leicht zu entkräften. So sagt vor allem die Niedriglohnquote nichts über Erfolg oder Misserfolg der Sozialpolitik aus, denn sie betrachtet nur Beschäftigte und lässt die Arbeitslosen völlig außer Acht. Bezieht man sie mit ein, so ist der Anstieg des Niedriglohnsektors nämlich gar keine so schlechte Nachricht. Zwar ist es besorgniserregend, wenn vormals gut verdienende Beschäftigte auf der Einkommensleiter immer weiter nach unten abrutschen. Erklärt sich der Anstieg jedoch dadurch, dass immer mehr vormals Arbeitslose den Weg zurück in den Arbeitsmarkt gefunden haben, ist er die logische Konsequenz einer erfolgreichen Sozial- und Beschäftigungspolitik.

Um die Erfolge der Hartz-Reformen richtig zu würdigen, muss man daher etwas ausholen. Schauen Sie noch einmal in Abbildung 6. In der oberen, gestrichelten Linie zeigt sich die ganze Geschichte. Und die geht so: Vor 2005 wuchsen sowohl der Niedriglohnsektor als auch die Arbeitslosigkeit. Dabei verlief die Entwicklung aller auf dem Arbeitsmarkt Benachteiligten, also Arbeitslose und Niedriglohnempfänger, zusammen, ähnlich wie die der Niedriglohnempfänger allein. Doch dann ändert sich das Bild. Ab 2005 zeigen beide Kurven zwar immer noch ähnliche Ausschläge nach oben und unten, doch in der Tendenz unterscheiden sie sich deutlich. Während der Anteil aller Benachteiligten seither sichtlich gefallen ist – von 26,6 Prozent auf 20,8 Prozent –, ist der Anteil der Niedriglohnempfänger leicht gestiegen. Hier zeigt sich also keine neue soziale Schieflage, sondern die sozialpolitische Erfolgsgeschichte seit 2005: Die Zahl der auf dem Arbeitsmarkt Benachteiligten ist deutlich gesunken. Viele Arbeitslose haben zwar nur den Wiedereinstieg in den Niedriglohnsektor geschafft, aber ungleich mehr – genau genommen 5,8 Prozent aller Erwerbspersonen – sind in derselben Zeit auf der Einkommensleiter nach oben geklettert und haben Arbeitslosigkeit und Niedriglohnbereich hinter sich gelassen.

Die bisher angeführten Statistiken sagen nichts darüber aus, was es für den Einzelnen bedeutet, wieder Arbeit zu finden. Das kann man nur erfahren, indem man die Betroffenen fragt. Aus den Antworten derjenigen, die in den letzten Jahren wieder Arbeit fanden, kann man sehen, wie sich der Wechsel aus der Arbeitslosigkeit in Arbeit konkret ausgewirkt hat.[38]

Zuallererst zeigt sich: Wer wieder Arbeit fand, hatte mehr Geld zur Verfügung. Das galt in besonderem Maße für diejenigen, die dank einer neuen Arbeit aus dem ALG-II-Bezug fielen. Ihr verfügbares Haushaltseinkommen stieg um durchschnittlich 523 Euro im Monat. Wer als Aufstocker wieder zu arbeiten begann, hatte im Durchschnitt immerhin 157 Euro mehr.[39] Der deutlich geringere Anstieg erklärt sich zum einen durch die Deckelung der Hinzuverdienste bei 300 Euro (mit Kind 330 Euro) im Monat. Zum anderen liegt es auch daran, dass der Hinzuverdienst am attraktivsten bei kleinen Einkommen ist.

Wer eine Arbeit im Niedriglohnbereich findet, verbessert nicht nur seine aktuelle finanzielle Situation, sondern auch seine langfristigen Aussichten. Das gilt unabhängig davon, ob man noch ergänzendes ALG II bezieht oder ganz aus dem ALG-II-Bezug fällt. Der Niedriglohnsektor dient vormals arbeitslosen, gering qualifizierten Arbeitnehmern als Sprungbrett in besser bezahlte Arbeit.[40]

Während in den Medien oft von prekärer und stigmatisierender Beschäftigung gesprochen wird, sehen Betroffene das offensichtlich ganz anders. Fragt man sie auf einer Skala von 0 bis 10, wie zufrieden sie mit ihrem Leben insgesamt sind, zeigt sich, dass die Lebenszufriedenheit ansteigt, wenn man eine Arbeit annimmt.[41] Die Zunahme der Lebenszufriedenheit beträgt bei einem Wechsel in reguläre Beschäftigung im Durchschnitt gut 0,8 Punkte auf der elfstufigen Skala. Das ist weit mehr, als sich durch den Einkommenszuwachs erklären lässt.[42] Bei Aufstockern fällt der Anstieg der Lebenszufriedenheit mit 0,5 Punkten geringer aus, ist aber keineswegs klein. Zum Vergleich: Eine Heirat verbessert die Lebenszufriedenheit im Durchschnitt um 0,2 bis 0,3 Punkte.[43] Wieder zu arbeiten, selbst wenn unterm Strich nicht viel dabei herauskommt, macht also zufriedener.

Arbeit bedeutet mehr als nur mehr Einkommen. Selbstbild und Selbstwertgefühl leiden in Zeiten der Arbeitslosigkeit. Mit einer neuen Arbeit kommt das Selbstwertgefühl aber zurück und das Gefühl, ein aktiver Bestandteil der Gesellschaft zu sein.[44] Es macht dabei allerdings einen Unterschied, ob man trotz Arbeitsaufnahme weiter von ergänzenden ALG-II-Zahlungen abhängig ist oder nicht. Bei den Aufstockern fällt der Anstieg der Lebenszufriedenheit deutlich geringer aus als bei denjenigen, die aus dem ALG-II-Bezug fallen. Das gilt auch, wenn man die unterschiedlich großen Einkommenszuwächse und Unterschiede zwischen den aufgenommenen Jobs herausrechnet. Offenbar gehört zu einem positiven Selbstbild eines Erwerbsfähigen auch, für sich selber sorgen zu können und nicht von staatlicher Unterstützung abhängig zu sein. Das mag einer der Gründe sein, warum so viele Arbeitslose trotz Anspruch ganz auf den Bezug von ALG II verzichten.[45]

Wer arbeitslos wird, verliert nicht nur Einkommen, er trägt auch schwer an den psychologischen Folgen. Hilfe zur Selbsthilfe ist daher für Arbeitslose vorteilhafter als reine Fürsorge. Eine solidarische Grundsicherung sollte der Selbsthilfe gegenüber reiner Fürsorge deutlich den Vorzug geben. Die Schaffung neuer Arbeitsplätze hilft, die Haushaltseinkommen zu erhöhen und die psychologischen Folgen der Arbeitslosigkeit abzumildern. Die aktivierende Arbeitsmarktpolitik im Zuge der Hartz-Reformen konnte selbst mit wenig attraktiven Hinzuverdienstmöglichkeiten viele Betroffene deutlich besserstellen. Das ist die bis heute weitgehend unbekannte Geschichte eines wichtigen Erfolgs der Hartz-Reform.

Ich habe bislang nur von jenen gesprochen, die Grundsicherungsleistungen beziehen. Aber von Arbeitsmarkterfolgen profitieren nicht zuletzt auch diejenigen Mitglieder der Solidargemeinschaft, die die Arbeitslosenversicherung und die Grundsicherung finanzieren. Die Ausgaben, die sie als Beitrags- und Steuerzahler für die Arbeitslosigkeit zu zahlen haben, sind seit 2005 deutlich gefallen. Im Vergleich zu 2005 lag der Beitragssatz zur Arbeitslosenversicherung 2020 4,1 Prozentpunkte niedriger – 2,4 Prozent statt 6,5 Prozent. Damit haben Arbeitnehmer und Arbeitgeber folglich mehr vom Brutto zur Verfügung. Bei einem Bruttogehalt von 2.500 Euro im Monat sind das bereits über 100 Euro im Monat. Nicht zu vergessen der Vorteil, dass die Beitragssenkung auch die Arbeitskosten weiter absenkt und damit zur Schaffung weiterer neuer Arbeitsplätze beiträgt.

Auch die Steuerzahler profitieren von den verringerten Ausgaben für ALG-II-Bedarfsgemeinschaften. Die Ausgaben für die Grundsicherungsleistungen sind stark rückläufig. 2018 wurden geschätzt rund 44 Milliarden Euro im Rahmen der Grundsicherung gezahlt. Rechnet man die Ausgaben für die Leistungsbezieher aus Asylherkunftsländern heraus, so machen die Ausgaben heute noch 1,2 Prozent des Bruttoinlandsprodukts beziehungsweise 5,5 Prozent des Steueraufkommens von Bund und Ländern aus. Zum Vergleich: 2006 wurden noch 2 beziehungsweise 11 Prozent für Grundsicherungsleistungen ausgegeben.[46] Hätte sich seit 2006 nichts geändert, müssten wir derzeit jährlich rund 33 Milliarden Euro mehr für unsere Grundsicherung aufbringen. Und auch die Beitragszahler in der gesetzlichen Kranken- und Pflegeversicherung profitieren von der verbesserten Arbeitsmarktsituation. Je mehr ehemalige ALG-II-Bezieher selbst ihre Kranken- und Pflegeversicherungsbeiträge zahlen, desto weniger müssen die anderen Beitragszahler die Angehörigen von ALG-II-Bedarfsgemeinschaften quersubventionieren (siehe dazu auch Abschnitt »Abgesichert – auch bei Krankheit und Pflege-bedürftigkeit«).

VIEL ERREICHT, ZU UNRECHT GESCHOLTEN – UND TROTZDEM NICHT AM ZIEL

Ich fasse zusammen: Eine soziale Hängematte haben die Hartz-IV-Reformen nicht produziert. Vielmehr leisten sie tatsächlich, wie es ihr Anspruch war, einen wertvollen Beitrag zur Gewährleistung von Grundsicherung. Sie tun das, indem sie die aktive Mitwirkung der Betroffenen einfordern, selbst alles zu unternehmen, um aus der Arbeitslosigkeit herauszukommen. Auf diese Weise etablierten die Reformen das Prinzip des Forderns und Förderns in der Grundsicherung. Das war ein wichtiger Schritt zu einer besseren Absicherung vieler nicht versicherbarer Lebensrisiken, wie die sozial- und arbeitsmarktpolitischen Erfolge zeigen. In Verbindung mit einem aufnahmebereiten Arbeitsmarkt war Hartz IV also in den letzten 15 Jahren überaus erfolgreich – für viele einzelne Betroffene, aber auch für die Volkswirtschaft, den Steuerzahler und den Staat und seine Finanzen insgesamt.

Das Sozialstaatsdilemma konnten die Reformen allerdings nicht vollständig auflösen. Mit dem Prinzip Fordern und Fördern machten sie »nur ein wenig« aktives Mitwirken an einer Verbesserung der eigenen Lage attraktiver. Alles dafür zu tun, ganz auf eigenen Beinen zu stehen, belohnen die Hartz-Regeln hingegen nicht.

Trotz aller Erfolge sind daher zentrale Reformen der Grundsicherung dringend notwendig, um sich für die Zukunft zu wappnen. Warum, das wird in den folgenden Kapiteln deutlich.

KAPITEL 4

REFORM DES SOZIALSTAATS, ABER WIE?

IRREFÜHRENDE DEBATTEN
UND GEFÄHRLICHE FORDERUNGEN

Die Arbeitsmarkt- und Sozialreformen, die durch die Hartz-Gesetze angestoßen wurden, waren also entgegen der landläufigen Meinung im Großen und Ganzen sehr erfolgreich. Und mit ihnen wesentliche Teile der deutschen Sozialpolitik.

Das unterstreichen auch folgende Fakten: Bis zur Corona-Krise befand sich die Beschäftigung auf einem Höchststand. Immer mehr Menschen konnten für sich selber sorgen, und die Zahl derer, die auf staatliche Fürsorge angewiesen waren, war deutlich zurückgegangen. Es gab immer weniger Arbeitslose und die Löhne der Geringverdiener waren gestiegen.[1] All dies sorgte für mehr Sicherheit. Nicht von ungefähr waren die Menschen zufriedener als je zuvor, und zwar über alle Einkommensbereiche hinweg. Sie machten sich weniger Sorgen um den eigenen Arbeitsplatz, die eigene wirtschaftliche Situation und die allgemeine wirtschaftliche Entwicklung.[2]

Mit der Corona-Krise hat sich nun vieles geändert. Wenn dieses Buch erscheint, wissen wir noch nicht genau, auf welchem wirtschaftlichen und sozialen Pfad sich unser Land, unsere Wirtschaft und die Welt insgesamt weiterentwickeln werden. Einiges jedoch dürfte schon heute sicher sein: Verglichen mit den meisten anderen Ländern auf der Welt ist der deutsche Sozialstaat im Kern gut aufgestellt.

Doch wie gerade die Herausforderungen der Corona-Krise zeigen, ist nichts vergänglicher als der Erfolg von gestern oder heute. Schon vor Ausbruch der Pandemie war klar geworden, dass wir uns auf den bisherigen Erfolgen der Arbeitsmarkt- und Sozialpolitik nicht ausruhen dürfen. Das gilt heute umso mehr.

Zwar funktionierte das durch die Hartz-Reformen initiierte neue Zusammenspiel von Arbeitsangebot und Arbeitsnachfrage in den letzten Jahren sehr gut. Wer ernsthaft Arbeit suchte, hatte gute Chancen, Arbeit zu finden. Aber einige Entwicklungen auf dem Arbeitsmarkt, die das neue Verhältnis von staatlicher Fürsorge und Anreizen zu Selbsthilfe und Eigeninitiative gefährden können, haben vor der Krise Anlass zur Sorge gegeben. Im Zentrum standen dabei Minijobs und Mindestlohn.

Auch die Sozialpolitik im engeren Sinne war schon vor der Krise unter Druck geraten, von dem erfolgreichen, durch die Hartz-Reformen eingeschlagenen Weg wieder abzurücken. Denn mit deren Erfolg begannen sich – je länger, je mehr und fast unmerklich – die Prioritäten in der politischen Debatte zu verschieben. Insbesondere wurden die Forderungen lauter, der Staat solle sich intensiver um die kümmern, die immer noch auf Hilfe angewiesen sind. Dabei ging es meist nicht um die Schaffung neuer Chancen zu Selbsthilfe und Eigeninitiative, sondern fast immer nur um mehr staatliche Fürsorge. Angesichts immer neuer Herausforderungen, die sich aus der zunehmenden Digitalisierung und wachsenden Handelskonflikten ergaben, wurde eine radikale Wende in der Sozialpolitik gefordert. So findet etwa die Idee eines staatlichen Rundum-sorglos-Pakets in Form eines bedingungslosen Grundeinkommens (BGE), das nur noch Rechte, aber keine Pflichten mehr kennt, immer mehr Anhänger. Durch den Ausbruch der Corona-Krise wurde der Ruf nach einer radikalen Wende sogar noch lauter.[3]

Wer solche Forderungen stellt, verkennt, dass die Hartz-Gesetze im Großen und Ganzen erfolgreich waren, und gefährdet damit nicht nur die Erfolge der Arbeitsmarkt- und Sozialpolitik, sondern auch die Zukunftsfähigkeit des Sozialstaats insgesamt.

Minijobs sind ein Relikt aus einer Zeit, in der noch Vollbeschäftigung herrschte. Jetzt werden sie zum Problem für die Arbeitslosen. In den 1960er Jahren suchten viele Betriebe händeringend nach Arbeitskräften. Nicht einmal die Gastarbeiter konnten ihren Bedarf decken. Deshalb lockte man Hausfrauen, Rentner, Schüler, Studenten und alle, die sich noch etwas hinzuverdienen wollten, mit attraktiven Löhnen. Man nahm einfach geringfügige Einkommen von der Sozialversicherungspflicht und der Besteuerung aus. So konnte man hohe Nettolöhne zahlen ohne Nachteile für die neu gewonnenen Arbeitnehmer. Die allermeisten waren ja bereits durch ihre Hauptbeschäftigung, durch die kostenlose Mitversicherung von Familienangehörigen oder als Rentner und Studenten abgesichert.

Auch nachdem die damalige Phase der Vollbeschäftigung endgültig vorbei war, sind die Minijobs geblieben. Bis heute ist es für die Mehrzahl der derzeit rund 7,5 Millionen Minijobber die einzige Beschäftigung, entweder weil sich für sie als Zuverdiener zum Haushaltseinkommen eine sozialversicherungspflichtige Arbeit wegen der hohen Abgabenlast nicht lohnt, oder weil sie sich neben Rente oder dem Studium noch etwas hinzuverdienen wollen. Knapp drei Millionen Menschen üben allerdings einen Minijob zusätzlich zu ihrer eigentlichen Arbeit als Zweitjob aus.[4]

WIE DIE MINIJOBS ALG-II-BEZIEHER BENACHTEILIGEN

Die Sonderbehandlung der Minijobber ist ein Problem für die Grundsicherung: Minijobber konkurrieren häufig mit ALG-II-Beziehern um offene Stellen, werden aber vom Staat dabei auf eine Weise bevorzugt, die sie für Arbeitgeber attraktiver macht. Normalverdiener bekommen bis zu 450 Euro ohne Abzüge ausbezahlt. ALG-II-Bezieher hingegen behalten bei einem 450-Euro-Job nur 170 Euro und selbst bei einer Vollzeitstelle auch nur 300 Euro, der Rest wird, wie schon erklärt, zum Ausgleich der bezogenen Leistungen einbehalten. Wenn nun ein Wirt Tellerwäscher sucht und bereit ist, 10 Euro je Stunde zu zahlen, wen wird er wohl eher einstellen? Einen ALG-II-Bezieher, von dem er weiß, dass dieser nur die ersten zehn Arbeitsstunden im Monat voll bezahlt bekommt und ab der elften Stunde für gerade einmal 2 Euro netto arbeitet? Oder einen Studenten, der als Minijobber den kompletten Lohn behalten darf? Wer ist motivierter?

Der Wirt hat gute Gründe, in diesem Beispiel den Studenten vorzuziehen. Wer mehr netto mit nach Hause nehmen kann, wird sich aller Voraussicht nach mehr anstrengen und nicht so leicht das Handtuch werfen und kündigen, wenn es allzu anstrengend wird.[5] Was bedeutet das konkret? Sieben Minijobber können die Arbeit zweier Vollzeitkräfte übernehmen. Je mehr der Wirt auf Minijobber setzt, desto weniger Arbeitsplätze hat er für arbeitsuchende ALG-II-Bezieher. Er ist dabei nicht der Einzige, der solche Überlegungen anstellt.

So schaffen Minijobs staatlich subventionierte Konkurrenz für ALG-II-Bezieher und erschweren ihnen den Wiedereintritt in den Arbeitsmarkt. Solange es Minijobs gibt, hat es die Grundsicherung damit ungleich schwerer, die Selbsthilfe erfolgreich zu fördern. Wenn der Arbeitsmarkt boomt und der Wirt händeringend Arbeitskräfte sucht, ist das kein Problem. Wenn allerdings, wie aufgrund der Corona-Krise zu erwarten ist, Arbeitsplätze wieder rar werden, dann ist es sehr wohl ein Problem.

WIE DER MINDESTLOHN DIE SOZIALPOLITIK PRIVATISIERT

Der Erfolg der Hartz-Reformen basiert auf einer klaren Arbeitsteilung in der Sozialpolitik: Unternehmen schaffen Arbeitsplätze und damit die Voraussetzungen zur Selbsthilfe. Der Sozialstaat fördert mit den Hinzuverdienstmöglichkeiten die Bereitschaft der Betroffenen, verfügbare Arbeitsplätze auch anzunehmen. Doch die Einführung des Mindestlohns 2015 hat diese Arbeitsteilung beendet: Unternehmen stehen nun in der Pflicht, nicht nur genügend Arbeitsplätze zu schaffen, sondern sie auch hinreichend attraktiv zu entlohnen.

Eine solche Strategie ist mit großen sozialpolitischen Risiken verbunden. Unternehmen, die in hartem Wettbewerb stehen und ums Überleben kämpfen, können womöglich diese doppelte Aufgabe nicht meistern. Sie können sich ihr aber entziehen, indem sie Arbeiter entlassen oder zukünftig weniger Arbeiter einstellen. Nach fünf Jahren Mindestlohn ist man versucht zu sagen: So ist es nicht gekommen. Der Mindestlohn liegt derzeit bei 9,35 Euro pro Stunde, und von dem befürchteten Arbeitsplatzabbau ist nichts zu sehen. Aber auch wenn es bislang gut gegangen ist, heißt das noch lange nicht, dass das so bleiben muss. Die sozialpolitischen Risiken sind nach wie vor vorhanden, und sie zeigen sich, wenn man genauer hinschaut, auch heute schon.[6]

SCHLECHTER ALS SEIN RUF

Der Mindestlohn hat einen guten Start erwischt: Die Erwerbstätigkeit erreichte 2019 mit 45,3 Millionen den höchsten Stand seit der Wiedervereinigung. Mitverantwortlich waren unter anderem die niedrigen Energiepreise im Jahr 2015, die wie ein kleines Konjunkturprogramm wirkten, sowie die steigenden öffentlichen Ausgaben im Zuge der schnell ansteigenden Flüchtlingszahlen ab Mitte 2015.[7] Zwar standen trotz guter Konjunktur viele Unternehmen unter Anpassungsdruck; aber der Abbau von Arbeitsplätzen war meist die letzte Wahl, um die negativen Folgen des Mindestlohns abzufedern.[8]

Am schnellsten konnten die Betriebe bei der Arbeitszeit reagieren. So sank die vertraglich vereinbarte Arbeitszeit der vom

Mindestlohn betroffenen sozialversicherungspflichtig Beschäftigten im ersten Jahr um durchschnittlich 5 Prozent.[9] Ein Teil davon wurde durch unentgeltliche Arbeit ausgeglichen. Viele Unternehmen versuchten, die höheren Stundenlöhne auf das Urlaubsgeld umzulegen, Pausen plötzlich als Arbeitszeit anzurechnen oder die pauschalisierten Zeiten für Routinearbeiten wie den Zimmerservice im Hotel herunterzusetzen.[10]

Andere Unternehmen versuchten, die höheren Personalkosten über Preissteigerungen an ihre Kunden weiterzugeben.[11] Für sie war erst einmal nicht absehbar, wie ihre Kunden auf die durch den Mindestlohn notwendig gewordenen Preissteigerungen reagieren würden und ob sie die notwendigen Preiserhöhungen langfristig würden durchsetzen können. Wem es nicht gelingt, der wird über kurz oder lang Arbeitszeiten kürzen oder Stellen abbauen müssen.

Die Anpassungsbemühungen der Unternehmen weisen auf die Probleme hin, die sie bereits heute mit dem Mindestlohn haben und in Zukunft in noch stärkerem Maße bekommen könnten. All das macht Unternehmen auch bei Neueinstellungen vorsichtiger. Unternehmen, die vor 2015 Löhne unter 8,50 Euro zahlten, stellten zwischen 2014 und 2016 weniger Mitarbeiter ein als vergleichbare Unternehmen, die vor 2015 allen Mitarbeitern mehr als 8,50 Euro je Stunde bezahlten.[12]

Fasst man all die bisher gewonnenen Erkenntnisse aus den Evaluationsstudien zusammen, sind je nach Berechnung umgerechnet zwischen 186.000 und 470.000 Vollzeitarbeitsplätze wegen der Arbeitszeitverkürzung und nicht geschaffenen neuen Stellen verlorengegangen. Das sind Arbeitsplätze, die ohne den Mindestlohn potenziell für ALG-II-Bezieher zur Verfügung gestanden hätten. Ihr Verlust macht es schwieriger, ihren Mindestbedarf durch Selbsthilfe sicherzustellen. Diese Zahlen zeigen aber noch nicht die vollen Wirkungen eines flächendeckenden Mindestlohns, denn bislang erhalten nur etwa 80 Prozent der Betroffenen den vollen Mindestlohn.[13]

Und wie sieht es mit den Geringverdienern aus? Haben sie vom Mindestlohn profitiert? Die Antwort ist eindeutig und stand von Anfang an fest: Nein. Die Bedürftigsten, das heißt diejenigen, die auf Grundsicherung angewiesen sind, konnten vom Mindestlohn von vornherein kaum profitieren. Wer vor 2015 bedürftig war und wenig verdiente, fällt auch fünf Jahre später mit dem Mindestlohn in der Regel nicht aus dem ALG-II-Bezug (siehe Abbildung 3): Von dem, was er brutto mehr verdient, wird das meiste einbehalten.

Wer beispielsweise vor 2015 für 5 Euro die Stunde arbeitete und damit 800 Euro im Monat verdiente, konnte 240 Euro behalten. Der Mindestlohn erhöhte seinen Bruttolohn innerhalb von fünf Jahren um 90 Prozent auf knapp 1.500 Euro. Da er aber bei diesem Einkommen trotz Mindestlohn immer noch ergänzendes ALG-II bezieht und damit maximal 300 Euro hinzuverdienen kann, erhöht sich sein Nettoverdienst in diesem Zeitraum um gerade einmal 60 Euro. Für Berliner Alleinstehende entspricht dies einem Einkommensanstieg von 5,2 Prozent, für vierköpfige Familien verbleibt unter dem Strich sogar nur ein Plus von 2,5 Prozent.

SOZIALPOLITIK GEHÖRT IN STAATLICHE HAND

Mit der Einführung des Mindestlohns hat der Sozialstaat die Aufgabe, Menschen in Arbeit zu bringen und ihnen damit eine unabhängige Existenz zu sichern, an vorwiegend kleine und mittlere Unternehmen delegiert. Ihnen aber die immensen Kosten einer für den einzelnen Mitarbeiter nur geringen Einkommenserhöhung aufzubürden, wird sie im harten Wettbewerb um preisbewusste Kunden schlicht überfordern. Entweder gehen sie pleite oder sie entlassen diejenigen, denen sie den Mindestlohn bezahlen müssen. Der Mindestlohn privatisiert eine der wichtigsten sozialpolitischen Aufgaben und der Sozialstaat verliert dadurch die Kontrolle über die Sozialpolitik. Bislang ist das relativ gut gegangen. Aber zu glauben, dass es so weitergehen wird, so wie es diejenigen tun, die mittlerweile auch einen Mindestlohn von 12 Euro für angemessen halten, ist mindestens blauäugig.[14]

Sozialpolitik ist und bleibt die originäre Aufgabe des Staates oder besser gesagt einer Solidargemeinschaft. Sie kann die Solidarität mit denen, deren Existenz bedroht ist, nicht einfach aufkündigen und die Aufgabe der Existenzsicherung an private Unternehmen delegieren. Anstatt das Versicherungsprinzip in der Grundsicherung zu stärken, wird die gegenseitige Versicherung zur Hilfe einseitig aufgekündigt. In einer solidarischen Grundsicherung gilt: Der Arbeitsmarkt muss genügend Arbeitsplätze bereitstellen. Sind die Löhne zu gering, um einen angemessenen Lebensunterhalt der Betroffenen sicherzustellen, sorgt die Solidargemeinschaft dafür, dass mehr von dem, was Unternehmen zahlen, bei den Arbeitnehmern ankommt: Sind die Hinzuverdienstregelungen unzureichend, dann sollte man über bessere Hinzuverdienstmöglichkeiten sprechen anstatt über eine Anhebung des Mindestlohns. Er bietet Betroffenen kaum höhere Einkommen, verringert aber den »Versicherungsschutz«: Der Erhalt der eigenen Arbeit und des höheren Einkommens hängt dann nämlich allein von der Entscheidung des Arbeitgebers ab, höhere Löhne zu zahlen oder nicht.

MEHR FÜRSORGE – GUT GEMEINT, ABER FALSCH

»Hartz IV bedeutet nicht Armut, sondern ist die Antwort unserer Solidargemeinschaft auf Armut.«[15]

Das ist in aller Kürze das sozialstaatliche Verständnis, das den Hartz-Reformen von 2005 zugrunde liegt. 2018 führte dieser Ausspruch jedoch zu einer Welle der Entrüstung. In einer gemeinsamen Erklärung stellten mehr als 30 Sozialverbände und Organisationen einmütig fest, dass die Antwort des Sozialstaats vollkommen unzureichend sei und wir deutlich mehr Fürsorge bräuchten: »Die Regelsätze sind zu gering, um grundlegende Bedürfnisse abzudecken«.[16] Entsprechend forderten sie die Bundesregierung auf, die Regelsätze bei Hartz IV und der Sozialhilfe auf ein bedarfsgerechtes und existenzsicherndes Niveau anzuheben.[17]

Die Kritik übersieht dabei allerdings, dass die Fürsorgeleistungen nur ein Teil der Antwort unserer Solidargemeinschaft auf Armut sind. Der andere Teil der Antwort sind die Anreize zur Selbsthilfe. Einseitig höhere Fürsorgeleistungen zu fordern gefährdet die erfolgreiche Balance von Fürsorge und Selbsthilfe und damit den Erfolg unserer Grundsicherung. Die Kritik an den bestehenden Grundsicherungsleistungen setzt meist an den Berechnungsverfahren (siehe Kapitel 2) an und weist auf vermeintliche Schwachstellen hin. Es ist klar: Wenn man einkommensstärkere Haushalte in die Vergleichsgruppe mit einbezieht, steigen die Ausgaben der Vergleichsgruppe für den alltäglichen Bedarf. Damit steigt automatisch der Regelsatz. Nimmt man umgekehrt diejenigen aus der Vergleichsgruppe heraus, die eigentlich Anspruch auf ALG II hätten, ihn aber nicht geltend machen (die sogenannten »verdeckt« Armen), so würde das ebenfalls den Regelsatz erhöhen. Wenn man beides umsetzt, läge der Regelsatz eines Erwachsenen 2020 nach den Vorstellungen der Caritas insgesamt bei 503 Euro anstatt 432 Euro.[18]

Der Regelsatz könnte sogar um bis zu 37 Prozent ansteigen, wenn man zusätzlich auf die zahlreichen Streichungen in einzelnen Ausgabenkategorien wie etwa bei Alkohol und Tabak verzichtet.[19] Diese Streichungen würden sich jedoch bei Erwachsenen und Kindern unterschiedlich stark auswirken.[20] Tabelle 4 vergleicht die Forderungen der verschiedenen Sozialverbände, hochgerechnet auf das Jahr 2020, jeweils mit den Status-quo-Regelungen für die drei schon bekannten Berliner Bedarfsgemeinschaften, für Alleinstehende, Alleinerziehende mit einem Kind und Ehepaare mit zwei Kindern.

	Gegenwärtige Regelung	Caritas	Paritätischer Wohlfahrtsverband	Diakonie
		Euro/Monat		
Alleinstehende	933	1.004	1.095	1.093
Alleinerziehende mit 1 Vorschulkind	1.450	1.588	1.765	1.686
Ehepaare mit 2 Kindern	2.243	2.473	2.767	2.680

TABELLE 4: Forderungen nach mehr Fürsorge (hochgerechnet auf 2020): Das bedeuten sie in Zahlen

Quelle: Eigene Berechnungen für Berliner Bedarfsgemeinschaften (vgl. Tabelle 3).[21]

BEDARFSSICHERUNG GEHT AUCH MIT MEHR EIGENLEISTUNG

Die Forderungen gehen alle in die gleiche Richtung: Mehr Fürsorge! Selbsthilfe wird nicht eingefordert. Die Hinzuverdienstmöglichkeiten bleiben ebenso unberücksichtigt wie die Tatsache, dass vielen Betroffenen auch andere Möglichkeiten offenstehen, sich zusätzlich zu den Fürsorgeleistungen noch etwas Geld hinzuzuverdienen. So werden Einkommen, die nicht versteuert werden müssen, in der Regel auch nicht mit den ALG-II-Leistungen verrechnet. Wer als ALG-II-Empfänger zum Beispiel ehrenamtlich tätig ist, kann bis zu 200 Euro monatlich abzugsfrei behalten.[22] Auch das Pflegegeld für die Pflege von Angehörigen dürfen ALG-II-Leistungsbezieher ohne Abzüge behalten.[23]

All diese Hinzuverdienstmöglichkeiten sind Teil der Antwort der Solidargemeinschaft auf Armut. Sie erlauben es Leistungsbeziehern, mit etwas Eigeninitiative auf Einkommen zu kommen, die die Sozialverbände für bedarfsgerecht halten. Trägt ein Alleinstehender Werbebroschüren oder lokale Wochenblättchen aus und verdient dadurch 450 Euro dazu, kommt er, wie ich bereits gezeigt habe, insgesamt auf monatlich rund 1.100 Euro und damit aus Sicht aller Wohlfahrtsverbände auf ein bedarfsgerechtes Einkommen. Das gilt auch, wenn er eine ehrenamtliche

Tätigkeit übernimmt, für die er eine Aufwandsentschädigung von 200 Euro erhält. Nur bei größeren Familien reichen diese Hinzuverdienstmöglichkeiten alleine nicht aus. Eine vierköpfige Familie müsste über 2.000 Euro verdienen, um aus Sicht des Paritätischen Wohlfahrtsverbands bedarfsgerecht versorgt zu sein.

Trotzdem: Es braucht nicht unbedingt mehr Fürsorge, wenn man Hartz IV für eine unzureichende Antwort des Sozialstaates auf Armut hält. Man kann auch auf mehr Eigenleistung setzen. Vorsichtig geschätzt tun dies rund 40 Prozent aller Bedarfsgemeinschaften bereits. Sie praktizieren Selbsthilfe. Rund eine Million Haushalte decken einen Teil ihres Bedarfs im Rahmen der Hinzuverdienstmöglichkeiten. Weitere 250.000 Haushalte tun dies mit Ein-Euro-Jobs und anderen beschäftigungspolitischen Maßnahmen.[24] In vielen ALG-II-Bedarfsgemeinschaften werden Angehörige gepflegt. Auf diesem Weg erhalten circa 150.000 Haushalte ein anrechnungsfreies Einkommen zusätzlich zu den ALG-II-Leistungen.[25] Hinzu kommen die ungezählten Ehrenamtlichen, die für ihre ehrenamtliche Tätigkeit eine kleine Entschädigung erhalten. Sie alle tragen selbst etwas zu ihrer eigenen Bedarfssicherung bei.

DAS BEDINGUNGSLOSE GRUNDEINKOMMEN: AUFKÜNDIGUNG DER SOLIDARGEMEINSCHAFT

Auf der einen Seite wird immer mehr staatliche Fürsorge eingefordert. Das macht es schwerer, das Sozialstaatsdilemma zu überwinden. Noch schwieriger lässt sich diese Aufgabe meistern, wenn der Staat auch noch darauf verzichtet, Mitwirkungspflichten mit Nachdruck einzufordern. Das Prinzip des Forderns ist jedoch ebenso wie Hartz IV selbst in Verruf gekommen. Entsprechend häufen sich die Forderungen, die Sanktionen, die das SGB II bei Verletzung der Mitwirkungspflicht vorsieht, abzuschaffen.

Das bereits erwähnte Urteil des Bundesverfassungsgerichts vom November 2019 hat die Anwendung von Sanktionen bereits stark begrenzt und die finanziellen Sanktionen auf maximal 30 Prozent des Regelsatzes beschränkt (siehe Kapitel 3).[26] Sanktionsgegner begrüßten das Urteil, es geht ihnen jedoch nicht weit genug. Sie plädieren für eine vollständige Abschaffung der Sanktionen. Sie wirkten diskriminierend und würden alle ALG-II-Bezieher unter den Generalverdacht der Faulenzerei stellen.[27] Angesichts von gerade einmal 3 Prozent Leistungsbeziehern, die von Sanktionierungen betroffen sind, ist dieser Vorwurf allerdings schwer nachvollziehbar.

Diese Vorschläge, auf Sanktionen zu verzichten und das Fördern zu stärken, betonen einseitig die Rechte Betroffener und vernachlässigen dabei die Pflichten, die Betroffene gegenüber der Solidargemeinschaft haben. Ohne die Möglichkeit zur Sanktion kann der solidarische Sozialstaat die Verpflichtung der Betroffenen zur Mitwirkung nicht mehr wirksam einfordern. Er könnte nicht einmal in den offensichtlichsten Fällen der Arbeitsverweigerung eingreifen und müsste tatenlos zusehen, wenn sich jemand weigert, sich auf geeignete Stellen zu bewerben, weil er lieber schwarz oder gar nicht arbeiten will. ALG II würde damit zu einem bedingungslosen Grundeinkommen für Bedürftige werden.[28]

Von dort ist der Schritt hin zu einem wirklich radikalen Umbau unseres Systems der sozialen Sicherung nicht mehr allzu groß. Die Idee des Grundeinkommens will an die Stelle vieler unterschiedlicher Hilfesysteme, die im Notfall eingreifen, ein einziges Sozialsystem setzen, das Notlagen gar nicht erst entstehen lässt:

»Geld für alle. Vom Staat. Ohne Gegenleistung. Einfach so. An alle. Ob arm oder reich, jung oder alt, ob mit oder ohne Familie.«[29]

Alle Bürger sollen ein existenzsicherndes Grundeinkommen erhalten – ohne dass daran irgendwelche Bedingungen geknüpft sind.[30] Zusätzliche Hilfe im Notfall ist dann nicht mehr erforderlich. Mit solch einem bedingungslosen Grundeinkommen (BGE) hätten die ganzen Debatten um die Grundsicherung und Hartz IV schlagartig ein Ende. Keine Bedürftigkeitsprüfung mehr, kein Fördern und Fordern und keine Sanktionen gegenüber denjenigen, die sich nicht fügen.[31] Anstelle der Mitwirkungspflicht tritt die Freiheit, Nein zu sagen.[32] Wer will, kann arbeiten und sich etwas hinzuverdienen. Er muss es aber nicht mehr.

So verführerisch die Idee ist: Sie muss sich der Realität stellen und vor allem belegen, dass damit Wohlstand und Sicherheit zumindest in gleichem Umfang wie bisher gewährleistet bleiben. Auf vier Fragen müssen deshalb befriedigende Antworten gegeben werden. Erstens: Wie hoch muss das bedingungslose Grundeinkommen sein? Zweitens: Wie soll es finanziert werden? Drittens: Welchen Einfluss hat das bedingungslose Grundeinkommen auf die Bereitschaft des Einzelnen zu arbeiten und damit auf die Bereitschaft der Solidargemeinschaft, das System mitzufinanzieren? Und viertens: Welche Auswirkungen hat das bedingungslose Grundeinkommen damit auf den Zusammenhalt der Gesellschaft?

EINE BEDINGUNGSLOSE EXISTENZSICHERUNG OHNE ABSTRICHE

Beginnen wir mit der ersten Frage nach der notwendigen Höhe des bedingungslosen Grundeinkommens. 2007 forderte der damalige Ministerpräsident von Thüringen, Dieter Althaus (CDU), die Einführung eines »Solidarischen Bürgergeldes«. Ohne Bedürftigkeitsprüfung und Gegenleistung sollte jeder volljährige Staatsbürger monatlich 800 Euro vom Staat erhalten, was in etwa dem damaligen Grundsicherungsniveau entsprach.[33] Später war dann von 1.000 Euro pro Bürger und Monat die Rede,[34] mittlerweile wird bereits von einem Grundeinkommen in Höhe von monatlich 1.500 Euro gesprochen.[35] Manche wollen ein einheitliches Grundeinkommen für alle, andere unterscheiden zwischen einem für Erwachsene und einem in der Regel um 50 Prozent niedrigeren Grundeinkommen für Kinder.[36]

Solche Vorschläge garantieren jedoch keine bedarfsgerechte Existenzsicherung, so wie sie unser Sozialstaat definiert (siehe Kapitel 2). Wenn man das Prinzip der Bedingungslosigkeit großschreibt, muss man mit einem einheitlichen Grundeinkommen daher immer das Existenzminimum aller garantieren. Das bedeutet: Wenn man nicht hinter die heutige soziale Absicherung in der Grundsicherung zurückfallen will, dann muss sich die Höhe des Grundeinkommens am höchsten Bedarf orientieren. Denn nur dann ist sichergestellt, dass *jeder* einzelne anspruchsberechtigte Bürger das bisherige soziokulturelle Existenzminimum erhält. Bekäme er weniger, müsste er arbeiten gehen oder einen zusätzlichen Transfer erhalten, der dann aber wieder an die Bedingung der Bedürftigkeit gekoppelt wäre.

Das BGE kann daher nicht als ein willkürlicher Betrag oder durch irgendeinen durchschnittlichen Bedarf bestimmt werden. Es muss sich an der bisherigen Bedarfssicherung ausrichten, die in Abhängigkeit von Familiengröße und Wohnort sehr unterschiedlich ausfällt. Wie sich die Höhe des BGE aus diesen Überlegungen heraus bestimmt, zeigt Tabelle 5 am Beispiel der unterschiedlichen Bedarfe in Berlin und München für drei unterschiedliche Haushaltstypen.

Ausgangspunkt sind die aktuellen maximalen ALG-II-Leistungen, mit denen der Sozialstaat in Berlin und München das bedarfsgerechte Existenzminimum garantiert (Spalten 1 und 2). Ein BGE darf nicht nach Haushaltstypen unterscheiden, ansonsten würde es ja die Auszahlungshöhe von der Haushaltskonstellation abhängig machen. Das BGE für den einzelnen Haushalt bestimmt sich damit ausschließlich aus der Summe der individuellen Ansprüche aller Haushaltsmitglieder. Es kann dabei allenfalls zwischen Erwachsenen und Kindern unterscheiden.

	ALG II Berlin	ALG II München	BGE	BGE inkl. Beiträge zu GKV und PKV
			Euro/Monat	
Alleinstehende	933	1.194	1.194	1.529
Alleinerziehende mit 1 Vorschulkind	1.451	1.840	1.840	2.510
Ehepaare mit 2 Kindern	2.243	2.750	3.680	5.020

TABELLE 5: Gegenwärtige Mindestbedarfe und bedingungsloses Grundeinkommen im Vergleich

Quelle: Eigene Berechnungen, auf Grundlage von Tabelle 3.

Das Grundeinkommen für einen Erwachsenen muss sich also am höchsten Bedarf eines Alleinstehenden orientieren, das sind in dem Beispiel der Tabelle 5 die 1.194 Euro im Monat, die Münchner Alleinstehende heute bekommen können.

Für Alleinstehende mit Vorschulkind liegt der gegenwärtige Gesamtbedarf in München bei 1.840 Euro pro Monat. Zieht man das BGE für den Erwachsenen ab, so muss das BGE für das Kind mindestens 646 Euro betragen, damit auch das Existenzminimum des Kindes in einem Alleinerziehendenhaushalt gesichert ist. Damit ist das Grundeinkommen sowohl für einen Erwachsenen als auch ein Kind bestimmt. Eine vierköpfige Familie mit zwei Kindern bekommt demnach insgesamt 3.680 Euro im Monat (3. Spalte). Folgt man jedoch den Vorschlägen des Paritätischen Wohlfahrtsverbandes für höhere Regelsätze (siehe Tabelle 4), so müsste das BGE noch wesentlich großzügiger bemessen sein. Ein Erwachsener müsste wegen des um 162 Euro erhöhten Regelsatzes dann 1.356 Euro erhalten, ein Kind 798 Euro. Eine vierköpfige Familie käme damit auf monatlich 4.308 Euro.

Obwohl das BGE nur auf Grundlage des im ALG II abgesicherten Existenzminimums bestimmt wird, würde es in den meisten Teilen Deutschlands weit mehr als das Existenzminimum sichern. Der Alleinstehende in Berlin erhielte 261 Euro über dem Mindestbedarf, eine vierköpfige Familie sogar 1.437 Euro mehr. Auch Münchner Familien stünden deutlich besser da. Das liegt daran, dass die Bedarfssicherung unterproportional mit der Familiengröße anwächst, während das gemeinsame BGE proportional mit jedem weiteren Kind ansteigt.

Zur Grundsicherung gehört aber, wie im 2. Kapitel gezeigt, auch die Absicherung im Krankheits- und Pflegefall dazu. Diese Absicherung muss auch beim BGE gewährleistet sein. Das könnte über eine steuerfinanzierte Kranken- und Pflegeversicherung für alle erfolgen. Man müsste dann aber die privaten Krankenversicherungen abschaffen. Alternativ könnte man zusätzlich zu dem oben berechneten Grundeinkommen jedem einzelnen Bürger zusätzlich einen Betrag in Höhe von 335 Euro überweisen. Das würde die durchschnittlichen Kosten für die Kranken- und Pflegeversicherung abdecken und jedem Bürger erlauben, sich selbst gesetzlich oder privat zu versichern. Bezieht man die Kranken- und Pflegeversicherung mit ein, so steigt das existenzsichernde Grundeinkommen auf 1.529 Euro für einen Erwachsenen und rund 981 Euro für ein Kind (Tabelle 5, 4. Spalte).

BGE: EINE TEURE FORM DER GRUNDSICHERUNG

Damit stellt sich natürlich sofort die Frage, wie das finanziert werden soll. Der Hamburger Ökonom Thomas Straubhaar gibt sich hier ganz entspannt. Er macht folgende Rechnung auf: Bei einem bedingungslosen Grundeinkommen von 1.000 Euro und 82,8 Millionen Anspruchsberechtigten besteht ein jährlicher Finanzierungsbedarf in Höhe von 996 Milliarden Euro.[37] Würde man dafür den gesamten heutigen Sozialstaat ersetzen, so könnte man nach seiner Überschlagsrechnung das komplette Sozialbudget (des Jahres 2018) einsparen. Damit wäre das Finanzierungsproblem gelöst. An der Abgabenquote von derzeit 40,5 Prozent müsste sich also nichts ändern.[38]

Diese Überschlagsrechnung übersieht allerdings zwei fundamentale Dinge. Bei einer Summe von 1.000 Euro pro Monat bekommen viele Bürger kein existenzsicherndes BGE. Dafür wäre ein Betrag von mindestens 1.529 Euro nötig. Hinzu kommt, dass sich viele Posten des Sozialbudgets gar nicht gegenrechnen lassen. So sind die private und die betriebliche Altersvorsorge sowie Entgeltfortzahlungen im Krankheitsfall durch die Arbeitgeber Bestandteil des Sozialbudgets. Sie werden nicht über Steuern oder Beiträge finanziert, sondern privat durch Arbeitnehmer und/oder Arbeitgeber und können nicht einfach mit dem BGE verrechnet werden. Bei den gesetzlichen Renten und Pensionen handelt es sich um Ansprüche mit eigentumsrechtlichem Charakter, die nicht einfach beim Übergang vom jetzigen System auf ein BGE gestrichen werden können.[39] Wer 40 Jahre Altersvorsorge betrieben hat, kann nicht plötzlich enteignet und mit einem Grundeinkommen, das nur das Existenzminimum abdeckt, entschädigt werden. Die Renten stehen für die Aufrechnung folglich ebenfalls nicht zur Verfügung.

Machen wir also eine neue Überschlagsrechnung auf: Wenn man für einen Erwachsenen im Monat 1.194 Euro und für ein Kind 646 Euro sowie einen Pauschalbetrag von 335 Euro für Kranken- und Pflegeversicherung bezahlt, beträgt der jährliche Finanzierungsbedarf 1,433 Billionen Euro. Ein Teil lässt sich durch Einsparungen im Sozialbudget gegenfinanzieren. Die Beiträge zur gesetzlichen Kranken-, Pflege- und Arbeitslosenversicherung sowie die Beihilfe und die Einkommensleistungen der Unfallversicherungen müssen nicht mehr durch das Sozialversicherungssystem bezahlt werden. Zusätzlich ließen sich durch das Streichen sämtlicher Förder- und Fürsorgesysteme wie zum Beispiel Kindergeld, Elterngeld, Grundsicherung für Arbeitssuchende oder Wohngeld rund 494 Milliarden Euro einsparen.[40] Die Finanzierungslücke beträgt damit 940 Milliarden Euro. Allein um die zu schließen, müsste der Staat die Sozialabgaben um mehr als 27 Prozentpunkte erhöhen, auf 68,3 Prozent.[41] Das heißt, mehr als zwei Drittel des gesamten Bruttoinlandsprodukts würden erst einmal vom Staat vereinnahmt, um sonstige Ausgaben weiterhin zu finanzieren, und dann über das BGE in großem Stil Einkommen umzuverteilen. Und es wäre noch nicht einmal genug.

Schließlich sichert das soziokulturelle Existenzminimum längst nicht den Mindestbedarf aller Menschen. Menschen in besonderen Lebenslagen, etwa aufgrund einer Behinderung, sind auf zusätzliche Unterstützung angewiesen. Will man sie weiterhin unterstützen, lässt sich beim Sozialbudget noch weniger einsparen als oben angenommen. Entsprechend höher ist der Finanzierungsbedarf. Ähnlich sieht es mit den Leistungen der Kinder- und Jugendhilfe und der öffentlichen Finanzierung der Kindertagesstätten aus. Behält man diese Ausgaben ebenfalls bei, würde der Finanzierungsbedarf für das BGE noch weiter ansteigen.[42]

ZU WENIG FÜRSORGE, ZU WENIG SELBSTHILFE

Also: Einsparungen im Sozialsystem allein reichen bei Weitem nicht, um das bedingungslose Grundeinkommen zu finanzieren. Was bleibt? Höhere Steuern, natürlich! Verknüpft man die radikale Vereinfachung des Sozialsystems mit einer radikalen Vereinfachung des Steuersystems,[43] so könnte man das BGE und alle weiteren Staatsausgaben beispielsweise mit einer proportionalen Einkommensteuer auf sämtliche Einkommensarten finanzieren. Eine 2017 erschienene Studie hat berechnet, wie hoch eine solche Steuer sein müsste.

Um ein bedingungsloses Grundeinkommen in Höhe von 800 Euro für Erwachsene und 380 Euro für Kinder und deren Absicherung in der Kranken- und Pflegeversicherung zu finanzieren, müsste ein proportionaler Einkommensteuersatz von 68,5 Prozent erhoben werden.[44] Dabei wird dieser proportionale Steuersatz nach Abzug einer Werbungskostenpauschale in Höhe von monatlich 100 Euro auf sämtliche Einkommen erhoben. Das BGE in dieser Modellrechnung ersetzt alle Sozialtransfers für unter 65-Jährige mit Ausnahme von Erwerbsminderungsrenten, Witwen- und Waisenrenten sowie speziellen Ausgaben für Behinderte, wie etwa das Blindengeld. Rentenansprüche werden nicht angetastet, Renten und Pensionen werden nach dem alten Steuertarif besteuert und weiterhin durch Rentenversicherungsbeiträge bei Arbeitnehmern und Arbeitgebern finanziert. Die Arbeitgeberbeiträge zu den Sozialversicherungen werden beibehalten. Die Ausgaben für die gesetzliche Kranken- und Pflegeversicherung werden in dieser Simulation aus den Steuereinnahmen finanziert, das führt zur gleichen Abgabenlast wie bei einer Ausbezahlung durch das BGE. Alle anderen Steuern, wie die Mehrwertsteuer oder die Mineralölsteuer, werden unverändert beibehalten.

Erhöht man das BGE auf 1.000 Euro für Erwachsene und 500 Euro für Kinder, stiege die proportionale Einkommensteuer bereits auf 82 Prozent. Ein für alle existenzsicherndes BGE in Höhe von 1.194 Euro für Erwachsene und 646 Euro im Monat für Kinder wäre auf diese Art überhaupt nicht mehr finanzierbar!

Abbildung 7 zeigt, wie sich ein Grundeinkommen von 1.000 Euro für Erwachsene und 500 Euro für Kinder auf die verfügbaren Einkommen Alleinstehender und Alleinerziehender in unterschiedlichen Berufen auswirken würde. Nach oben sind die Zugewinne gegenüber dem Status quo aufgetragen, nach unten die Verluste.

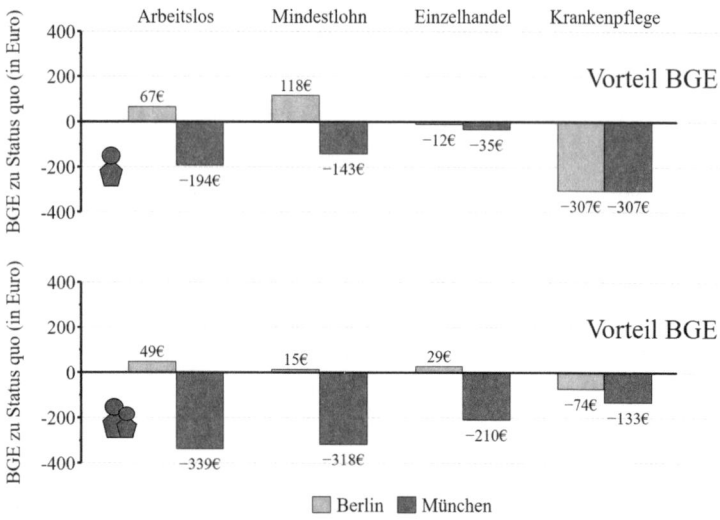

Die Balken zeigen den Einkommensunterschied eines BGE von 1.000 Euro je Erwachsenem und 500 Euro je Kind (nach Abzug der Versicherungsbeiträge zur GKV und GPV) zum entsprechenden verfügbaren Einkommen im Status quo. Beim BGE sind die ersten 100 Euro Zuverdienst abzugsfrei, danach fällt eine proportionale Einkommensteuer in Höhe von 82 Prozent an.

Quelle: Eigene Berechnungen, basierend auf Jessen, Rostam-Afschar und Steiner (2017), aktualisiert für das Jahr 2020.

Alleinstehende Arbeitslose in München erhielten monatlich knapp 200 Euro weniger, arbeitslose Alleinerziehende mit Vorschulkind verlieren gegenüber dem Status quo rund 340 Euro. Und egal wie viel sie arbeiteten, sie hätten am Ende des Monats immer weniger als im heutigen System. Bei den Berlinern sieht das etwas anders aus. Das BGE läge dort deutlich über dem Grundsicherungsniveau. Sie profitieren auch noch, wenn sie Vollzeit zum Mindestlohn arbeiten. Doch wie groß wird der Anreiz dazu sein? Für jede zusätzliche Stunde würde ihnen gerade einmal 1,68 Euro ausbezahlt. Wer mehr verdient, gehört in jedem Fall zu den Verlierern.

 Große Familien profitieren bis in hohe Einkommensbereiche von über 5.300 Euro hinein von einer Umstellung. Das liegt daran, dass das BGE auch ohne Arbeit bereits deutlich über dem Existenzminimum liegt. Sie sind in Abbildung 7 daher nicht extra mitberücksichtigt.

Weitere Gewinner sind Arbeitslose und Geringverdiener in Regionen mit vergleichsweise niedrigen Mieten. Verlierer sind hingegen alle, die in teuren Regionen wohnen. Während das heutige System nach den tatsächlichen Mietkosten unterscheidet, schert das BGE alle über einen Kamm. Mit dem BGE würde folglich eine große Umverteilungsmaschinerie in Gang gesetzt, die Einkommen von Alleinstehenden und Alleinerziehenden zugunsten von Familien mit vielen Kindern umverteilt, von Gutverdienern  zu denen, die gar nicht oder wenig arbeiten, und von denen, die in teuren Regionen leben, hin zu denen, die auf dem Land oder in Städten mit günstigen Mieten leben. Und das um den Preis, dass sich Selbsthilfe überhaupt nicht mehr lohnt. Wer heute den Durchschnittslohn von 3.242 Euro brutto im Monat verdient,[45] kommt als Alleinstehender ungefähr auf ein Nettoeinkommen von rund 2.100 Euro. Mit dem bedingungslosen Grundeinkommen bliebe jedoch vom Durchschnittslohn aufgrund der hohen Einkommensteuerbelastung nur wenig mehr als ein Viertel übrig, nämlich gerade einmal 584 Euro.

Da überrascht es nicht, dass die Simulationen in der Studie als Folge einen Rückgang der Arbeitsstunden von 12 Prozent zeigen. Das betrifft vorwiegend Arbeit in den hoch produktiven Branchen. Tatsächlich dürften die negativen Beschäftigungseffekte noch viel gravierender ausfallen. Die Simulationen berücksichtigen nämlich nicht, dass das BGE Menschen aus anderen Ländern anlockt und zugleich Besserverdienende wegen der hohen Besteuerung ins Ausland vertreibt. So dürfte das Grundeinkommen etwa attraktiv für EU-Bürger sein, die in ihrer Heimat keine oder nur schlecht bezahlte Arbeit finden. Dadurch wird das System zusätzlich teurer.[46] Umgekehrt dürften sich viele Besserverdienende überlegen, ob es sich für sie nicht lohnt, in ein Niedrigsteuerland zu ziehen. In Zeiten der Digitalisierung ist

Home Office auch über Ländergrenzen hinweg schließlich kein Problem mehr.

DAS BGE GEFÄHRDET DEN SOZIALEN ZUSAMMENHALT

Die zur Finanzierung notwendigen massiven Steuererhöhungen sind der Haupteinwand gegen das bedingungslose Grundeinkommen. Deswegen wird die Finanzierungsseite von den Befürwortern des Grundeinkommens immer wieder heruntergespielt.[47] Doch ganz kommen sie an diesem Einwand nicht vorbei. So verweisen manche gerne auf bisher kaum genutzte Einnahmequellen, die uns in der Zukunft hohe Erträge bringen sollen, wie zum Beispiel die Besteuerung von Maschinen und Robotern, die uns die Arbeit abnehmen. Diese Maschinen könnten die gleiche Arbeit jedoch auch in anderen Ländern machen. Das lohnt sich für ihre Besitzer, sofern sie dort weniger Steuern zahlen müssen. Man müsste also die Roboter schon verstaatlichen, will man ihre Ertragskraft abschöpfen.

Zum anderen ziehen die Befürworter negative Arbeitsanreize in Zweifel: Wegen des Grundeinkommens würde, so wird behauptet, kaum jemand aufhören zu arbeiten, denn »Menschen wollen selbstständig tätig sein. Sie wollen arbeiten, sich engagieren, jemandem helfen. Niemand will ohne guten Grund in der Hängematte liegen.«[48] Ein bedingungsloses Grundeinkommen und hohe Steuern auf Einkommen durch Arbeit sind also keine guten Gründe fürs Nichtstun – oder vielleicht doch?

Dem einen oder anderen Anhänger des Grundeinkommens kommen tatsächlich Zweifel an dem unbedingten Wunsch zu arbeiten. Deshalb vertrauen sie auch nicht so ganz auf die Freiwilligkeit. Götz Werner etwa spricht von einer Bringschuld des Einzelnen, seine Talente für die Gesellschaft einzusetzen.[49] Unklar bleibt jedoch, wie er diese Schuld einfordern will.

Andere Befürworter machen die Auszahlung des Grundeinkommens von ernsthaften Bildungsanstrengungen abhängig. Wer sich diesen Bildungsanstrengungen widersetzt, solle nur ein wesentlich niedrigeres staatliches Taschengeld bekommen.[50] Damit wird die Auszahlung des BGEs aber doch wieder an Bedingungen geknüpft und sieht Sanktionen vor, wenn diese nicht erfüllt werden. Ein weiterer Vorschlag sieht vor, das Grundeinkommen auf »wirksam zu motivierende und zu begeisternde Menschen« zu beschränken.[51] Nicht mehr Angebot und Nachfrage, sondern nicht näher definierte staatliche Gremien entscheiden dann, wer wie viel bekommt.

Wie wird sich all das auf den gesellschaftlichen Zusammenhalt auswirken? Für meinen Kollegen Giacomo Corneo verstößt das BGE gegen tief verwurzelte Gerechtigkeitsvorstellungen, wie er mit einem historischen Vergleich begründet:

> »Die Aufstände der Bauern und Bürger gegen Adel und Klerus im Mittelalter und später die Aufstände der Arbeiter gegen die Industriemagnaten waren Aufstände jener, die geschuftet haben, gegen diejenigen, die von den Früchten der Arbeit gelebt haben.«[52]

Solche Konflikte könnten wieder aufbrechen, entlang neuer gesellschaftlicher Gräben. Warum sollte derjenige, der arbeitet, zukünftig bereit sein, diejenigen zu versorgen, die sich für Müßiggang entscheiden?

Das Grundproblem des bedingungslosen Grundeinkommens ist: Es höhlt die Idee der Solidargemeinschaft aus. Es definiert ausschließlich Rechte gegenüber der Gesellschaft. Die Pflicht zur Selbsthilfe wird abgeschafft. Damit wird das Solidarprinzip einseitig zugunsten eines unbedingten Anspruchs des Einzelnen gegenüber der Gesellschaft aufgegeben. Offen bleibt, wer in der Gesellschaft dann noch bereit sein wird, diese Ansprüche zu erfüllen. Werden es zu wenige, lassen sich auch verbriefte Rechte nicht mehr einklagen.

Mit dem bedingungslosen Grundeinkommen befreit der Staat seine Bürger vom Zwang, für sich selber sorgen zu müssen, und schenkt ihnen Zeit, sich ganz auf ihre eigenen Bedürfnisse zu konzentrieren. Wer nicht will, muss dafür keine Gegenleistung erbringen. Niemand ist der Gesellschaft etwas schuldig. Das Versprechen »Ich helfe dir, wenn du mir hilfst« wird ersetzt durch ein »Mir steht das zu!« Wird eine solche Haltung zur allgemein anerkannten Norm, bleiben der Gemeinsinn und die Bereitschaft, Verantwortung für andere Mitglieder der Gesellschaft zu übernehmen, zwangsläufig auf der Strecke. Das Grundeinkommen wird zum Spaltpilz des gesellschaftlichen Zusammenhalts.

Ein starker Sozialstaat, der zum Nutzen der Hilfsbedürftigen langfristig handlungsfähig sein soll, sieht anders aus. Er wird von einer starken Solidargemeinschaft getragen, die sich in gegenseitiger Versicherung zur Hilfe sowohl Rechte zugesteht als auch Pflichten einfordert. Nach diesem Grundsatz sind unsere bestehenden Sozialversicherungen aufgebaut und auch unser Grundsicherungssystem, und daran muss sich der Sozialstaat auch in Zukunft orientieren. Damit er das kann und wieder ein wirklich starker Sozialstaat wird, müssen wir ihn jetzt reformieren. Wie das aussehen soll, darum geht es nun in den weiteren Kapiteln.

KAPITEL 5

DIE GRUNDSICHERUNG NEU AUFSTELLEN

WO WIR ANSETZEN MÜSSEN

Unser Grundsicherungssystem ist nicht am Reißbrett entstanden. Es ist über viele Jahrzehnte gewachsen. Engagierte Geister haben es mit immer neuen Ideen angereichert. Manche dieser Ideen haben das System verbessert, andere haben es, trotz häufig bester Absicht, verschlechtert. Es ist daher wichtig, das gegenwärtige Grundsicherungssystem sorgfältig unter die Lupe zu nehmen, um seine Stärken und Schwächen aufzuspüren. Die Schwächen müssen beseitigt werden. Die Stärken können die Grundlage einer neuen Grundsicherungsarchitektur bilden.

Bei der Sichtung des bestehenden Förderinstrumentariums sollten wir uns von einer zentralen Frage leiten lassen: Konzentriert sich die Grundsicherung auf ihre Kernaufgabe, die Existenzsicherung als gegenseitiges Versprechen, das allen Menschen mehr Sicherheit gibt?

Um die Stärken und Schwächen der heutigen Grundsicherung zu identifizieren, stellen wir uns einmal vor, wir könnten eine Grundsicherung frei nach unseren eigenen Vorstellungen von einer wirklich solidarischen Versicherung auf Gegenseitigkeit gestalten. In Kapitel 1 habe ich beschrieben, wie diese aussehen sollte. Dafür müssen wir zunächst die individuelle Bedürftigkeit bestimmen. Wenn wir sie kennen, können wir überlegen, wie wir gezielt Hilfe leisten.

Um einen alleinstehenden und mittellosen Arbeitslosen zu unterstützen, müssen wir als Erstes seinen alltäglichen Mindestbedarf festsetzen und dann die entsprechenden finanziellen Mittel zur Verfügung stellen. Da die Kosten des alltäglichen Bedarfs überall in Deutschland mehr oder weniger gleich sind, können wir genauso verfahren wie bei der Ermittlung des Regelsatzes für Erwerbsfähige im ALG II und einen bundeseinheitlichen Satz festlegen.

Als Nächstes müssen wir seinen Wohnbedarf sichern. Dazu müssen wir uns Gedanken machen, wie groß eine Wohnung sein sollte und welchen Standards sie genügen sollte, um noch als angemessen angesehen zu werden. Für solche Wohnungen muss die Grundsicherung die gesamten Mietkosten übernehmen. In manchen Regionen sind die Mieten jedoch höher als in anderen Regionen. Dort muss entsprechend mehr bezahlt werden. Das spricht für regionale Obergrenzen. Bei einer bundesweiten Obergrenze müssten wir uns ansonsten an den höchsten Mieten orientieren, um überall den angemessenen Wohnbedarf zu sichern. In Mecklenburg-Vorpommern könnte sich dann ein Arbeitsloser mit dem Geld, das ein Münchner für eine kleine und bescheidene Zweizimmerwohnung ausgibt, eine weit größere und luxuriösere Wohnung leisten. Das schafft ungleiche Absicherungsniveaus und macht die Grundsicherung unnötig teuer.

Darüber hinaus muss auch eine dauerhafte Bedarfsabsicherung gewährleistet werden. Da die Mieten schnell steigen können, müssen diese Obergrenzen regelmäßig angepasst werden. Das ALG II gründet auf solchen Überlegungen und übernimmt die Kosten der Unterkunft bis zu regional festgesetzten Obergrenzen, die regelmäßig entsprechend der Mietpreisentwicklung angepasst werden.

Der arbeitslose Ehepartner muss genauso versorgt werden wie die Kinder. Für beide ist wiederum der alltägliche Bedarf sicherzustellen. Das ALG II übernimmt auch diese Aufgabe. Mit der Haushaltsgröße steigt der benötigte Wohnraum, entsprechend steigt der Wohnbedarf. Es ist allerdings nicht notwendig, die angemessenen Wohnkosten zu verdoppeln, wenn sich die Anzahl der Haushaltsmitglieder verdoppelt. Man braucht keine zusätzliche Küche und kein zusätzliches Wohnzimmer, wenn eine Person mehr im Haushalt lebt. Der Bedarf bestimmt sich durch die Haushaltsgröße und sollte daher für den gesamten Haushalt bestimmt und sichergestellt werden – durch die Übernahme der tatsächlichen Mietkosten bis zu einer von der Haushaltsgröße abhängigen Obergrenze.

Das ALG II sichert das Existenzminimum weitgehend so ab, wie wir uns eine sinnvolle Absicherung vorstellen. Es schlüsselt die Bedarfsabdeckung nach den jeweiligen Ursachen der Bedürftigkeit auf. Dabei wird der alltägliche Bedarf für jede einzelne Person individuell festgelegt, während der Wohnbedarf für den gesamten Haushalt bestimmt wird. Die Fürsorgeleistungen decken in der Summe den Bedarf jedes Einzelnen immer vollständig ab.

Bei der Ausgestaltung der reinen Fürsorgeleistungen können wir also auf Bestehendes setzen. Wir wollen allerdings ein Grundsicherungssystem, das nicht nur in Notlagen Hilfe leistet, sondern eines, das möglichst wenig Notlagen zulässt. Damit das Risiko, überhaupt arbeitslos zu werden, möglichst gering ist, müssen die Rahmenbedingungen stimmen. Wichtig ist, dass die Menschen eine gute Ausbildung erhalten, die Wirtschaft floriert und der Arbeitsmarkt immer genügend Arbeitsplätze bereitstellt. Das alles sind unabdingbare Voraussetzungen für einen starken Sozialstaat. Voraussetzungen, die der Sozialstaat selbst jedoch nur in sehr eingeschränktem Maße beeinflussen kann.

Worauf er allerdings Einfluss hat, ist die Leistungsbereitschaft der Betroffenen. Er muss verhindern, dass sich jemand in die soziale Hängematte legt, der in der Lage wäre, sich selbst zu versorgen. Dazu muss der Staat die Mitwirkung der Betroffenen bei der Beseitigung ihrer Notlage einfordern. Da wir an der heutigen Mindestsicherung nicht rütteln wollen, gelingt dies nur, wenn diejenigen, die arbeiten, möglichst viel von ihrem Arbeitseinkommen behalten können. Dafür zahlt der Sozialstaat aber einen hohen Preis: Je langsamer die Transferzahlungen abgeschmolzen werden, desto mehr staatliche Fürsorgeleistungen gibt es selbst noch bei höheren Einkommen und desto mehr Leistungsempfänger haben wir.

Wie also sollten wir die Hinzuverdienstregelungen für die Leistungsbezieher ausgestalten? Wichtig ist: Wer arbeitet, muss mehr bekommen als jemand, der nicht arbeitet. Aus dieser Einsicht heraus entstanden die heute geltenden Hinzuverdienstregelungen. Sie versprechen allerdings viel, wenn man wenig arbeitet, und wenig, wenn man viel arbeitet. Es sollte aber genau andersherum sein. Wenn wir wollen, dass jemand auf eigenen Beinen steht, dann geht das nur, wenn er mehr arbeitet als nur ein paar Stunden in der Woche. Deshalb brauchen wir Hinzuverdienstregelungen, die es lohnender machen, viel zu arbeiten.

Hier treffen wir jedoch auf ein scheinbar rein technisches Problem, das für viele Schwächen des gegenwärtigen Systems verantwortlich ist. Die Hinzuverdienstregelungen bestimmen, wie viel vom Arbeitseinkommen bei den Haushalten bleibt und damit auch, wie viel mit den staatlichen Leistungen verrechnet wird. Da es verschiedene Fürsorgeleistungen gibt, müssen wir eine Reihenfolge festlegen, in der diese Leistungen abgetragen werden sollten, wenn die Eigenleistung zunimmt. Ist das nicht eindeutig geklärt, kann es passieren, dass mehrere Förderleistungen gleichzeitig abgeschmolzen werden und dadurch die Abgabenbelastung zu stark ansteigt. Dann führt ein nur geringer Mehrverdienst plötzlich zu so hohen zusätzlichen Abzügen, dass die Betroffenen am Ende unter Umständen sogar noch weniger übrig haben als ohne den Mehrverdienst.

Im ALG II gibt es dafür klare Regeln, auch wenn sie nicht so offenkundig sind.[1] Zunächst wird der Zuschuss zum alltäglichen Bedarf aller Familienmitglieder abgeschmolzen. Der Regelsatz der Kinder wird dabei aber nur bis zur Höhe des Kindergeldes reduziert. Ist das Arbeitseinkommen groß genug, wird zusätzliches Arbeitseinkommen auch zur Abdeckung des Wohnbedarfs herangezogen. Aber beim Übergang zur Kinderzuschlagsvariante ist mit der klaren Regelung Schluss. Schon bei der Einführung von ALG II hatte der Gesetzgeber nämlich die Idee, Familien mit Kindern ab einem bestimmten Einkommen besonders zu fördern. Man wollte damit verhindern, dass Beschäftigte nur wegen ihrer Kinder zu ALG-II-Beziehern werden.[2] Daher führte man einen zusätzlichen Kinderzuschlag ein.

Warum? Misstraut der Sozialstaat hier plötzlich seiner eigenen Grundsicherung so sehr, dass er es Familien mit Kindern ersparen will, sie in Anspruch zu nehmen? Das ALG II garantiert doch allen eine Bedarfssicherung und ermöglicht es auch Familien mit Kindern, mit ihrem eigenen Arbeitseinkommen über die Bedarfsgrenze zu kommen. Doch offenbar ist die Sozialpolitik selbst der Meinung, dass es Familien mit Kindern und eigenem Einkommen nicht zuzumuten ist, den Regeln entsprechend die eigene Bedürftigkeit nachzuweisen, sich zur Mithilfe zu verpflichten und mit Sanktionen zu rechnen, wenn man sich nicht entsprechend dem Pflichtkatalog verhält. Warum sonst sollte sie eine zweite Stufe der Grundsicherung schaffen, in der völlig andere Regeln gelten?

Eine solche Sichtweise auf die Grundsicherung ist fatal, denn die Sonderbehandlung der einen stigmatisiert von staatlicher Seite all die anderen, die auf ALG II angewiesen sind. Es ist bedenklich, wenn der Staat versucht, einige ausgewählte Bevölkerungsgruppen vor dem eigenen Grundsicherungssystem zu bewahren. Wenn die Politik so wenig Vertrauen in die eigenen sozialstaatlichen Leistungen hat, darf man sich nicht wundern, wenn Hartz IV von einer Mehrheit der Bevölkerung abgelehnt wird.

Mit der Kinderzuschlagsvariante wird die Grundsicherung zweigeteilt. Unten stehen ALG-II-Bezieher, die »Hartzer«, wie sie oft geringschätzig genannt werden. Das sind alle Bedarfsgemeinschaften, in denen die Erwerbsfähigen entweder arbeitslos sind oder zu wenig verdienen, um allein von ihrem Arbeitseinkommen leben zu können. Darüber stehen die »Geringverdiener mit Kindern«, die genug verdienen, um für sich selbst sorgen zu können, aber nicht genug, um auch für ihre Kinder ausreichend zu sorgen. Das für sie geschnürte Förderpaket aus Kinderzuschlag, Kindergeld und Wohngeld nennt sich zwar nicht mehr ALG II, eine Grundsicherungsleistung ist und bleibt es allemal.

Anders als beim ALG II kommen die Leistungen in der Kinderzuschlagsvariante nicht mehr nur aus einer Hand. Vielmehr bestimmen zwei verschiedene Rechtssysteme, wie viel Geld Geringverdiener mit Kindern bekommen und wie diese Leistungen mit steigendem Haushaltseinkommen zurückgefahren werden. Den Kinderzuschlag bestimmt das Bundesministerium für Familie, Senioren, Frauen und Jugend. Für die Abdeckung des Wohnbedarfs ist das Bundesministerium des Innern, für Bau und Heimat zuständig. Ohne weitreichende Abstimmung ist damit nicht mehr klar, ob und nach welchen Regeln die einzelnen Leistungen nacheinander abgeschmolzen werden.

Die Folge sieht man, wenn in einem Jahr das eine Ministerium den Kinderzuschlag reformiert – zuletzt durch das Starke-Familien-Gesetz 2019 – und im nächsten Jahr das andere Ministerium das Wohngeld reformiert (2020), ohne dass die beiden Reformen aufeinander abgestimmt werden. Dadurch ändern sich Jahr für Jahr Leistungshöhe und Hinzuverdienstregelungen – selbst dann, wenn sich am Haushaltseinkommen nichts ändert. Anspruchsberechtigte wissen daher häufig gar nicht mehr, an welche Stelle sie sich wenden müssen und ob die Stelle, die heute für sie zuständig ist, es auch morgen noch sein wird.

Doch damit nicht genug. Es gibt noch eine dritte Förderstufe für Familien. Bei Kindern zieht sich der Staat auch dann nicht aus der Förderung zurück, wenn die Eltern problemlos für ihre Kinder sorgen können. Der Familienleistungsausgleich im Steuerrecht sorgt dafür, dass das Existenzminimum der Kinder bei den Eltern nicht besteuert wird.[3] Paare mit Kindern sollen so bei gleichem Bruttoeinkommen nach Abzug der Steuer für sich selbst nicht weniger Geld zur Verfügung haben als Paare ohne Kinder.[4] In der Einkommensteuer gibt es deshalb einen Kinderfreibetrag, der vom zu versteuernden Einkommen abgezogen wird. Die sich daraus ergebende steuerliche Entlastung wird zunächst monatlich als Kindergeld ausbezahlt. Wird später festgestellt, dass das Kindergeld geringer war als die steuerliche Entlastung, gibt es eine zusätzliche Steuerrückzahlung in Höhe der Differenz. Das ist allerdings nur bei hohen Einkommen der Fall. Für die meisten Familien übersteigt das Kindergeld die steuerliche Entlastung. In diesem Fall muss die Differenz nicht zurückbezahlt werden, sondern bleibt als zusätzliche Familienförderung bei den Familien.[5]

Somit erhalten auch die »Normalverdiener« staatliche Unterstützung für ihre Kinder. Bei der Kinderförderung haben wir es also mit einer Drei-Klassen-Förderung zu tun. Wer arbeitslos ist oder zu wenig verdient, wird im Rahmen des ALG II gefördert. Wer nur wegen Kindern bedürftig ist, erhält die Förderung durch den Kinderzuschlag. Alle anderen erhalten einen Familienleistungsausgleich, der im Steuerrecht geregelt ist.

Ich fasse zusammen: Zielgenau ist die heutige Grundsicherung nur bei Alleinstehenden. Hier geht es schlicht um die Absicherung des Existenzminimums. Bei Haushalten mit Kindern lässt sich hingegen nur schwer erkennen, wer wann Anspruch auf welche Hilfe und in welcher Höhe hat. Das verwischt die Aufgabenteilung zwischen staatlicher Förderung und individueller Eigenleistung. Weder die Kinderförderung noch die Wohnbedarfsabdeckung lassen eine einheitliche Förderlogik erkennen. Wie ich im Folgenden zeigen werde, ergeben sich daraus gravierende Probleme für die Grundsicherung.

Die Fürsorgeleistungen für Kinder von Arbeitslosen sind klar definiert. Die Höhe der Regelsätze hängt vom Alter der Kinder ab. Für Kinder unter sechs Jahren beträgt der Regelsatz 250 Euro, bei Kindern von sechs Jahren bis unter 14 Jahren sind es 308 Euro und bei Kindern ab 14 Jahren bis zur Volljährigkeit 328 Euro.[6] Die Warmmiete wird für bis zu 15 Quadratmeter zusätzliche Wohnfläche übernommen. Alleinerziehende erhalten für Kinder unter sieben Jahren zusätzlich einen Mehrbedarf von 156 Euro, für ältere Kinder 52 Euro. In Abbildung 8 zeigen die ersten vier Säulen, welche Leistungen arbeitslose Alleinerziehende je nach Alter ihres Kindes erhalten.

ABBILDUNG 8: Förderleistungen für ein Kind eines Alleinerziehenden in Berlin

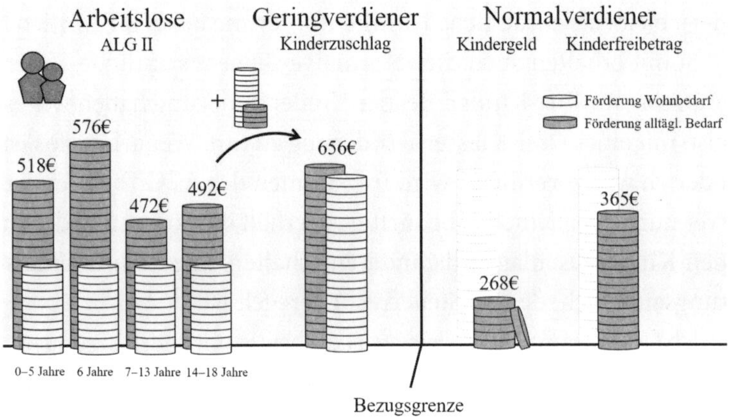

Arbeitslose — ALG II
Geringverdiener — Kinderzuschlag
Normalverdiener — Kindergeld, Kinderfreibetrag

Förderung Wohnbedarf
Förderung alltägl. Bedarf

518€ 576€ 472€ 492€ + 656€ 268€ 365€

0–5 Jahre   6 Jahre   7–13 Jahre   14–18 Jahre

Bezugsgrenze

Die Balken zeigen die jeweiligen (altersabhängigen) maximalen beziehungsweise minimalen Förderleistungen in den drei Fördersystemen. Im ALG II ist die Förderung bei Einkommen unter 100 Euro maximal. Beim Kinderzuschlag ist die Förderung bei einem Einkommen von 1.679 Euro im Monat maximal. Die Förderung für Normalverdiener ist bei 2.572 Euro Bruttoarbeitseinkommen minimal, ab 6.500 Euro hat sie ihr Maximum erreicht.[7]

Quelle: Eigene Berechnungen, 2020.

Beim Kinderzuschlag ändert sich die Förderung für Kinder. Hier gibt es zum einen für den alltäglichen Bedarf den (altersunabhängigen) Kinderzuschlag, das Kindergeld und die steuerlichen Entlastungen, zusammen insgesamt 434 Euro. Ergänzt wird dies durch einen Wohnkostenzuschuss im Rahmen des Wohngeldes in Höhe von 222 Euro.[8] Insgesamt erhalten Geringverdiener mit Kind maximal 656 Euro. Wie lohnend der Wechsel in die Kinderzuschlagsvariante ist, hängt vom Alter des Kindes ab. Sie ist bei einem sechsjährigen Kind um 80 Euro höher als die Kinderförderung bei einem Arbeitslosen. Ist das Kind ein Jahr älter, beträgt der Unterschied vorübergehend 184 Euro.

Geringverdiener mit Kindern werden durch die Kinderzuschlagsvariante ab einer bestimmten Einkommensgrenze finanziell deutlich besser behandelt. Dies geschieht jedoch nicht, weil sie einen höheren Bedarf haben, sondern allein aus dem politischen Wunsch heraus, sie aus dem ALG-II-Bezug herauszuhalten. Die Leistungen der Kinderzuschlagsvariante werden aber schnell wieder zurückgefahren, da sowohl Kinderzuschlag als auch das anteilige Wohngeld mit steigendem Arbeitseinkommen abgeschmolzen werden. Wer im Monat 900 Euro brutto mehr verdient, verliert 388 Euro an Kinderförderung – 43 Prozent des zusätzlichen Bruttoeinkommens.

Normalverdiener bekommen nur noch Kindergeld und einen Kinderfreibetrag beim Solidaritätszuschlag. Bei Alleinerziehenden kommt noch die steuerliche Entlastung durch den Freibetrag für Alleinerziehende obendrauf. In der Summe sind das mindestens 268 Euro im Monat. Mit steigenden Einkommen steigt die Förderung wieder. Das liegt an den steigenden Lohnsteuersätzen. Wer 20 Prozent Lohnsteuer auf sein zusätzliches Einkommen zahlt, spart 20 Euro, wenn er 100 Euro für sein Kind von der Steuer absetzen kann. Wer mit dem Spitzensteuersatz belastet wird, spart 42 Euro, also mehr als das Doppelte. Bei Normalverdienern gilt damit bezüglich der Kinderförderung: Wer mehr verdient, bekommt mehr.

Besonders stark wirkt sich das bei höheren Einkommen aus. Da übersteigt die steuerliche Entlastung durch den Kinderfreibetrag das Kindergeld, sodass die Kinderförderung mit dem eigenen Verdienst noch weiter ansteigt. Spitzenverdiener bekommen deshalb knapp 100 Euro mehr als Normalverdiener nahe der Bezugsgrenze (das zeigen die beiden rechten Säulen im Vergleich).

Ich habe hier das Förderwirrwarr am Beispiel eines Alleinerziehenden illustriert. Aber das Muster ist für alle Haushalte mit Kindern gleich. So erhalten zum Beispiel Berliner Ehepaare mit 2 Kindern je nach Haushaltseinkommen und Alter der Kinder zwischen 429 Euro und 1.140 Euro pro Monat.

Fakt ist: Der Kinderförderung in Deutschland fehlt eine klare Linie. Sie macht Eltern an der einen Stelle große Versprechungen und bestraft sie dafür an anderer Stelle. Dieses Problem wird von der Politik durchaus gesehen. Es gibt daher immer wieder neue Vorschläge, das System der Kinderförderung grundlegend zu reformieren.

DIE AKTUELLE DISKUSSION UM DIE ABSICHERUNG DER KINDER

Mit dem Starke-Familien-Gesetz hat die Bundesregierung 2019 bereits schlimmere Verwerfungen beseitigt. Davor gab es für Familien eine Einkommensgrenze, ab der sie auf einen Schlag netto über 100 Euro einbüßten, wenn sie nur 1 Euro brutto mehr verdienten. Viel besser ist es seither jedoch nicht geworden. Wie Abbildung 3 (Kapitel 3) schon gezeigt hat, gibt es weiterhin einen großen Einkommensbereich, in dem mehr Arbeit nicht zu mehr Einkommen führt. Alleinerziehende zahlen teilweise immer noch zu: Wer sein Arbeitseinkommen von 1.800 Euro brutto auf 2.200 Euro erhöht, bekommt netto rund 20 Euro weniger ausbezahlt als vorher.

Vielen geht das Starke-Familien-Gesetz nicht weit genug, sie fordern weitreichendere Reformen. So wollen die Grünen die unterschiedlichen Fördersysteme in einer zweistufigen Kindergrundsicherung zusammenführen.[9] Darin wird das Kindergeld, der Kindergeldanteil im ALG II und der steuerliche Kinderfreibetrag durch einen Garantiebetrag von 280 Euro pro Kind und Monat ersetzt. Familien mit Kindern sollen aber weiterhin aus dem ALG-II-Bezug geholt werden. Dazu soll ein GarantiePlus-Betrag für einkommensschwache Familien eingeführt werden, der je nach Alter des Kindes zwischen 84 Euro und 223 Euro im Monat liegt und mit steigendem Einkommen abgeschmolzen wird. Er deckt sowohl den alltäglichen Bedarf als auch Teile der kinderabhängigen zusätzlichen Wohnkosten ab. Bei diesen Vereinfachungen wollen es die Grünen aber nicht belassen. Ihr Vorschlag sieht zudem neue Leistungen für neue Zielgruppen vor. So soll etwa ein bedarfsgerechter Umgangsmehrbedarf für getrennt lebende Eltern eingeführt werden.[10]

Die Linke will das Kindergeld zunächst auf 328 Euro erhöhen und durch ein regional differenziertes Wohngeld ergänzen. Das ist für sie ein erster Schritt hin zu einer einheitlichen Kinderförderung. Langfristig wollen sie eine eigenständige, individuelle Kindergrundsicherung in Höhe von 573 Euro einführen, die alle bekommen, die keine Einkommensteuer bezahlen. Wer Steuern zahlt, erhält weniger, da die Kindergrundsicherung dem zu versteuernden Einkommen zugerechnet werden soll. Spitzenverdiener würden demnach nur 319 Euro monatlich erhalten.[11]

Die Idee, die Kindergrundsicherung in das Steuersystem einzubetten, verdient Beachtung. Zum einen macht sie die Kinderförderung zu einer universellen Leistung, vergleichbar dem Kindergeld, auf die alle Eltern, unabhängig von ihrem Einkommen, Anspruch haben. Zum anderen stellt sie sicher, dass die Förderung mit steigendem Einkommen sinkt. Sie nutzt den Steuertarif, um die Fürsorgeleistungen für Kinder mit steigendem Einkommen zurückzufahren.[12] Bei dem Vorschlag der Linken gibt es allerdings einen Haken: Sie wollen mit der zu versteuernden Kindergrundsicherung längerfristig auch die Wohnkosten der Kinder bundeseinheitlich bezuschussen. Ohne regionale Differenzierung zahlt die Kindergrundsicherung denjenigen, die günstig wohnen, mehr, als zur Abdeckung des Wohnbedarfs der Kinder notwendig ist. Dadurch wird der Vorschlag unnötig teuer und verringert die Bereitschaft zu arbeiten in Regionen mit vergleichsweise niedrigen Mieten. Sinnvoller ist es, in der Kindersicherung die Abdeckung des alltäglichen Bedarfs und des Wohnbedarfs getrennt zu regeln, so wie es die erste Stufe des Vorschlags vorsieht. Bei meinem Vorschlag einer neuen Grundsicherungsarchitektur für den Sozialstaat werde ich auf diese Idee zurückkommen.

UNZUREICHEND GESCHÜTZT: WOHNEN WIR UNS ARM?

Auch bei der Wohnbedarfssicherung haben wir gegenwärtig zwei unterschiedliche Fördersysteme. Und die damit verbundenen Abstimmungsprobleme werden uns leider in Zukunft immer größere Probleme bereiten. Darauf deutet die Entwicklung der letzten Jahre hin. Wohnen wurde für die 20 Prozent einkommensschwächsten Haushalte zunehmend teurer (siehe linke Seite der Abbildung 9). Ihre Ausgaben für Wohnen stiegen über einen Zeitraum von 20 Jahren hinweg im Schnitt um 32,5 Prozent. Das ist eine alarmierende Entwicklung, denn in dieser Zeit sind im Durschnitt auch ihre verfügbaren Einkommen gesunken. Das führte in den letzten Jahren dazu, dass diese Haushalte einen immer größeren Teil ihres Einkommens für Wohnen ausgeben mussten. 1993 waren es im Schnitt 27 Prozent, 2013 bereits knapp 39 Prozent (rechte Seite der Abbildung 9).

Bei den mittleren Einkommen zeigt sich der gleiche Trend, jedoch in deutlich abgeschwächter Form. Ganz anders sieht es hingegen bei den einkommensstärksten Haushalten aus. Bei ihnen ist der Anteil der Wohnkosten an den Gesamtausgaben sogar gesunken.

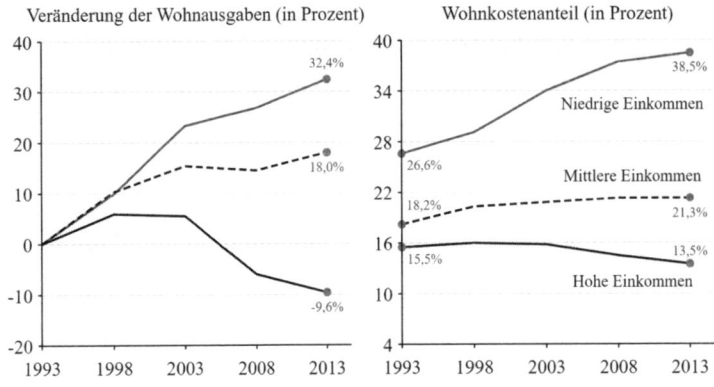

Niedrige Einkommen umfassten die Einkommen der untersten 20 Prozent, hohe Einkommen die der obersten 20 Prozent in der Einkommensverteilung. Der Wohnkostenanteil bezieht sich auf das Nettoäquivalenzeinkommen.

Quelle: Dustmann, Fitzenberger und Zimmermann (2018).

Besonders stark betroffen sind diejenigen, die wegen eines neuen Arbeitsplatzes umziehen müssen. Die Mieten steigen bei Neuvermietungen in Großstädten im Durchschnitt doppelt so schnell wie die Löhne.[13] Wer in den letzten Jahren umgezogen ist, musste deshalb deutlich mehr für Wohnen ausgeben. Entsprechend blieb für andere Ausgaben weniger übrig.

Wenn Selbsthilfe in der Grundsicherung bedeutet, wegen einer neuen Arbeitsstelle den Wohnort zu wechseln, verschärft diese Entwicklung das Sozialstaatsdilemma. Denn wenn Arbeitsplätze zunehmend in die Städte verlagert werden, werden diejenigen, die der Arbeit hinterherziehen, doppelt belastet. Sie zahlen höhere Mieten für eine Stadtwohnung und müssen damit rechnen, dass diese Miete auch wesentlich schneller weiter ansteigt.

Hier muss die Grundsicherung gegensteuern. Sie muss den Wohnbedarf für Geringverdiener auch in Zeiten hoher und schnell steigender Mieten sicherstellen. Mit dem ALG II ist sie dafür zunächst einmal gut aufgestellt. ALG-II-Bezieher sind durch die regionale Differenzierung vor großen Unterschieden in den Mietkosten geschützt und die regelmäßige Anpassung der Obergrenzen verhindert, dass die Wohnung plötzlich mehr kostet, als das Jobcenter maximal an Kosten übernimmt.

ABBILDUNG 10: Wohnkostenerstattung im Vergleich zum Wohngeld (Berlin)

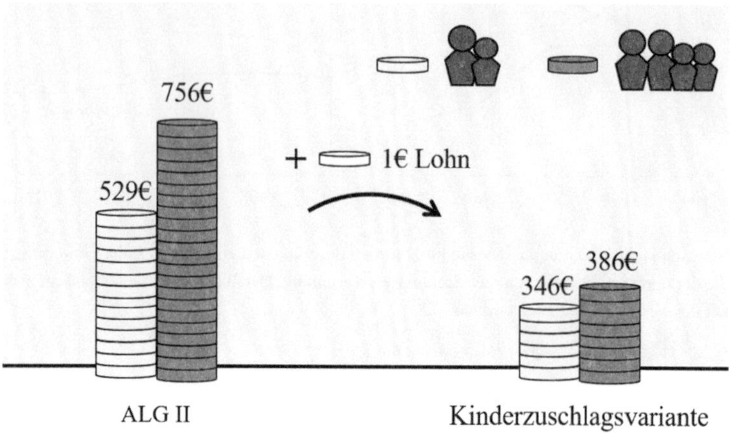

Zugrunde gelegt werden monatliche Mietkosten in Höhe der maximalen Übernahme der Kosten der Unterkunft im ALG II in Berlin (siehe Tabelle 2). Das Wohngeld für Geringverdiener mit Kind berechnet sich nach § 19 Abs. 1 WoGG.

Quelle: Eigene Berechnungen, Stand 2020.

Wer arbeitslos und einkommensschwach ist, muss also nicht fürchten, aus seiner Wohnung ziehen zu müssen.[14] Alleinerziehende bekommen bis zu 613 Euro, vierköpfige Familien bis zu 849 Euro (siehe Tabelle 2). Die Leistungen werden, nachdem alle Regelleistungen abgeschmolzen sind, langsam zurückgefahren. An der Schnittstelle zur Kinderzuschlagsvariante tragen die Haushalte bereits einen kleinen Teil der Wohnkosten selbst, Alleinerziehende mit Kind zahlen 84 Euro, vierköpfige Familien übernehmen 93 Euro (siehe Abbildung 10). Die restliche Miete von 529 Euro beziehungsweise 756 Euro übernimmt weiterhin das Jobcenter.

Doch leider ändert sich das schlagartig beim Übergang vom ALG II zur Kinderzuschlagsvariante. Anstatt einer Kostenübernahme im Rahmen des ALG II erhalten die Haushalte dann Wohngeld. Durch den Wechsel in ein anderes Fördersystem müssen Alleinerziehende, wenn sie nur 1 Euro mehr verdienen, auf einen Schlag 183 Euro mehr für die Miete selbst aufbringen, eine vierköpfige Familie sogar 370 Euro. Darüber hinaus wird das Wohngeld um jeweils 25 bis 35 Euro verringert, wenn das Bruttoeinkommen um 100 Euro steigt.[15] Zusammen mit den Sozialversicherungsabgaben, dem Steuerabzug und dem Abschmelzen des Kinderzuschlags kommt man damit zu Transferentzugsraten von nahezu 100 Prozent und mehr (wie Abbildung 3 im dritten Kapitel zeigt).

Normalverdiener haben keinen Anspruch auf Wohngeld und sind damit auch nicht mehr vor Mietsteigerungen geschützt. Steigen ihre Mieten schneller als ihr Einkommen, bleibt ihnen weniger Geld für die alltäglichen Dinge des Lebens und ihr Lebensstandard sinkt. Als Mieter können sie daher nur auf staatliche Unterstützung hoffen, wenn das Wohngeld zeitnah entsprechend der regionalen Entwicklung der Mieten angepasst wird.

Mit der Einführung einer zweijährigen Anpassung des Wohngelds, die ab 2022 gilt, will man auch Normalverdiener zukünftig besser schützen. Steigen die Mieten schneller als ihr Einkommen, haben sie jetzt früher und dauerhafter Anspruch auf Wohngeld. Das schafft allerdings neue Abhängigkeiten. Wer in die Förderung kommt, liegt mit seinem Einkommen plötzlich in dem Bereich, in dem die Transferentzugsrate bei fast 100 Prozent liegt. Steigende Mieten gefährden dann zwar nicht mehr die Bedarfsabsicherung, sie verschärfen aber das Sozialstaatsdilemma!

Wer in den eigenen vier Wänden wohnt, ist besser geschützt. Niedrige Zinsen entlasten Wohnungseigentümer und verhindern einen schnellen Anstieg der Wohnkosten. Die Förderung von Wohneigentum hilft damit, die Möglichkeiten zur eigenständigen Bedarfsabsicherung zu verbessern. Sie spielt daher bei einer langfristigen eigenständigen Bedarfssicherung eine wichtige Rolle. Der schnelle Anstieg der Mieten erschwert jedoch den Weg zum eigenen Heim, denn dann wird nicht nur weniger konsumiert, sondern auch weniger gespart. So sparten die einkommensschwächsten Haushalte 1993 noch durchschnittlich 2 Prozent ihres verfügbaren Einkommens. 20 Jahre später gaben sie im Schnitt bereits mehr aus, als sie verdienten. Bei den mittleren Einkommen ist die Ersparnis zwar noch positiv, aber rückläufig.[16] Damit wird es für Gering- und Normalverdiener immer schwerer, sich auf Kredit Wohneigentum zu kaufen, um den steigenden Mieten zu entkommen. Entsprechend steigt die Gefahr zukünftiger Bedürftigkeit.[17]

Für eine neue Grundsicherung bedeutet das: Der Wohnbedarf muss regional ausdifferenziert werden. Die Grundsicherung muss zudem verhindern, dass steigende Mieten zu wachsender Armut und zu einem massiven Absinken des Lebensstandards bei einem immer größeren Teil der Bevölkerung führen. Dazu ist es notwendig, die Förderleistungen entsprechend den regionalen Mietpreisentwicklungen regelmäßig anzupassen.

KAPITEL 6

EINE NEUE ARCHITEKTUR DER SOLIDARISCHEN GRUNDSICHERUNG

WENIGER IST MEHR

Halten wir fest: Wer die Grundsicherung reformieren und stärken will, muss sie als eine Versicherung auf Gegenseitigkeit ausbauen, deren Hauptaufgabe es ist, durch eine umfassende Bedarfsabsicherung vor existenziellen Risiken zu schützen. Das aber gelingt nur durch ein besseres Zusammenspiel von staatlicher Fürsorge und Anreizen zu Selbsthilfe und Eigenverantwortung. Dazu wiederum braucht es klare Regeln und Grundsätze. Zu ihnen komme ich jetzt.

SCHLANKER UND FOKUSSIERTER

Die neue Grundsicherungsarchitektur, die ich vorschlage, baut auf drei Grundpfeilern auf. Jeder dieser Pfeiler sichert eigenständig einen Teil des Gesamtbedarfs eines Haushalts ab. Lassen Sie mich diese drei Grundpfeiler zunächst kurz vorstellen, bevor ich dann auf die Einzelheiten genauer eingehe.

Wer arbeitslos ist, kann seinen eigenen alltäglichen Bedarf nicht mehr abdecken. Diese Aufgabe übernimmt der erste Grundpfeiler der neuen Grundsicherungsarchitektur. Die bestehenden Regelleistungen im ALG II werden übernommen, allerdings nicht als Teil eines umfassenden Förderpakets (dem ALG II), sondern als eigenständige Förderleistung.

Wer erwerbsfähig, aber arbeitslos ist, erhält eine Regelbedarfs-sicherung (RBS) in Höhe der bisherigen Regelsätze des ALG II. Kinder bedürfen unseres besonderen Schutzes. Sie können nicht für sich selbst sorgen. Ihren alltäglichen Bedarf garantiert der zweite Grundpfeiler der neuen Grundsicherungsarchitektur, der das im vorigen Kapitel kritisierte Drei-Klassen-Fördersystem ersetzt: die einheitliche Kindergrundsicherung (KGS). Damit wird der alltägliche Bedarf von Kindern unabhängig vom Einkommen ihrer Eltern abgedeckt. Da die Kindergrundsicherung versteuert werden muss, werden Eltern an der Bedarfssicherung ihrer Kinder beteiligt.

Was übrig bleibt, ist der Wohnbedarf. Er hängt von der Haushaltsgröße ab und kann nicht für einzelne Haushaltsmitglieder einzeln festgelegt werden. Deshalb benötigen wir einen dritten Grundpfeiler. Die neue Wohnbedarfssicherung (WBS) fasst die Kostenübernahme für Unterkunft im ALG II und das Wohngeld zusammen und übernimmt die tatsächlichen Mietkosten des Haushalts bis zu einer regional ausdifferenzierten, von der Haushaltsgröße abhängigen Höchstgrenze.

Diese drei Grundpfeiler zusammen sichern das soziokulturelle Existenzminimum aller, die auf staatliche Fürsorge angewiesen sind. Sie belohnen zugleich verstärkt die Anstrengungen der Betroffenen, ihren Bedarf selbst abzudecken. Wie die einzelnen Grundpfeiler aufgebaut sind und wie sie jeweils die Leistungsbereitschaft stärken, darauf gehe ich in den folgenden Abschnitten ausführlicher ein.

ERSTER GRUNDPFEILER: VERSORGT, WENN MAN KEINE ARBEIT MEHR FINDET

Arbeitslose sind auf Unterstützung angewiesen. Wer arbeitslos und mittellos ist und keinen Anspruch mehr auf ALG I hat, erhält derzeit als Alleinstehender den Regelsatz von 432 Euro (2020),

Paare erhalten 778 Euro. Diese Leistungen werden im Rahmen der neuen Regelbedarfssicherung übernommen. Allerdings verschieben sich die Prioritäten bei den Hinzuverdienstmöglichkeiten.

WEITERHIN GUT ABGESICHERT

Der alltägliche Bedarf Arbeitsloser wird auch mit der neuen Regelbedarfssicherung vollständig abgesichert. Wer einen Minijob annimmt, muss jedoch zukünftig sein gesamtes Arbeitseinkommen abführen, es wird mit den Regelbedarfsleistungen verrechnet.[1] Minijobs sind damit nicht mehr attraktiv. Betroffene werden entweder aufhören zu arbeiten oder aber versuchen, mehr zu arbeiten.

Was dies konkret für die Bedarfssicherung bedeutet, zeigt folgendes Beispiel: Wer zukünftig 60 Stunden im Monat für 10 Euro die Stunde arbeitet, kann die ersten 100 Euro oberhalb des Regelsatzes ganz behalten und darüber hinaus von jedem Euro 30 Cent. So kommt er auf einen Hinzuverdienst von 120 Euro. Von den restlichen 480 Euro werden die Sozialversicherungsbeiträge bezahlt und die RBS abgeschmolzen. Bei einem Verdienst von 600 Euro deckt der Betroffene 395 Euro seines Bedarfs selbst ab, der Staat zahlt nur noch 37 Euro dazu.

Ab 683 Euro übernimmt der Alleinstehende die vollständige Finanzierung seines alltäglichen Bedarfs und braucht somit keine Regelbedarfssicherung mehr. Paare dagegen erhalten ergänzende Regelbedarfssicherung bis zu einem Bruttoeinkommen von 1.440 Euro.[2] Wer keine Regelbedarfssicherung mehr bezieht, kommt für seinen eigenen alltäglichen Bedarf allein auf und hat nichts mehr mit dem Jobcenter zu tun.

Arbeitslose sind auch in dem neuen Modell wie bisher kranken- und pflegeversichert, das Jobcenter übernimmt für sie Beiträge in Höhe von 126 Euro (siehe Kapitel 2). Die restliche Absicherung der durchschnittlichen Ausgaben pro Versichertem in Höhe von 335 Euro übernimmt die Solidargemeinschaft der gesetzlich Versicherten. Für sozialversicherungspflichtig Beschäftigte übernimmt das Jobcenter keine Beiträge mehr. Wer 600 Euro im Monat verdient, zahlt selbst bereits 97 Euro an Beiträgen (einschließlich der Arbeitgeberbeiträge). Die Solidargemeinschaft der gesetzlich Versicherten unterstützt ihn mit zusätzlich 238 Euro im Monat. Das folgt der Logik einkommensabhängiger Sozialversicherungsbeiträge. In der gesetzlichen Kranken- und Pflegeversicherung unterstützen Besserverdienende mit ihren Beiträgen die Schlechterverdienenden. Für RBS-Bezieher gibt es dabei keine Ausnahme. Sie werden diesbezüglich wie alle anderen Beitragszahler behandelt. Einkommensschwächere Versicherte werden unterstützt; steigt das Einkommen, wird man stärker in die Pflicht genommen.

Die neue Grundsicherung regelt die Hinzuverdienstmöglichkeiten völlig neu. Diese Änderung greift die schon früh geäußerte Kritik auf, dass ALG II geringfügige Beschäftigung belohnt, mehr zu arbeiten hingegen nicht. Schon 2006 forderten deshalb die fünf Wirtschaftsweisen, die ersten 200 Euro Hinzuverdienst vollkommen auf das ALG II anzurechnen.[3] Aktuell gibt es ähnliche Vorschläge vom ifo Institut aus München und dem Institut für Arbeitsmarkt- und Berufsforschung (IAB) aus Nürnberg. Das ifo Institut will zumindest bei Alleinstehenden Arbeitseinkommen bis 630 Euro vollständig auf den ALG-II-Bezug anrechnen.[4] Und das IAB will die Transferentzugsrate bei Minijobs auf 90 Prozent erhöhen.[5] Als Ausgleich sehen alle verbesserte Hinzuverdienstmöglichkeiten bei höheren Einkommen vor. Die Wirtschaftsweisen wollen Arbeitnehmern 30 Prozent des zusätzlichen Einkommens überlassen, ifo Institut und IAB sogar 40 Prozent.

Die Hinzuverdienstregelungen der neuen Regelbedarfssicherung zielen in die gleiche Richtung. Auch sie setzen auf eine stärkere Förderung sozialversicherungspflichtiger Beschäftigung. Hinzuverdienste sollen deshalb nur jenseits des Regelsatzes belohnt werden. Abbildung 11 zeigt, was sich dadurch konkret bei den Hinzuverdienstregelungen gegenüber dem Status quo verändert. Unterhalb des Regelsatzes verschlechtern sich die Hinzuverdienstmöglichkeiten: Wer arbeitslos ist und eine geringfügige Arbeit für 100 Euro annimmt, darf bislang sein gesamtes Arbeitseinkommen für sich behalten – bei der neuen Regelbedarfssicherung wird dieses Arbeitseinkommen dagegen vollständig mit der RBS-Leistung verrechnet (siehe linkes Säulenpaar in Abbildung 11). Grundsätzlich gilt: Liegt das Arbeitseinkommen unterhalb des einfachen Regelsatzes, stellt man sich in der neuen Grundsicherung immer schlechter.

Die Hinzuverdienstmöglichkeiten ändern sich mit der Aufnahme einer sozialversicherungspflichtigen Arbeit. Ausgehend von einem Arbeitseinkommen in Höhe des Regelsatzes von derzeit 432 Euro darf man die ersten 100 Euro ohne Abzüge behalten – im aktuellen System sind es nur 20 Euro (siehe drittes Säulenpaar in der Abbildung 11). Darüber hinaus kann man im Rahmen der Regelbedarfssicherung immer 10 Euro mehr je 100 Euro Bruttoarbeitseinkommen behalten als im ALG-II-Bezug.

ABBILDUNG 11: Hinzuverdienstmöglichkeiten: RBS versus Status quo

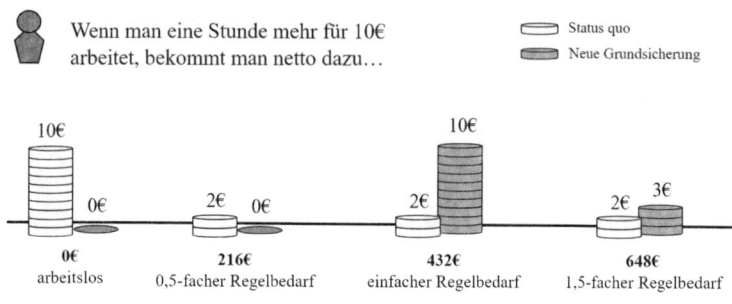

Die Säulen geben den jeweiligen Nettohinzuverdienst an, der sich ergibt, wenn man 10 Euro brutto zusätzlich verdient. Während im Status quo Hinzuverdienste nur bei sehr kleinen Einkommen komplett behalten werden dürfen (erste Säule), wird der Hinzuverdienst in der neuen Regelbedarfssicherung erst ab einem Arbeitseinkommen in Höhe des Regelbedarfs attraktiv.

Quelle: Eigene Berechnungen, Stand 2020.

Mit der Koppelung der Hinzuverdienstregelungen an die jährliche Anhebung des Regelsatzes erhöhen sich automatisch die Anforderungen zur Selbsthilfe. Minijobs werden allerdings grundsätzlich nicht mehr gefördert. Dies ist eine Sonderregelung, die nur so lange gilt, wie der Regelsatz noch unter dem Minijob liegt. Aufgrund der jährlichen Anhebung des Regelsatzes wird sie in wenigen Jahren überflüssig geworden sein.

ZWEITER GRUNDPFEILER: DIE SCHON LANGE ÜBERFÄLLIGE KINDERGRUNDSICHERUNG

Wer nicht für sich selbst sorgen kann, soll von der Solidargemeinschaft ohne Einschränkung unterstützt werden. Das gilt insbesondere für Kinder. Deshalb gehört zu dem hier vorgestellten Drei-Säulen-Modell als Zweites eine allgemeine und uneingeschränkte Kindergrundsicherung, die den alltäglichen Bedarf der Kinder vollständig abdeckt. Das bedeutet eine weitgehende Abkehr vom jetzigen System der bereits kritisierten Drei-Klassen-Kinderförderung, die je nach Einkommen völlig unterschiedliche Förderleistungen vorsieht.

Die neue Kindergrundsicherung (KGS) entkoppelt die Förderung von Kindern von der Grundsicherung für Erwerbsfähige und deren individueller Situation. Wenn Kinder den Familienbedarf erhöhen, deckt die Kindergrundsicherung diesen zusätzlichen Bedarf unabhängig vom Einkommen der Eltern ab. Kinder im Haushalt haben damit keinen unmittelbaren Einfluss mehr auf die Entscheidung der Eltern, wie viel diese arbeiten wollen. Auch die Hinzuverdienstmöglichkeiten hängen nicht mehr von der Haushaltsgröße ab. Damit wird ein großer Fehler der bestehenden Grundsicherung behoben und das Sozialstaatsdilemma bei Familien deutlich entschärft.

Allerdings werden Eltern auch weiterhin an der Bedarfsabdeckung ihrer Kinder beteiligt und mit steigendem Einkommen stärker in die Pflicht genommen. Das gelingt durch eine Kindergrundsicherung, die die Eltern zu versteuern haben. Die Beteiligung der Eltern an der Bedarfssicherung steigt dann automatisch mit der Steuerlast.

1. Die KGS wird unabhängig von anderen Transferansprüchen für jedes einzelne Kind gewährt.

2. Der höchste Regelbedarf für Kinder (2020: 328 Euro) bestimmt die Höhe der KGS und sichert den alltäglichen Bedarf eines Kindes.

3. Die KGS ist altersunabhängig.

4. Die KGS ist zu versteuern. Einkommensstärkere Familien werden durch die Lohn- und Einkommensteuer, die sie auf die KGS bezahlen, an der Bedarfssicherung ihrer Kinder beteiligt.

5. Alleinerziehende erhalten zusätzlich eine vom Alter der Kinder unabhängige zu versteuernde Pauschale in Höhe von 12 Prozent des Regelsatzes eines Erwachsenen. Die Pauschale verdoppelt sich, wenn zwei oder mehr Kinder im Haushalt leben.

In der Kindergrundsicherung gilt: Kinder werden durch die Solidargemeinschaft abgesichert. Eltern werden erst dann, wenn sie besser für sich und ihre Kinder sorgen können, stärker an der Bedarfssicherung ihrer Kinder beteiligt. Je mehr man verdient, umso mehr ist man in der Pflicht, auch für seine Kinder zu sorgen. Dieses Grundprinzip widerspricht jedoch den steuerrechtlichen Regelungen, nach denen die existenzsichernden Aufwendungen für Kinder nicht besteuert werden dürfen. Das führt nämlich dazu, dass Eltern mit hohen Einkommen eine höhere Steuererstattung bekommen als Eltern mit kleinen Einkommen.

In der neuen Grundsicherung, die ein einheitliches Fördersystem für alle Familien vorsieht, entsteht damit ein Konflikt: Die

KGS will Eltern mit steigendem Einkommen stärker an der Bedarfssicherung ihrer Kinder beteiligen, das Steuerrecht will diese Eltern stärker entlasten. Wie lässt sich dieser Konflikt auflösen?

Die einfachste Lösung, nämlich den steuerlichen Kinderfreibetrag abzuschaffen, ist aus verfassungsrechtlichen Gründen nicht möglich: Das Existenzminimum der Kinder darf grundsätzlich nicht besteuert werden.[6] Eine höhere Kindergrundsicherung würde das Problem ebenfalls lösen. Eine KGS in Höhe von 655 Euro für alle wäre verfassungskonform, da dann auch Spitzenverdiener mit der Kindergrundsicherung so viel bekommen, wie sie derzeit durch den Kinderfreibetrag erhalten. Die KGS läge damit aber weit über dem soziokulturellen Existenzminimum. Die dadurch entstehenden zusätzlichen Kosten (vor Steuern) gegenüber der hier vorgeschlagenen KGS lägen bei rund 60 Milliarden Euro im Jahr.

Ich schlage daher hier eine pragmatische Lösung für die neue Grundsicherungsarchitektur vor. Die KGS wird eingeführt, ohne den Kinderfreibetrag aus dem Steuerrecht zu streichen. Das führt dazu, dass das Finanzamt klärt, ob die Kindergrundsicherung oder der Kinderfreibetrag für den einzelnen Haushalt günstiger ist. Das geht ebenso problemlos wie die derzeitige routinemäßige Überprüfung des Finanzamtes, was für den Haushalt günstiger ist – Kindergeld oder Kinderfreibetrag.

ALLEINERZIEHENDE WERDEN BESSERGESTELLT

In der neuen Grundsicherung erhalten Alleinerziehende für Kinder aller Altersgruppen die gleiche Kindergrundsicherung und den gleichen altersunabhängigen, zu versteuernden Pauschalbetrag.[7] Abbildung 12 vergleicht die Leistungen der KGS (dunkle Säulen) an vier unterschiedlichen Einkommenspositionen mit den heutigen Leistungen zur Abdeckung des alltäglichen Bedarfs (weiße Säulen).

ABBILDUNG 12: Kindergrundsicherung versus Status quo für Berliner Alleinerziehende mit einem Kind

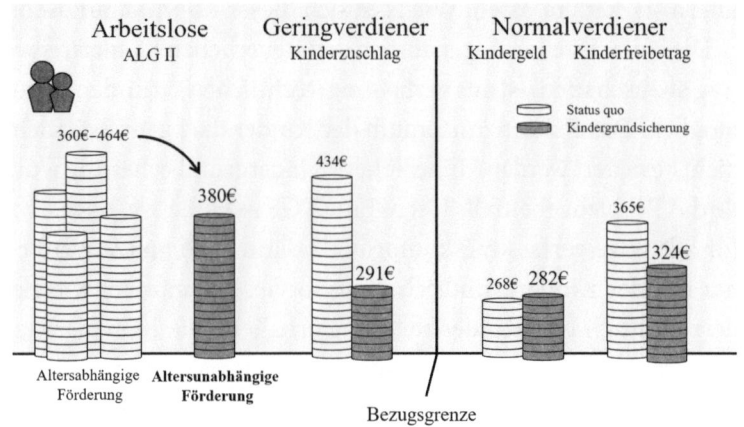

Die weißen Säulen zeigen die jeweiligen (altersabhängigen) maximalen beziehungsweise minimalen Förderleistungen im Status quo an. Beim Kinderzuschlag ist ein Bruttoarbeitseinkommen von 1.679 Euro unterstellt, beim Kindergeld eines von 2.572 Euro und beim Kinderfreibetrag ein Bruttoarbeitseinkommen von 6.500 Euro. Die grauen Säulen zeigen die KGS-Leistungen.

Quelle: Eigene Berechnungen, Stand 2020.

Arbeitslose Alleinerziehende bekommen insgesamt 380 Euro im Monat für ihr Kind, 328 Euro Kindergrundsicherung zuzüglich der Pauschale für Alleinerziehende in Höhe von 52 Euro für das erste Kind. Je nach Alter des Kindes ist das mehr oder weniger als im Status quo. Im Durchschnitt steigt die Förderung jedoch über alle Altersstufen hinweg an. Anders bei den Geringverdienern. Dort, wo die heutige Kinderförderung mit 434 Euro maximal ist, zahlt der Alleinerziehende zukünftig für die Kindergrundsicherung schon Steuern. Die Summe aus der KGS und der zu versteuernden Pauschale beträgt nach Abzug der Steuer deshalb nur noch 291 Euro, deutlich weniger als die Förderung bei Arbeitslosen.

Während in der Kinderzuschlagsvariante das Kind eines Beschäftigten stärker gefördert wird als das Kind eines Arbeitslosen, ist es in der KGS umgekehrt. Anstatt Beschäftigten mehr zu geben, als für die Bedarfssicherung notwendig ist, beteiligt die KGS die Eltern an dieser Stelle schon an der Bedarfssicherung ihrer Kinder.

Normalverdiener mit niedrigeren Einkommen jenseits der bisherigen Bezugsgrenze profitieren von der KGS. Wer bei 2.572 Euro knapp aus der Kinderzuschlagsvariante fällt, bekommt mit der Kindergrundsicherung 14 Euro mehr. Nachteile entstehen erst bei höheren Einkommen über 3.500 Euro. Hier wirkt sich aus, dass der steuerfreie Entlastungsbeitrag für Alleinerziehende durch eine zu versteuernde Pauschale ersetzt wird. Während die alte Pauschale zu einer höheren Entlastung führt, wenn das Einkommen steigt, sorgt die neue Ausgestaltung der Pauschale dafür, dass die Förderung mit dem Einkommen abnimmt. Bei Spitzenverdienern macht sich dies am stärksten bemerkbar. Ihre Förderung liegt mit insgesamt 324 Euro unter dem heutigen Niveau von 365 Euro.

DOPPELTE SOLIDARITÄT MIT FAMILIEN

Für eine vierköpfige Familie mit zwei Kindern zeigt sich ein ähnliches Bild (Abbildung 13). Für Arbeitslose entspricht die KGS der bisherigen Förderung für zwei Kinder über 14 Jahren. Bei jüngeren Kindern ist sie deutlich großzügiger als im gegenwärtigen System. Die neue Grundsicherung eliminiert damit einen weiteren Widerspruch des gegenwärtigen Systems. Bislang werden bei Alleinerziehenden die jüngeren Kinder stärker gefördert. Bei Ehepaaren sind es hingegen die älteren Kinder. In der neuen Kindergrundsicherung werden dagegen alle Kinder grundsätzlich gleich behandelt.

Der größte Unterschied zeigt sich wiederum dort, wo auch die Förderung durch den Kinderzuschlag am größten ist. Die KGS schafft den über die Bedarfssicherung hinausgehenden Anteil der Kinderförderung ab und beteiligt die Eltern früher an der Bedarfssicherung ihrer Kinder. Bei Normalverdienern zeigt sich die KGS dafür deutlich großzügiger. An der Bezugsgrenze des Kinderzuschlags bekommen Ehepaare für ihre zwei Kinder knapp 80 Euro mehr im Monat. Das liegt daran, dass die Förderung der Eltern in der neuen Kindergrundsicherung durch das Steuersystem deutlich langsamer zurückgefahren wird, als dies durch die Regelungen in der aktuellen Kinderzuschlagsvariante geschieht.

ABBILDUNG 13: Von der Familiensicherung zur KGS (vierköpfige Berliner Familie)

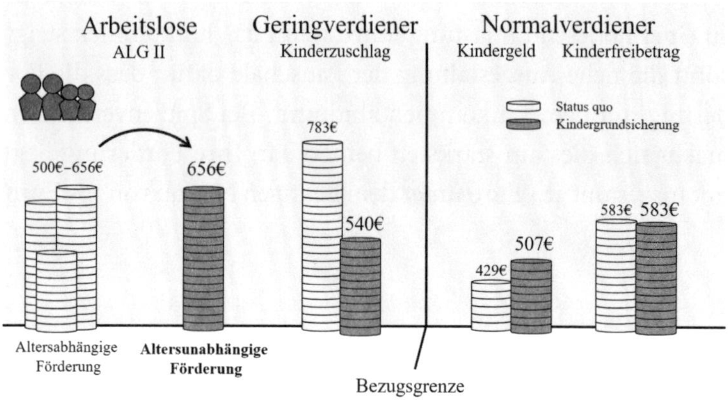

Die weißen Säulen zeigen die jeweiligen (altersabhängigen) maximalen beziehungsweise minimalen Förderleistungen im Status quo an. Beim Kinderzuschlag ist ein Bruttoarbeitseinkommen von 2.120 Euro unterstellt, beim Kindergeld eines von 3.485 Euro und beim Kinderfreibetrag ein Bruttoarbeitseinkommen von 12.000 Euro. Die grauen Säulen zeigen die KGS-Leistungen.

Quelle: Eigene Berechnungen, Stand 2020.

Da bei Normalverdienern das pauschal ausgezahlte Kindergeld durch eine leistungsgerechtere Förderung der Kinder ersetzt wird, gilt auch für sie nun über einen großen Einkommensbereich hinweg: Wer mehr verdient, bekommt weniger. Dabei ist die KGS jedoch immer höher als das Kindergeld, allerdings profitieren jetzt diejenigen Familien stärker, die weniger verdienen. Nur für Besserverdiener, für die der Kinderfreibetrag günstiger ist, ändert sich nichts.

Die KGS steht als zweiter Grundpfeiler des neuen Systems völlig eigenständig neben der Regelbedarfssicherung für Erwachsene. Beide zusammen decken den alltäglichen Bedarf aller Haushaltsmitglieder ab. Sprungstellen in der Förderung wie beim Übergang vom ALG II zum Kinderzuschlag gibt es nicht mehr und damit auch keine Verwirrung darüber, wer wann welche Leistung beantragen kann beziehungsweise muss. Mit steigendem Einkommen sinkt die Förderung, einzig verbleibende Ausnahme ist der Anstieg der Förderung bei höheren Einkommen aufgrund der Berücksichtigung des Kinderfreibetrags. Die Förderung wird einfacher und transparenter und damit zugleich »ehrlicher«. Sie hilft allen und nicht nur denjenigen, die immer genau wissen, was ihnen eigentlich zusteht und was für sie vorteilhaft ist.

DRITTER GRUNDPFEILER: EINE NEUE WOHNBEDARFSSICHERUNG – EINFACH UND GERECHT

Mit der ersten und zweiten Säule der neuen Grundsicherungsarchitektur – Regelbedarfssicherung und Kindergrundsicherung – wird der alltägliche Bedarf aller Haushaltsmitglieder durch individuelle Leistungen garantiert. Offen ist damit noch die Absicherung des Wohnbedarfs. Diese Aufgabe übernimmt der dritte Grundpfeiler der neuen Grundsicherungsarchitektur. Er setzt nicht mehr am Bedarf der einzelnen Haushaltsmitglieder an, sondern am Bedarf des gesamten Haushalts, in Abhängigkeit von seiner Größe.

Die neue Wohnbedarfssicherung (WBS) garantiert jedem Haushalt ein bedarfsgerechtes Wohnen unabhängig vom regionalen Mietniveau. Sie ersetzt das alte Wohngeld und die Übernahme der Wohnkosten im Rahmen des ALG-II-Bezugs und eliminiert damit die im letzten Kapitel beschriebenen Schnittstellenprobleme. Dadurch bietet sie mehr Schutz vor hohen und zu schnell steigenden Mieten.

Die Wohnbedarfssicherung hat drei Stufen, die dafür sorgen, dass die Hinzuverdienstmöglichkeiten nahezu konstant bleiben. Solange ein Haushalt Regelbedarfssicherung bezieht, wird die WBS nicht gekürzt. Haushalte mit sozialversicherungspflichtig Beschäftigten, die ergänzende RBS beziehen, behalten 30 Prozent ihres über den Regelsatz hinausgehenden Arbeitseinkommens.

Reicht das eigene Einkommen für den alltäglichen Bedarf der erwachsenen Haushaltsmitglieder aus, wird die WBS zunächst mit 45 Prozent des zusätzlichen Bruttoeinkommens abgeschmolzen. Zusammen mit den Arbeitnehmerbeiträgen zur gesetzlichen Sozialversicherung addieren sich die Abzüge damit auf etwa 70 Prozent.

Da mit dem Einsetzen der Steuerpflicht die gesamten Abzüge deutlich über 70 Prozent steigen würden, werden sie bei der WBS ab der Steuergrenze auf 25 Prozent begrenzt. Wer steuerpflichtig ist, muss von seinem zusätzlichen Verdienst die Sozialversicherungsbeiträge in Höhe von 20 Prozent (beziehungsweise 25 Prozent, wenn man weniger als 1.300 Euro im Monat verdient[9]) abführen sowie Lohnsteuer in Höhe von mindestens 14 Prozent.[10] Zusammen mit der niedrigeren »Rückzahlungsrate« an die WBS sinkt die Abgabenlast damit zunächst auf rund 64 Prozent. Sie steigt aber wegen des mit dem Einkommen steigenden Lohnsteuersatzes schnell wieder auf rund 70 Prozent an. Auch in der dritten Stufe bleiben damit in der Regel 30 Prozent (und teilweise sogar mehr) des eigenen Verdienstes beim Haushalt.[11]

Für den Berliner Alleinstehenden, dessen Warmmiete genau der Förderhöchstgrenze in Berlin entspricht, sieht die Förderung damit wie folgt aus: Bis zu einem Einkommen von 682 Euro wird die volle Wohnbedarfssicherung ausbezahlt. Danach wird sie bis zur Steuergrenze bei 1.080 Euro mit 45 Prozent abgeschmolzen, bis der Anspruch auf WBS bei 2.300 Euro erlischt. Haushalte mit Kindern erhalten die KGS und zahlen deshalb schon unterhalb der RBS-Bezugsgrenze Steuern. Bei ihnen wird die WBS durchgängig mit 25 Prozent des zusätzlichen Bruttoeinkommens gekürzt. Alleinerziehende haben damit maximal bis zu einem Arbeitseinkommen von knapp 3.100 Euro im Monat Anspruch auf WBS, Ehepaare mit zwei Kindern maximal bis knapp 4.800 Euro.

Der Unterschied zu der alten Regelung zeigt sich am deutlichsten an der Schnittstelle von ALG II und Kinderzuschlagsvariante (siehe Abbildung 14). Wer 100 Euro mehr verdient, verliert im Status quo mit einem Schlag einen großen Teil der Wohnbedarfsförderung. Alleinerziehende verlieren 213 Euro, vierköpfige Familien 400 Euro. Die neue Wohnbedarfssicherung hingegen würde im gleichen Fall nur um 25 Euro gekürzt. Sprungstellen durch einen Wechsel des Fördersystems gibt es in der WBS nicht mehr, genauso wenig wie bei der Kinderförderung!

Die neue Wohnbedarfssicherung

Im Status quo werden die monatlichen Mietkosten, so wie in Abbildung 10 verwendet, zugrunde gelegt. Die neue WBS berechnet sich für die entsprechende Miete.

Quelle: Eigene Berechnungen, Stand 2020.

Ich fasse zusammen: Die drei neuen Grundpfeiler der Grundsicherung, wie ich sie hier vorschlage – RBS, KGS und WBS – decken unterschiedliche Formen der Bedürftigkeit ab und erhöhen mit steigendem Arbeitseinkommen der Haushalte den Anteil der Eigenleistung an der Bedarfsdeckung. In diesem neuen System erhält jeder Betroffene immer mindestens das für ihn maßgebliche soziokulturelle Existenzminimum – und zwar durch eine individuelle Förderung beim alltäglichen Bedarf einerseits und einer an der Haushaltsgröße ausgerichteten Wohnbedarfssicherung für den gesamten Haushalt andererseits. Die regionale Differenzierung sorgt zudem dafür, dass nur dort, wo die Kosten der Existenzsicherung hoch sind, auch mehr bezahlt wird. Anstatt einer »One size fits all«-Förderung wird die Bedarfssicherung im Vergleich zum bestehenden System kostengünstiger, ohne dabei nachteilige Anreizeffekte hervorzurufen.

KAPITEL 7

SOLIDARITÄT UND EIGENVERANTWORTUNG

WIE DAS ZUSAMMENSPIEL GELINGT

Für eine tragfähige neue Grundsicherungsarchitektur braucht es nicht nur die drei gerade vorgestellten Grundpfeiler. Damit sie wirklich besser als das aktuelle System in der Lage ist, die zukünftigen Herausforderungen an das Sozialsystem zu meistern, müssen die drei Sicherungssysteme Regelbedarfssicherung für Arbeitslose (RBS), Kindergrundsicherung für alle (KGS) und Wohnbedarfssicherung für Haushalte mit geringem Einkommen (WBS) zusammenspielen und sinnvoll ineinandergreifen. Wie das funktioniert, dieser Frage widme ich mich jetzt.

FÜRSORGE GARANTIERT – SELBSTHILFE GESTÄRKT

Gelingt es mit der neuen Grundsicherungsarchitektur, das Dilemma des Sozialstaats zu beheben und die Gerechtigkeit und breite Akzeptanz herzustellen, die ein solidarisches System braucht? Dies ist der Punkt, an dem der Erfolg des neuen starken Sozialstaats sich wird messen lassen müssen. Von besonderer Bedeutung ist dabei, wie sich die Anreizwirkungen in den verschiedenen Bedarfsgruppen verändern.

Für Arbeitslose ohne Zuverdienst ändert die Umstellung auf die neue Grundsicherung zunächst einmal nichts. Für jene jedoch, die sich bereits heute etwas hinzuverdienen, ändern sich die Höhe des verfügbaren Einkommens und die Hinzuverdienstmöglichkeiten, mit jeweils unterschiedlichen Auswirkungen auf die Arbeitsbereitschaft. Je niedriger das verfügbare Einkommen ist, desto stärker der Bedarf, sich durch mehr Arbeit etwas hinzuzuverdienen. Doch wer bislang nur einen Minijob hatte, verliert nach dem neuen System seinen Hinzuverdienst und wird sich überlegen, wie er wenigstens einen Teil des Einkommensverlusts ausgleichen kann. Da nun vom Lohn umso mehr übrig bleibt, je höher er ausfällt, wird es endlich attraktiver, deutlich mehr zu arbeiten.

Die Abbildungen 15 bis 17, die ich in diesem Kapitel nacheinander vorstelle, zeigen, was sich für die drei Haushaltstypen – Alleinstehende, Alleinerziehende mit Kindern und Familien – in Abhängigkeit von ihrem Arbeitseinkommen mit dem neuen System verändert. Dazu vergleiche ich verfügbare Haushaltseinkommen, die sich jeweils beim gleichen Bruttoarbeitseinkommen ergeben. Bekommt ein Haushalt durch die neue Grundsicherung mehr, liegt der neue (durchgezogene) Einkommensverlauf über der alten (gestrichelten) Einkommenskurve. Liegt die neue Kurve unter der alten, zeigt sich die neue Grundsicherung weniger großzügig und tritt fordernder auf: Sie lässt den Haushalten weniger und fordert sie auf, mehr zu arbeiten, wenn sie gleich viel wie bislang haben möchten. Neben der Lage der Kurve spielt auch deren Anstieg eine wichtige Rolle. Er zeigt an, wie stark der Sozialstaat die Arbeitsbereitschaft fördert: Je steiler die Kurve, umso großzügiger die Förderung.

Egal wie viel man arbeitet, die Umstellung auf die neue Grundsicherung verändert sowohl das verfügbare Nettoeinkommen als auch die Hinzuverdienstmöglichkeiten. Entsprechend wirkt sich die Umstellung je nach Ausgangslage unterschiedlich aus. Zeigt sich der Sozialstaat fordernder – das neue Haushaltseinkommen ist kleiner –, steigt die Arbeitsbereitschaft. Das Gleiche gilt, wenn der Sozialstaat mehr fördert und das neue Haushaltseinkommen deshalb schneller mit wachsendem Arbeitseinkommen ansteigt. Bereiche, in denen Fordern und Fördern in die gleiche Richtung wirken, sind mit einem (+) gekennzeichnet. In mit (?) gekennzeichneten Bereichen wirken Fordern und Fördern in entgegengesetzte Richtungen. Hier ist unklar, ob Betroffene mehr oder weniger arbeiten werden. Schließlich kann es auch sein, dass das neue System die Arbeitsbereitschaft senkt, das passiert in mit (–) gekennzeichneten Bereichen.

ABBILDUNG 15: Die neue Grundsicherung für Alleinstehende

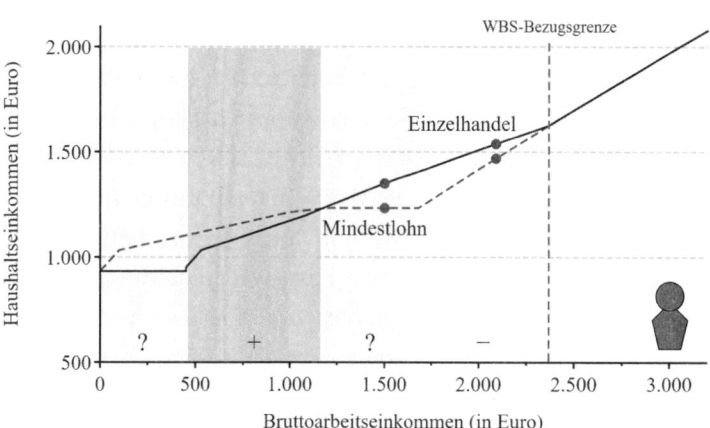

Der gestrichelte Verlauf ist aus Abbildung 3 übernommen. Er zeigt, wie sich das Einkommen im Status quo im günstigsten Fall entwickelt. Die durchgezogene Linie zeigt den Einkommensverlauf, der sich aus den Förderleistungen RBS und WBS ergibt. In dem mit Plus gekennzeichneten dunkelgrauen Bereich steigt die Arbeitsbereitschaft, im mit Minus gekennzeichneten Bereich sinkt sie hingegen durch die Umstellung auf die neue Grundsicherungsarchitektur. Bei den mit Fragezeichen gekennzeichneten Bereichen ist die Auswirkung auf die Arbeitsbereitschaft unklar.

Quelle: Eigene Berechnungen, Stand 2020.

Ein Alleinstehender bekommt bei einem niedrigen Einkommen im Rahmen eines Minijobs im neuen System weniger als bisher (Abbildung 15). Ob er dann in der Folge mehr oder weniger arbeiten wird, ist allerdings unklar. Wer heute zwei bis drei Stunden in der Woche Werbeprospekte austrägt und 100 Euro im Monat dazuverdient, verliert im neuen System sein gesamtes Zusatzeinkommen. Ein wenig mehr zu arbeiten lohnt sich also nicht mehr. Er müsste mindestens zehn Stunden pro Woche zusätzlich arbeiten, um weiterhin 100 Euro hinzuzuverdienen. Das werden nur diejenigen tun, die das zusätzliche Geld dringend benötigen und es sich nicht auf andere Weise, zum Beispiel durch Schwarzarbeit, verdienen können. Die anderen werden durch die Umstellung aufhören zu arbeiten. Das muss der Sozialstaat verhindern, indem er sich ihnen gegenüber fordernder zeigt und ihre Mitwirkung verstärkt einfordert. Wie das gehen kann, zeige ich im nächsten Abschnitt.

Bei allen, die mehr als 450 Euro, aber weniger als 1.170 Euro im Monat verdienen, steigt die Bereitschaft, mehr zu arbeiten. Hier gehen Fordern und Fördern Hand in Hand: Man muss zwar mehr arbeiten, um auf das gleiche Einkommen wie früher zu kommen, darf dafür aber von seinem Lohn grundsätzlich mehr behalten! Wer einen Minijob von 450 Euro hatte, verliert erst einmal 170 Euro. Die neuen Hinzuverdienstmöglichkeiten machen es ihm jedoch leichter, diesen Verlust durch Mehrarbeit auszugleichen. Anstatt nur 20 Prozent des zusätzlichen Einkommens mit nach Hause zu nehmen, behält er erst einmal 100 Euro ohne Abzüge und dann 30 Cent jedes zusätzlich verdienten Euros. Arbeitet er doppelt so viel wie vorher, steigt sein verfügbares Einkommen mit den neuen Hinzuverdienstregelungen um 219 Euro. Im alten System der Grundsicherung sind es gerade einmal 90 Euro. Da die ersten 432 Euro jedoch voll mit der RBS verrechnet werden, springt trotz der großzügigeren Hinzuverdienstmöglichkeiten bei höheren Einkommen unterhalb von 1.170 Euro aber unter dem Strich weniger für ihn heraus.

Vollzeitarbeit wird in der neuen Grundsicherung hingegen grundsätzlich besser entlohnt, gleichzeitig sind aber auch die

Hinzuverdienstmöglichkeiten besser. Einige, die bislang in diesem Bereich aufstocken, werden sich mit dem höheren Einkommen bescheiden und lieber etwas mehr Freizeit genießen. Andere werden die günstigeren Hinzuverdienstmöglichkeiten nutzen, ihr Haushaltseinkommen durch Mehrarbeit weiter aufzustocken. Es ist daher in diesem Bereich unklar, ob die neue Grundsicherung die Arbeitsbereitschaft fördert oder nicht.[1]

Einige Alleinstehende haben dank der großzügigeren Wohnbedarfssicherung erstmals Anspruch auf Unterstützung. Sie bekommen mehr Geld, müssen aber zugleich höhere Abgaben in Kauf nehmen. Zusätzlich zu den Sozialversicherungsbeiträgen und Steuern wird von dem höheren Arbeitseinkommen nun auch noch die WBS gekürzt. Sie werden daher tendenziell weniger arbeiten. Die neue Grundsicherung verschiebt also den Bereich, in dem die Grundsicherung die Anreize zur Selbsthilfe stärkt, in die unteren Einkommenssegmente. Das fordert und fördert die Eigenverantwortung dort, wo Betroffene bislang am meisten auf die Unterstützung der Solidargemeinschaft vertrauten.

In Kapitel 3 hatte ich gezeigt, wie Beschäftigte in unterschiedlichen Branchen von der Grundsicherung betroffen sind. In den Abbildungen 15 bis 17 greife ich auf diese Beispiele zurück und zeige, was die Umstellung auf das neue System für sie konkret bedeutet. Alleinstehende, die zum Mindestlohn 160 Stunden im Monat arbeiten, verdienen durch die Umstellung netto 115 Euro mehr als im Status quo. Ihnen wird doppelt geholfen. Die Fürsorgeleistungen sind großzügiger, gleichzeitig sind aber auch die Hinzuverdienstmöglichkeiten besser. Vollzeitbeschäftigte im Einzelhandel haben im neuen System Anspruch auf WBS und profitieren daher ebenfalls von einer Umstellung.

Alleinerziehende werden in der neuen Regelbedarfssicherung genauso behandelt wie Alleinstehende. Zusätzlich wird der alltägliche Bedarf des Kindes durch die neue Kindergrundsicherung übernommen. Hinzu tritt eine höhere Wohnbedarfssicherung. Wie sich ihr Einkommen in der neuen Grundsicherung im Vergleich zum Status quo entwickelt, zeigt Abbildung 16.

ABBILDUNG 16: Die neue Grundsicherung für Alleinerziehende mit 1 Schulkind

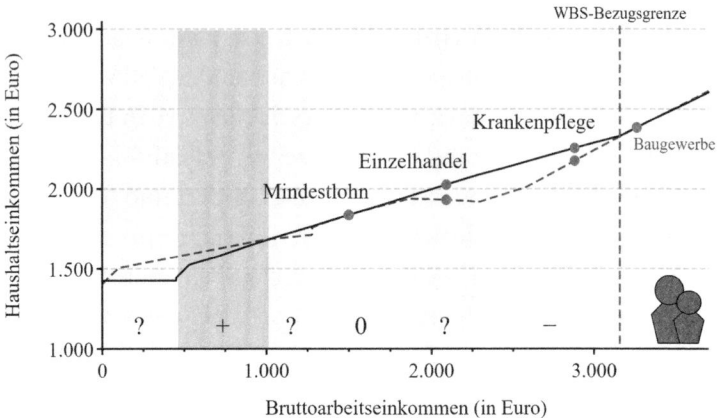

Der gestrichelte Verlauf ist aus Abbildung 3 übernommen. Er zeigt, wie sich das Einkommen im Status quo im günstigsten Fall entwickelt. Die durchgezogene Linie zeigt den Einkommensverlauf, der sich durch die neue Grundsicherung und das Zusammenspiel von RBS, KGS und WBS ergibt. In dem mit Plus gekennzeichneten dunkelgrauen Bereich steigt die Arbeitsbereitschaft, im mit Minus gekennzeichneten Bereich sinkt sie durch die Umstellung auf die neue Grundsicherungsarchitektur. Bei den mit Fragezeichen gekennzeichneten Bereichen ist die Auswirkung auf die Arbeitsbereitschaft unklar, in dem mit 0 bezeichneten Bereich hat die Umstellung keine (nennenswerte) Auswirkung.

Quelle: Eigene Berechnungen, Stand 2020.

Bei sozialversicherungspflichtigen Einkommen unter 1.000 Euro steigt ihre Arbeitsbereitschaft. Bei Einkommen bis 1.870 Euro ändert sich dann gegenüber der gegenwärtigen Kinderzuschlagsvariante nicht viel. Erst bei höheren Einkommen ab etwa 1.870 Euro zeigen sich die Vorteile der neuen Grundsicherung wieder deutlicher. Das ist der Bereich, in dem Wohngeld und Kinderförderung derzeit so schlecht aufeinander abgestimmt sind, dass Alleinerziehende mit jedem zusätzlich verdienten Euro weniger Geld ausgezahlt bekommen (siehe Kapitel 6). Die neue Grundsicherungsarchitektur beseitigt diese absurde Gesamtsituation. Alleinerziehende behalten durchgängig rund 30 Prozent ihres zusätzlichen Einkommens. Hier bietet die neue Grundsicherung alleinerziehenden Berufstätigen wirkliche Hilfe an.

Wenn zum Mindestlohn beschäftigte Alleinerziehende bereits durch die Kinderzuschlagsvariante gefördert werden, ändert sich für sie nicht viel. Beziehen sie hingegen ALG II, so profitieren sie von der Umstellung, da sich ihr verfügbares Einkommen automatisch erhöht (siehe die Erläuterungen zu Abbildung 3 in Kapitel 3). Wer im Einzelhandel Vollzeit arbeitet, verdient zukünftig fast 100 Euro netto mehr. Für sie ist der Anreiz, weniger zu arbeiten, deutlich geringer, als das heute der Fall ist. Wer im Einzelhandel seine Wochenarbeitszeit um vier Stunden verringern will, verliert im neuen System 73 Euro im Monat – nach den heute gültigen Regeln würde das verfügbare Einkommen dagegen sogar steigen.

Bei Beziehern höherer Einkommen wie zum Beispiel Krankenpflegern sieht das Kalkül etwas anders aus, da sie durch die höhere Förderung in einen Bereich mit höheren Abzügen kommen. Bis zur WBS-Bezugsgrenze bei rund 3.150 Euro wird es für sie daher attraktiver, sich mehr Zeit für ihre Kinder zu nehmen.

Oberhalb der WBS-Bezugsgrenze sind die Unterschiede dann nur noch minimal. Hier bekommen Alleinerziehende einzig wegen der unterschiedlichen steuerlichen Behandlung der Alleinerziehendenpauschale netto geringfügig mehr ausbezahlt (siehe Kapitel 6).[2]

Und bei Paaren mit Kindern? Die Anreizwirkungen der neuen Grundsicherung sind bei Ehepaaren mit zwei Kindern bis zu Einkommen von rund 1.000 Euro die gleichen wie bei Alleinstehenden und Alleinerziehenden (siehe Abbildung 17). Der entscheidende Unterschied zum aktuellen System der Grundsicherung zeigt sich erst bei höheren Einkommen. Die verfügbaren Einkommen sind dort durchgängig deutlich höher. Die Familie eines Mindestlohnbeschäftigten erhält 100 Euro mehr, die Familie eines Krankenpflegers bekommt 287 Euro mehr, die eines Bauarbeiters sogar über 400 Euro. Dazu kommen deutlich verbesserte Hinzuverdienstmöglichkeiten: Statt gerade einmal 5 von 100 Euro mit nach Hause zu nehmen, sichert die neue Grundsicherung hier den Haushalten mindestens 30 Prozent des zusätzlichen Arbeitseinkommens zu.

ABBILDUNG 17: Die neue Grundsicherung für Ehepaare mit 2 Kindern

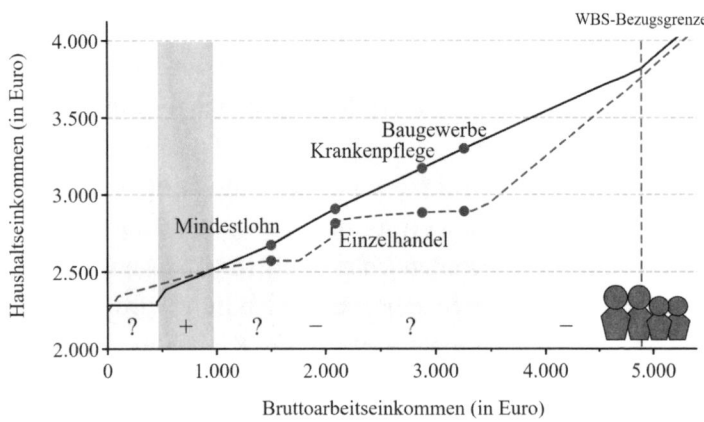

Der gestrichelte Verlauf ist aus Abbildung 3 übernommen. Er zeigt, wie sich das Einkommen im Status quo im günstigsten Fall entwickelt. Die durchgezogene Linie zeigt den Einkommensverlauf, der sich durch die neue Grundsicherung und das Zusammenspiel von RBS, KGS und WBS ergibt. In dem mit einem Plus gekennzeichneten dunkelgrauen Bereich steigt die Arbeitsbereitschaft, in mit einem Minus gekennzeichneten Bereichen sinkt sie durch die Umstellung auf die neue Grundsicherungsarchitektur. Bei den mit Fragezeichen gekennzeichneten Bereichen ist die Auswirkung auf die Arbeitsbereitschaft unklar.

Quelle: Eigene Berechnungen, Stand 2020.

Bessere Hinzuverdienstmöglichkeiten steigern im neuen Grundsicherungssystem die Bereitschaft, mehr zu arbeiten, höhere Einkommen senken sie. Dank der großzügigeren Kindergrundsicherung können Familien, die bereits für sich selbst gut sorgen können, nun freier und selbstbestimmter entscheiden, wie sie die Zeit zwischen Arbeit und Familie aufteilen. Für junge Familien wird es somit leichter, die Elternzeit auszudehnen oder die Kinder bis zur Schule intensiver zu begleiten. Die zusätzlichen Einkommen schaffen zudem mehr Möglichkeiten, sich finanziell etwas aufzubauen und sich zum Beispiel Wohneigentum anzuschaffen.

Diese Wahlfreiheiten sind beabsichtigt. Die neue Grundsicherung eliminiert das Sozialstaatsdilemma dort, wo es bislang am stärksten auftrat. Es versteht sich insofern als wichtiger Beitrag zur Vereinbarkeit von Beruf und Familie. Dabei stellt sie die persönlichen Interessen jeder einzelnen Familie in den Vordergrund und nicht die politisch eingeforderte unbedingte Verfügbarkeit für den Arbeitsmarkt. Unter dem Strich zeigt sich so: Familien mit Kindern sind die großen Gewinner der Umstellung.

MEHR NACHDRUCK – WENN NÖTIG

Die Streichung der Hinzuverdienste bei geringen Einkommen wird, wie gezeigt, bei Arbeitslosen und Minijobbern die Arbeitsbereitschaft nicht unbedingt steigern, denn sie müssen ihren gesamten Hinzuverdienst abgeben. Viele werden also möglicherweise lieber gar nicht mehr arbeiten, als sich eine sozialversicherungspflichtige Beschäftigung zu suchen. Das ließe sich vermeiden, indem man allen Leistungsbeziehern erlaubt, ab dem ersten Euro 30 Prozent des Arbeitseinkommens zu behalten. Alle bisherigen Leistungsbezieher bekämen dann 135 Euro im Monat mehr. Und an der WBS-Bezugsgrenze würden weitere Haushalte zusätzlich anspruchsberechtigt. Das allerdings verteuert die Grundsicherung:

Bei 3,2 Millionen anspruchsberechtigten Bedarfsgemeinschaften betrügen die Mehrkosten bereits fünf Milliarden Euro im Jahr.

Diese Mehrkosten lassen sich vermeiden, indem man die Auszahlungen von Regel- und Wohnbedarfssicherung verstärkt an die Bereitschaft zur Gegenleistung knüpft, also den Aspekt des Forderns weiter verstärkt. Wer sich weigert, eine zumutbare Arbeit anzunehmen, etwa im Rahmen öffentlicher Arbeitsbeschaffungsmaßnahmen wie den Ein-Euro-Jobs,[3] verliert seinen Anspruch auf Hilfe.

Die neue Grundsicherung sollte daher wieder verstärkt auf die bereits bestehende Mitwirkungspflicht[4] zurückgreifen. Allerdings nicht generell bei allen Leistungsbeziehern, sondern nur in begründeten Einzelfällen. Es geht nicht darum, Leistungsbezieher unter Generalverdacht zu stellen und ihnen pauschal zu unterstellen, nicht arbeiten zu wollen. Diejenigen aber, die schwarzarbeiten oder sich von der Bedarfssicherung ihre Freizeit finanzieren lassen, sollten zu einer Entscheidung gezwungen werden: Entweder nehmen sie eine passende Arbeit an oder arbeiten als Gegenleistung für die staatliche Unterstützung in einem Ein-Euro-Job. Lehnen sie beide Optionen ab, brauchen sie offenkundig keine staatliche Fürsorge.

NICHTSTUN WIRD TEURER

Die Forderung, im Gegenzug für Leistungsempfang in einem Ein-Euro-Job zu arbeiten, könnte man auch als eine Art von Steuer begreifen: eine Zeitsteuer auf unbegründetes Nichtstun.[5] Grundsätzlich geht es darum, Leistungsbezieher, die sich arbeitslos melden und Arbeit suchen, dazu zu bringen, im Rahmen ihrer Möglichkeiten für ihren eigenen Bedarf zu sorgen. Wer keine Arbeitsstelle findet oder aus gesundheitlichen oder sozialen Gründen nicht arbeiten kann, hat selbstverständlich weiterhin Anspruch auf Regelbedarfssicherung. Um sie geht es hier nicht. Die Betonung liegt auf »unbegründet«: Nur wer eine ihm angebotene zumutbare Arbeit ohne stichhaltigen Grund ablehnt, verwirkt seinen Anspruch auf Hilfe ohne Gegenleistung. So lässt sich die Regelbedarfssicherung auf diejenigen konzentrieren, die auf solidarische Fürsorge angewiesen und dennoch bereit sind, im Rahmen ihrer Möglichkeiten ihren eigenen Beitrag zu leisten. Wer arbeiten will, aber nicht kann, der kann auf die Solidarität des Sozialstaates zählen. Umgekehrt gilt aber zugleich, dass, wer arbeiten kann, aber nicht will, nicht mit Solidarität rechnen kann.[6]

Doch wie lässt sich feststellen, ob jemand ernsthaft arbeiten will? Sind keine offenen Stellen da, ist es kaum möglich, nachzuweisen, dass sich jemand nicht ernsthaft um Arbeit kümmert. Welchen Sinn hat es dann, Mitwirkung mit Nachdruck einzufordern? Keine! Die Entsendung in einen Ein-Euro-Job würde in dieser Situation zu Recht als Gängelung empfunden. Anders sieht es aber aus, wenn es in der Region viele offene Stellen für einfache Tätigkeiten gibt und überall in den Geschäften, Cafés und Restaurants händeringend Aushilfskräfte gesucht werden. Dann wird es für Arbeitsunwillige schwerer, glaubhaft zu machen, dass sie keine Arbeit finden können. In solchen Fällen muss das Jobcenter Betroffene auffordern können, in eine Vollzeitmaßnahme zur Aus- oder Fortbildung oder Umschulung zu gehen (dies bietet sich insbesondere bei Jugendlichen an) oder einen Ein-Euro-Job mit einer wöchentlichen Arbeitszeit von mindestens 30 Stunden anzunehmen.

Das stellt gerade Schwarzarbeiter vor ein Problem – und genau das ist beabsichtigt. Sie müssen sich entscheiden: Entweder arbeiten sie für die Allgemeinheit im Rahmen eines Ein-Euro-Jobs, was ihnen deutlich weniger Zeit für Arbeiten am Fiskus vorbei lässt, und erhalten dafür zusätzlich zur Regelbedarfssicherung eine geringe Aufwandsentschädigung von 1 bis 2 Euro je Arbeitsstunde.[7] Oder, wenn sie weiterhin in vollem Umfang schwarzarbeiten wollen, verlieren sie ihre Ansprüche auf Regelbedarfs- und Teile der Wohnbedarfssicherung und müssten sich durch ihre Schwarzarbeit komplett selbst finanzieren. In beiden Fällen senkt es den Anreiz für steuerfreien Verdienst deutlich.

Mit so einem Vorgehen hat man bereits gute Erfahrungen gemacht. In den 1990er Jahren stellte die Stadt Leipzig alle Sozialhilfeempfänger vor die Entscheidung, entweder in einer kommunalen Beschäftigungsgesellschaft zu arbeiten, um weiterhin Sozialhilfe zu beziehen, oder aber ganz auf Sozialhilfe zu verzichten. Ein Drittel der Langzeitarbeitslosen verzichtete damals auf die städtische Arbeit und damit auch auf Sozialhilfe. Alle anderen nahmen das Arbeitsangebot hingegen an, oftmals dankbar, endlich wieder eine Beschäftigung gefunden zu haben.[8]

MITWIRKUNG EINFORDERN – SOLIDARITÄT IST KEINE EINBAHNSTRAßE

Eine Gegenleistung einzufordern hat nichts mit Sanktionen zu tun! Grundsicherung ist ein Versprechen auf gegenseitige Hilfe, wenn Not eintritt, ein Versprechen, auf das man sich verlassen können muss: Wir helfen einander gerne, wenn wir wissen, dass jeder Einzelne alles daransetzt, seine Lage selbst zu verbessern. Menschen, die arbeiten könnten, einfach nur Geld in die Hand zu drücken, ist einseitige Solidarität, die leicht ausgenutzt werden kann. Das lässt sich verhindern, wenn man auf einer Gegenleistung besteht. Damit beschneidet man, anders als mit finanziellen Sanktionen, nicht das soziokulturelle Existenzminimum. Man fordert vielmehr von Hilfeempfängern Zeit ein. Wer nicht bereit ist, auf seine Freizeit oder auf Schwarzarbeit zu verzichten, der benötigt auch unsere Unterstützung nicht.

Manche mögen einwenden, man könne niemandem die gesamten Förderleistungen kürzen. Das sei unverhältnismäßig, wie das Bundesverfassungsgericht in dem bereits erwähnten Urteil vom November 2019 festgestellt hat. Finanzielle Sanktionen sind gemäß dieser Entscheidung bei Leistungsverweigerungen auf maximal 30 Prozent des Regelsatzes begrenzt.[9] Das ist richtig. Allerdings gilt diese Beschränkung nicht für den Fall, dass sich jemand weigert, eine öffentliche, zumutbare Arbeit anzunehmen.

Leistungsbezieher, die einen zumutbaren Ein-Euro-Job angeboten bekommen, haben es selbst in der Hand, ihr soziokulturelles Existenzminimum zu sichern. Das ist für das Bundesverfassungsgericht mit einer Situation vergleichbar, in der keine Bedürftigkeit vorliegt. Und für diesen Fall ist das Bundesverfassungsgerichtsurteil ebenfalls sehr eindeutig:

> »Wird eine solche tatsächlich existenzsichernde und … zumutbare Erwerbstätigkeit ohne wichtigen Grund … willentlich verweigert, obwohl im Verfahren die Möglichkeit bestand, dazu auch etwaige Besonderheiten der persönlichen Situation vorzubringen, die einer Arbeitsaufnahme bei objektiver Betrachtung entgegenstehen könnten, ist daher ein vollständiger Leistungsentzug zu rechtfertigen.«[10]

Das Bundesverfassungsgerichtsurteil hat die Möglichkeiten des Staates, die Mitwirkung Betroffener einzufordern, nicht eingeschränkt. Es verlangt nur, dass der Druck verhältnismäßig sein muss. Zumutbare Arbeit einzufordern ist im Rahmen der Grundsicherung immer eine verhältnismäßige Maßnahme, umso mehr, wenn man den Einsatz von Arbeitsmaßnahmen auf Regionen und Zeiten mit guten Arbeitsmarktchancen für Betroffene beschränkt.

SOLIDARITÄT IM KLEINEN, HILFE FÜR VIELE

Also: Diejenigen, die mehr arbeiten wollen, will die neue Grundsicherung gezielter fördern. Diejenigen, die mehr arbeiten könnten, aber nicht wollen, sollen zur Mitwirkung verpflichtet werden. Was aber wird aus denen, die nicht mehr arbeiten können, weil sie keine Chance auf eine reguläre Arbeit haben oder aus gesundheitlichen, familiären oder sozialen Gründen nur eingeschränkt arbeitsfähig sind? Egal, ob sie in der Folge einer Umstellung auf die neue Grundsicherungsarchitektur weiterarbeiten oder aufhören zu arbeiten, sie verlieren ihren bisherigen Hinzuverdienst. Werden sie zu Verlierern der Umstellung? Nicht, wenn wir es richtig anstellen.

SOLIDARISCH AUFSTOCKEN: JEDER IM RAHMEN SEINER MÖGLICHKEITEN

Bei all denen, die zwar bereit wären, mehr zu arbeiten, es aber aus verschiedenen Gründen schlichtweg nicht können, greift das Prinzip des Forderns und Förderns nicht. Hier geht es vielmehr um die Frage, inwieweit ihnen wie bisher die Möglichkeit eingeräumt werden kann, ihre Fürsorgeansprüche etwas aufzustocken. Jeder arbeitslose RBS-Leistungsbezieher, der schwer vermittelbar oder nur eingeschränkt arbeitsfähig ist, bekommt deshalb die Möglichkeit, seine Grundsicherungsleistungen um bis zu 200 Euro monatlich durch ehrenamtliche Arbeit aufzustocken – abzugsfrei.[11]

Vorbilder für staatlich organisierte ehrenamtliche Tätigkeit gibt es viele. So wurden bis zur Abschaffung des Wehrdienstes 2011 im Rahmen des Zivildienstes viele gemeinnützige Arbeitsstellen geschaffen. Daran schloss sich direkt die Arbeit des Bundesfreiwilligendienstes an, in dem jedes Jahr 35.000 Freiwillige in sozialen, ökologischen, kulturellen und sportlichen Einrichtungen, aber auch in der Flüchtlingshilfe oder dem Katastrophenschutz gemeinnützige Arbeit leisten.[12] Diese Strukturen können genutzt werden, um zusätzliche Gelegenheiten für RBS-Bezieher zu schaffen, sich ehrenamtlich etwas hinzuzuverdienen.

Das Ziel dieses »solidarischen Aufstockens«[13] ist es nicht, Menschen in Arbeit zu bringen. Es geht vielmehr darum, ihnen die Möglichkeit zu geben, sich durch eigenes Engagement etwas hinzuzuverdienen und ihnen dadurch mehr soziale Teilhabe zu ermöglichen. Da diese Tätigkeiten vollkommen freiwillig sind und sich als zusätzliches Angebot des Sozialstaats verstehen, kann die Entlohnung unterhalb des Mindestlohns liegen. Sie sollte es sogar, damit mit diesen Tätigkeiten die neuen Hinzuverdienstmöglichkeiten nicht unterlaufen werden. So könnte beispielsweise eine ehrenamtliche und damit abzugsfreie Vergütung in Höhe von monatlich 200 Euro an eine regelmäßige wöchentliche Arbeitszeit von 10 bis 15 Stunden pro Woche gekoppelt werden. Ebenso könnte solidarisches Aufstocken auch auf Um- und Fortbildungsmaßnahmen übertragen werden.

Die Jobcenter garantieren allen Berechtigten, die keine Arbeit finden und deshalb eine ehrenamtliche Tätigkeit suchen, die Möglichkeit, im Rahmen des solidarischen Aufstockens ihr Haushaltseinkommen aufzubessern. Die Initiative geht dabei ausschließlich vom Leistungsbezieher aus. Er allein entscheidet, ob er mit den staatlichen Fürsorgeleistungen zurechtkommt oder ob er sein Haushaltseinkommen aufstocken will. Möchte er mehr Geld, verlangt die Solidargemeinschaft von ihm eine Eigenbeteiligung. Dahinter steht kein Zwang, sondern ein zusätzliches Angebot des Sozialstaates zu helfen.

In gewisser Weise knüpft das solidarische Aufstocken an das Motto des Förderns und Forderns an, wenn auch nur in abgeschwächter Form. Es gesteht allen Berechtigten, die besonders stark auf dem Arbeitsmarkt benachteiligt sind, neben einer elementaren Grundsicherung die Möglichkeit zu, ihr Einkommen durch eine solidarische Gegenleistung aufzubessern. So gesehen ergänzt das solidarische Aufstocken die neue Grundsicherungsarchitektur und bietet jenen, die durch die Umstellung verlieren könnten, die Möglichkeit, den Verlust mehr als nur auszugleichen. Außerdem stärkt das solidarische Aufstocken den Solidaritätsgedanken in dem Maße, wie sich die gesellschaftliche Anerkennung, die bisherige Freiwilligendienste wie etwa das soziale Jahr genießen, auf diejenigen überträgt, die im Rahmen des solidarischen Aufstockens ehrenamtlich arbeiten.

Noch einmal: Die neue Grundsicherung setzt auf mehr Fordern bei denen, die nicht arbeiten wollen, und fördert zugleich diejenigen viel stärker, die auf eigenen Beinen zu stehen versuchen. Wer mehr Eigenleistung erbringen will, dem werden weniger Steine in den Weg gelegt, er kann einen größeren Teil seines Arbeitsverdienstes behalten als im aktuellen System. Dabei ist es egal, wie viele Kinder man hat oder ob man in einer Region mit hohen Mieten wohnt. Die Leistungsanreize sind für alle gleich. Die Vergleiche in den Abbildungen 15 bis 17 belegen zudem, dass die neue Grundsicherungsarchitektur gleichmäßiger fördert. Sie ist unabhängig vom Haushaltstyp und unterscheidet sich so von dem diffusen Bild, welches das aktuelle System abgibt.

STIGMATISIERUNG VERHINDERN

Ich habe mich in meinem Vorschlag darauf festgelegt, die Abzüge, die auf Hinzuverdienste fällig werden, durchgängig auf etwa 30 Prozent zu beschränken. Das ist deutlich mehr als bei den aktuellen Regelungen (10 bis 20 Prozent) und verbessert damit die Anreize zu mehr Selbsthilfe. Warum aber nicht 35 oder 40 Prozent? Tatsächlich zeigen sich Vorschläge des ifo Instituts oder des IAB deutlich großzügiger (siehe Kapitel 6). Sie sehen für höhere Einkommen vor, dass Haushalte durchgängig 40 Prozent des zusätzlichen Einkommens behalten dürfen. Diese Großzügigkeit hat aber ihren Preis. Denn wir dürfen nicht vergessen: Je mehr vom Zuverdienst behalten werden darf, desto länger dauert es, bis ein Einkommen jenseits der Leistungsgrenze erreicht ist. Damit würden auch viele Haushalte mit höheren Einkommen zu ALG-II-Beziehern. Alleinerziehende in einer Vollzeitbeschäftigung würden erst ab Stundenlöhnen von über 30 Euro aus dem ALG-II-Leistungsbezug fallen. Ehepaare, bei denen einer ganztags und der andere halbtags arbeitet, wären bei durchschnittlichen Stundenlöhnen bis 25 Euro noch ALG-II-Empfänger. Dadurch würden viele Normalverdiener unter die »Schwelle gesellschaftlicher Respektabilität«[14] fallen und Gefahr laufen, zu Menschen zu werden, »mit denen die ›Leistungsträger‹ der Gesellschaft nichts mehr zu tun haben wollen.«[15]

Das ifo Institut will der Gefahr einer zunehmenden Stigmatisierung größerer Bevölkerungsteile durch eine Zusammenführung der Daten der verschiedenen Förderstellen begegnen. Das würde eine automatische Auszahlung der Ansprüche an alle Berechtigten erlauben und den Betroffenen den vermeintlich unwürdigen Gang zum Jobcenter ersparen.[16] Ob aber eine automatische Auszahlung allein ausreicht, um aus ALG II eine allgemein anerkannte, nicht stigmatisierende Leistung wie Kindergeld oder Elterngeld zu machen, muss bezweifelt werden.

Die neue Grundsicherungsarchitektur vermeidet die Stigmatisierung durch eine Entkoppelung der verschiedenen Bedarfssicherungssysteme. Am vehementesten tritt sie einer Stigmatisierung der Leistungsempfänger dadurch entgegen, dass mit der neuen Kindergrundsicherung eine Leistung, die allen Haushalten mit Kindern zusteht, zu einem Teil der Grundsicherung wird. Diese Leistung stigmatisiert die Empfänger ebensowenig wie das Kindergeld. So entfällt innerhalb der neuen Grundsicherung für alle, die bisher nur wegen der Kinder Leistungen in Anspruch nehmen, die als stigmatisierend empfundene Bedürftigkeitsprüfung. Hinzu kommt, dass die neue Wohnbedarfssicherung ebenfalls eine eigenständige Leistung ist, die nur vom Einkommen und der Haushaltsgröße abhängt. Sie wird nicht wie die Wohnkostenübernahme im ALG II als stigmatisierend empfunden, sondern wirkt ähnlich wie ein Freibetrag bei der Einkommensteuer. So bleibt nur die Regelbedarfssicherung, die potenziell stigmatisierend wirken könnte, da sie weitgehend dem bisherigen ALG-II-Bezug für Erwachsene entspricht.

KEINE ENTMÜNDIGUNG, SONDERN MEHR POLITISCHE TEILHABE

Wichtig ist zudem, dass die Abzüge in der neuen Grundsicherung nicht konstant sind. Darin unterscheidet sie sich fundamental vom bisherigen System und den verschiedenen oben genannten Reformvorschlägen. Die Höhe der Abzüge hängt nicht nur von den Regelungen der drei Grundpfeiler ab, sondern auch von den Beitragssätzen der Arbeitnehmer zu den Sozialversicherungen und dem geltenden Steuertarif. Änderungen bei den Sozialversicherungsbeiträgen oder beim Steuerfreibetrag ändern damit immer die Gesamthöhe der Abzüge, die sogenannte Transferentzugsrate.

Ist das zu kompliziert? Nein, es ist notwendig. Durch eine fixe Transferentzugsrate ist man weder in den Sozialversicherungen ein gleichwertiger Beitragszahler, noch wird man als Steuerbürger so behandelt wie alle Nicht-Transferbezieher. Einen ALG-II-Bezieher betrifft es nicht, wenn die Krankenkassen wegen immer höherer Ausgaben die Beiträge erhöhen müssen. Wenn er arbeitet, zahlt er zwar auch die höheren Beiträge, doch das ergänzende ALG II wird im gleichen Umfang hochgesetzt und das Jobcenter übernimmt die Beitragserhöhung. Ebensowenig kümmern ihn die fortwährenden Debatten um zukünftige Erhöhungen der Rentenversicherungsbeiträge, denn auch in diesem Fall steht das Jobcenter für alle Beitragserhöhungen ein. ALG-II-Bezieher werden gleichsam in einem sozialen Schutzraum vor allen anderen gesellschafts- und wirtschaftspolitischen Herausforderungen abgeschirmt. Ein mündiger Bürger sieht anders aus.

Aus dem gleichen Grund ist es wichtig, dass die Hinzuverdienstmöglichkeiten nicht durch einen festgesetzten Prozentsatz festgeschrieben werden. Tun wir dies, sondern wir die Bezieher von Grundsicherungsleistungen aus allen anderen Solidargemeinschaften aus. So wird der gut gemeinte Wunsch, sich bei den Hinzuverdiensten möglichst großzügig zu zeigen, zur Gefahr für den gesellschaftlichen Zusammenhalt. Als vermeintlich größere Fürsorge des Staates verpackt, führt dies für die Betroffenen zu einer weitreichenden (politischen) Entmündigung. Die Sozialpolitik ist ihnen dann keine Rechenschaft mehr schuldig, denn sie müssen die Kosten für diese Politik ja nicht aufbringen. Ihnen als Wähler muss man nicht (mehr) erklären, warum die Gesundheitskosten nicht eingedämmt werden können oder warum es nicht gelingt, unser Rentensystem zu stabilisieren. In der Folge verlieren sie so immer mehr das Interesse daran, zu erfahren, wie gut oder schlecht die Sozialversicherungen funktionieren, da sie weder von Kostensenkungen profitieren noch von Beitragserhöhungen betroffen sind.

Auch als Steuerzahler werden sie anders behandelt. Bei Leistungsbeziehern setzt eine fixe Transferentzugsrate den Steuertarif außer Kraft. Steuersenkungen gehen so vollständig an ALG-II-Beziehern vorbei. Für sie ist es egal, ob der Solidaritätszuschlag wie geplant abgeschafft oder wegen der Corona-Krise verlängert wird, ob steuerliche Freibeträge erhöht werden oder ob es zu einer Reform des Ehegattensplittings kommt. Formal zahlen sie zwar Steuern wie jeder andere auch. Die Rechnung reichen sie aber an das Jobcenter weiter. Steigen die Steuern, steigen im gleichen Umfang die ergänzenden ALG-II-Leistungen.

Das ist mit dem Prinzip politischer Rechenschaftspflicht in einer demokratischen Gesellschaft nicht vereinbar. Fixe Transferentzugsraten führen dazu, dass ein (bedeutsamer) Teil der Bevölkerung bei wichtigen sozial- und wirtschaftspolitischen Entscheidungen ausgeschlossen wird. Je niedriger die fixen Transferentzugsraten sind, desto mehr Menschen sind davon betroffen. Würden wir also den Vorschlägen von ifo oder IAB folgen, wäre ein bedeutender Anteil der Arbeitnehmerhaushalte damit aus ihrer demokratischen Mitverantwortung entlassen.

Demgegenüber sichert die neue Grundsicherungsarchitektur allen Leistungsbeziehern mit Ausnahme der Empfänger der Regelbedarfssicherung die volle Teilhabe an den Sozialversicherungssystemen ebenso zu wie die Teilhabe als Steuerzahler. Sie profitieren wie alle anderen von Beitragssenkungen oder der Abschaffung des Solidaritätszuschlags und müssen wie alle ihren Beitrag dazu leisten, durch höhere Rentenversicherungsbeiträge die Altersrenten zu stabilisieren. Sie werden auch herangezogen, wenn wir in den folgenden Jahren die finanziellen Folgen der Corona-Krise meistern müssen. Auch das stärkt die Eigenverantwortung des Einzelnen und fördert den gesellschaftlichen Zusammenhalt.

GUTE JOBS – SCHLECHTE JOBS

In den Abbildungen 15 bis 17 habe ich jene Bereiche deutlich gemacht, in denen Fördern und Fordern Hand in Hand gehen und so klare Anreize setzen, mehr zu arbeiten. Genauso sind aber auch jene Bereiche erkennbar, in denen Fördern und Fordern in unterschiedliche Richtungen streben. Ohne die oben erörterten weitergehenden Maßnahmen bleibt daher zunächst einmal unklar, wie die Umstellung auf das neue Grundsicherungssystem die Arbeitsbereitschaft am Ende beeinflusst.

Wie also wirkt das neue System auf die Beschäftigung in den einzelnen Einkommensbereichen und bei den einzelnen Haushaltstypen? Mithilfe gesamtwirtschaftlicher Modelle lässt sich simulieren, in welcher Größenordnung die zu erwartenden Verhaltensanpassungen liegen werden (siehe Tabelle 6).

nach Haushaltszusammensetzung	Arbeitsstunden	Arbeitsmarktpartizipation
	Veränderung in Prozent	
Alleinstehende	+ 0,59	+ 0,24
Alleinerziehende mit einem Kind	+ 0,58	+ 0,01
Paare mit mehr als einem Kind	− 0,78	− 0,63
nach ursprünglichem Einkommen		
Geringverdiener (1. Dezil)	+ 2,12	+ 0,46
Geringverdiener (2. Dezil)	+ 0,44	+ 0,13
Normalverdiener (3. bis 8. Dezil)	− 0,28	− 0,25
Besserverdiener (9. Bis 10. Dezil)	− 0,17	− 0,12
Insgesamt	+ 0,00	− 0,11

TABELLE 6: Beschäftigungseffekte der neuen Grundsicherungsarchitektur

Die Simulationsrechnungen wurden mithilfe des STSM-Simulationsprogramms durchgeführt, siehe Steiner und andere (2012).

Quelle: Schöb (2020, Tabelle 2).

Die Simulationen bestätigen, was nach der Diskussion der Abbildungen 15 bis 17 zu erwarten ist: Alleinstehende werden im Durchschnitt mehr arbeiten. Bei ihnen steigt sowohl die Bereitschaft, mehr zu arbeiten (»Arbeitsstunden«), als auch die Bereitschaft, Arbeit neu aufzunehmen (»Arbeitsmarktpartizipation«). Diese Schätzungen berücksichtigen jedoch nicht den Effekt des zusätzlichen Forderns bei denjenigen, die nach der Umstellung nicht mehr arbeiten wollen (wie im Abschnitt »Mehr Nachdruck – wenn nötig« besprochen). In dem Maße, wie Mitwirkung durch weitergehende Maßnahmen stärker eingefordert wird, erhöht sich die Arbeitsbereitschaft, und entsprechend größer wird der Beschäftigungseffekt ausfallen.

Auch Alleinerziehende werden tendenziell mehr arbeiten und damit mehr finanzielle Verantwortung für sich und ihre Kinder übernehmen. Das vormalige Sozialstaatsdilemma aufgrund des Drei-Klassen-Fördersystems wird weitgehend entschärft. Der positive Effekt wird durch die verbesserten Hinzuverdienstmöglichkeiten befördert. Die großzügigere Unterstützung für Vollzeitbeschäftigte dämpft den Beschäftigungseffekt etwas ab. Das ist aber kein Anzeichen mangelnder Bereitschaft, Eigenverantwortung zu übernehmen, sondern zeigt vielmehr, dass berufstätige Alleinerziehende bereit sind, sich mehr Zeit für die Kinder zu nehmen, wenn sie finanziell die Möglichkeit dazu haben.

Beim dritten Haushaltstyp schließlich, Ehepaaren mit Kindern, schlagen die höheren Einkommen durch. Die großzügigere Kinderförderung für Beschäftigte wird von ihnen genutzt, um weniger zu arbeiten und mehr Zeit für die Familie zu haben. Das ist im aktuellen System mit deutlich niedrigeren verfügbaren Haushaltseinkommen nicht in gleichem Maße möglich. Bei Ehepaaren sind einige Zweitverdiener sogar bereit, ihre Arbeit – meist im Rahmen eines Minijobs – ganz aufzugeben.

In der Summe erhöht sich in den Simulationen bei den einkommensschwächsten 10 Prozent aller Haushalte die Bereitschaft zu arbeiten. Ebenso, wenn auch nicht mehr ganz so stark, bei den nächsten 10 Prozent der Einkommensverteilung. Auch hier wirkt sich die Umstellung der Hinzuverdienstmöglichkeiten positiv aus: Gute sozialversicherungspflichtige Jobs werden attraktiver, Minijobs verschwinden. Bei den Normalverdienern und in geringerem Umfange auch noch bei den Besserverdienern nimmt die Arbeitsbereitschaft hingegen leicht ab, hauptsächlich, weil Haushalte mit mehreren Kindern sehr stark von der Kindergrundsicherung profitieren.

Die Berechnungen der Simulationen gehen davon aus, dass, wer Arbeit sucht, auch Arbeit findet. Das allerdings ist für viele Leistungsbezieher, insbesondere für die Geringqualifizierten unter ihnen, nicht immer so leicht: Minijobber und hohe Mindestlöhne versperren ihnen den Weg zu guten Jobs. Was also tun?

MINIJOBS ABSCHAFFEN!

Zur Erinnerung: Minijobs schaffen zusätzliche abgabenfreie Einkommen für rund drei Millionen Menschen, die bereits eine sozialversicherungspflichtige Beschäftigung haben, und für weitere zwei Millionen Zweitverdiener aus Haushalten mit in der Regel gutem Verdienst. Da Nebenberufler und Zweitverdiener das gesamte Minijobeinkommen ohne Abzüge behalten können, sind diese Minijobs damit nichts anderes als eine staatlich subventionierte Beschäftigung.

Die neue Grundsicherungsarchitektur streicht Leistungsbeziehern mit Minijobs aus gutem Grund jegliche Hinzuverdienstmöglichkeiten. Doch Solidarität ist in der neuen Grundsicherung keine Einbahnstraße. Wenn von Grundsicherungsbeziehern eine höhere Leistungsbereitschaft erwartet wird, dann muss man ihnen im Gegenzug auch den Zugang zum Arbeitsmarkt erleichtern. Ein erster notwendiger Schritt dazu ist die Abschaffung der vergünstigten Minijobs für Nebenberufler. Wer einen Zweitjob möchte, soll dafür zukünftig die gleichen Abgaben zahlen wie für seine Haupttätigkeit. Statt 450 Euro mit nach Hause zu nehmen, sind es dann vielleicht nur noch 250 Euro, zuzüglich geringfügig höherer Rentenansprüche aufgrund der zusätzlich gezahlten Rentenversicherungsbeiträge.

Auch für Zweitverdiener sollten die Sonderregelungen abgeschafft werden. Sie zahlen keine Sozialversicherungsbeiträge, sind aber über den Partner in vollem Umfang sozialversichert und müssen auch keine Steuern abführen. Übrig bleiben dann nur noch Rentner, Schüler und Studenten. Für Schüler und Studenten hätte eine Abschaffung der Minijobs im Grunde keine Auswirkungen, da sie ohnehin keine Steuern zahlen und für sie Sonderregelungen in der Sozialversicherung gelten. Bei Rentnern wären die finanziellen Folgen ebenfalls überschaubar, denn sie verlieren wegen der für sie deutlich geringeren Sozialversicherungsbeiträge, die sie bei einer Abschaffung der Minijobs zu zahlen hätten, nur rund 60 Euro. Allerdings müssten sie gegebenenfalls Steuern auf ihr Zusatzeinkommen zahlen.

Die Abschaffung der Sonderbehandlung von Minijobs schafft keine zusätzlichen Arbeitsplätze. Sie verringert jedoch die Bereitschaft von Normalverdienern, einen zusätzlichen Minijob anzunehmen, und – das ist entscheidend – beseitigt damit die Benachteiligung der Bezieher von Grundsicherungsleistungen. Denn die werden bei der Jobsuche konkurrenzfähiger, und genau das ist der Sinn der Sache.

EIN STARKER SOZIALSTAAT BRAUCHT KEINE MINDESTLÖHNE

Auch der Mindestlohn erhöht die Einstiegshürden in den Arbeitsmarkt und verringert damit die Chancen zur Selbsthilfe. In konjunkturell guten Zeiten mag das zu verschmerzen sein. Problematisch wird es, wenn die Forderungen nach immer höheren Mindestlöhnen dazu führen, dass Unternehmen keine neuen Arbeitsplätze mehr schaffen oder im Abschwung verstärkt Arbeitsplätze abbauen. Um das zu verhindern, hat die Politik zwei Optionen.

Mindestlohnanpassungen müssen flexibler gehandhabt werden und die Entwicklung auf dem Arbeitsmarkt mitberücksichtigen. Das ist problemlos möglich: Wenn die Grundsicherung stark ist, braucht es keinen Mindestlohn, um für bedarfsgerechte Einkommen zu sorgen. Deshalb sollte man bei der Festsetzung des Mindestlohns stärker auf die damit verbundene Gefährdung von Arbeitsplätzen achten. Der Verlust an Arbeitsplätzen lässt sich begrenzen, wenn bei einem Anstieg der Arbeitslosigkeit unter den Geringqualifizierten die Mindestlohnerhöhung moderater ausfällt. Lohnzurückhaltung wirkt in Zeiten hoher Arbeitslosigkeit dann wie eine zusätzliche Versicherung. Je weniger stark die Arbeitskosten durch den Mindestlohn ansteigen, desto sicherer werden die Arbeitsplätze für Grundsicherungsbezieher.

Die finanziellen Folgen der Lohnzurückhaltung werden durch die Grundsicherung solidarisch geschultert. Sie trifft die Betroffenen daher nur zu einem kleineren Teil. Da Leistungsbezieher von ihrem Bruttolohn nur 30 Prozent behalten dürfen, sind sie auch von einer Lohnzurückhaltung nur zu 30 Prozent betroffen. Die anderen 70 Prozent übernimmt die Solidargemeinschaft durch entsprechend höhere Transfers. So wenig, wie die Betroffenen von Mindestlohnerhöhungen profitieren,[17] so wenig werden sie durch einen Verzicht auf überzogene Mindestlohnanhebungen belastet.

Sind moderatere Mindestlohnerhöhungen nicht durchzusetzen, lässt sich die Lastenverteilung auch durch die Einführung arbeitgeberseitiger Lohnsubventionen erreichen. Sie verhindern, dass eine Erhöhung der Bruttolöhne voll auf die Lohnkosten der Unternehmer durchschlägt und dadurch Arbeitsplätze gefährdet. Die Kosten für die Lohnsubventionen zahlt der Steuerzahler, der über diesen Umweg die Einkommen der Betroffenen aufstockt.

Diesen Weg hat Frankreich eingeschlagen. Der französische Mindestlohn SMIC (*salaire national minimum interprofessionnel de croissance*) liegt 2020 bei 10,15 Euro pro Stunde und damit über dem in Deutschland. Davon bekommt der französische Arbeitgeber derzeit jedoch rund 2,64 Euro pro Arbeitsstunde vom Staat erstattet. Das wird sehr schnell sehr teuer. Frankreich zahlt für die Subvention seines Mindestlohns jährlich über 20 Milliarden Euro.[18] Das ist wesentlich mehr als das, was die neue solidarische Grundsicherung insgesamt kostet. Zu diesen Kosten komme ich jetzt.

Wer vollständig auf Fürsorgeleistungen für sich und seine Familie angewiesen ist, stellt sich in der neuen Grundsicherung gegenüber dem Status quo nicht schlechter. Geringfügig Beschäftigte verlieren, Vollzeitbeschäftigte profitieren. Familien, in denen mindestens ein Elternteil sozialversicherungspflichtig beschäftigt ist, können auf zum Teil recht deutliche Einkommenszuwächse hoffen. Die neue Grundsicherungsarchitektur verteilt damit in erheblichem Maße Einkommen um.

	Status quo	Neue Grund-sicherungs-architektur	Aufkommens-änderung
		in Milliarden Euro/Jahr	
Wohngeld	6,71		+ 6,71
ALG II (einschließlich Wohnkosten)	33,02		+ 33,02
Kinderzuschlag + Kindergeld + anteiliges Wohngeld	37,99		+ 37,99
Regelbedarfssicherung		11,00	– 11,00
Kindergrundsicherung		59,13	– 59,13
Wohnbedarfssicherung		25,02	– 25,02
Sonstige Sozialleistungen			– 0,83
Änderung der Gesamtausgaben		– 18,26	
Beiträge zur Sozialversicherung	507,44	507,35	– 0,09
Einkommensteuer, einschließlich Soli	323,47	338,75	+ 15,28
Sonstige Steuern			+ 0,01
Änderung der Einnahmen		+ 15,20	
Aufkommensänderung			– 3,06

TABELLE 7: Die Kosten der neuen Grundsicherungsarchitektur

Quelle: Schöb (2020), Stand 2020.

Das kostet die Steuerzahler, wie Simulationsrechnungen zeigen, jährlich rund 3 Milliarden Euro (siehe Tabelle 7). Das ist angesichts der weitreichenden Umverteilung, die sich in den einzelnen Ausgabenposten zeigt, nicht sehr viel. So übersteigen die Ausgaben für die drei neuen Grundpfeiler die bisherigen Ausgaben für ALG II, Wohngeld, Kinderzuschlag, Kindergeld und Kinderfreibetrag um rund 18,3 Milliarden Euro. Das ist das Geld, das zwischen den Haushalten erst einmal umgeschichtet wird. Diese Summe überschätzt aber das Ausmaß der Umverteilung gewaltig. Denn die knapp 60 Milliarden Euro, die zunächst einmal an Kindergrundsicherung ausbezahlt werden, sind ja zu versteuern. 15,3 Milliarden Euro der Kindergrundsicherung fließen so über die Einkommensteuer wieder zurück in den öffentlichen Haushalt.

Die Simulationsrechnungen geben einen ersten Eindruck davon, in welcher Größenordnung die Kosten der Reform liegen werden. Diese Kosten könnten steigen, wenn, wie man erwarten darf, die Inanspruchnahme bei der Wohnbedarfssicherung deutlich höher sein wird als die Inanspruchnahme von ALG II und Wohngeld. Das wäre zwar für Finanzpolitiker ein Ärgernis. Sozialpolitiker würde es allerdings freuen, zu sehen, dass die Leistungen des Sozialstaats wirklich allen, die betroffen sind, zugutekommen.

Für den Moment bleibt es bei voraussichtlichen Mehrkosten von 3 Milliarden Euro für die neue Grundsicherungsarchitektur. Damit stärkt sie die Mehrzahl der Familien mit Kindern und setzt zugleich auf mehr Eigenverantwortung aller. Wer seinen Arbeitsplatz verliert, wird wie bisher aufgefangen, hat aber zugleich bessere Chancen, auf eigenen Beinen zu stehen. Damit sinkt die Wahrscheinlichkeit, seine Existenzgrundlage vollkommen zu verlieren. Unter dem Strich bedeutet mehr Selbsthilfe mehr Sicherheit für uns alle. Ich finde: Dafür lohnt es sich, einen überschaubaren Preis zu zahlen. Es ist eine zusätzliche »Versicherungsprämie« für eine Grundsicherung, die uns allen deutlich mehr Sicherheit verspricht.

KAPITEL 8

KEIN SOZIALSTAATSMAGNET

WO DER SOZIALSTAAT SINNVOLLE
GRENZEN ZIEHEN MUSS

Bleibt die wichtige Frage: Wer gehört zur Gruppe derjenigen, die vom Sozialstaat im Allgemeinen beziehungsweise seinem Versprechen der Grundsicherung im Besonderen profitieren können und sollen? Und wie soll diese Frage mit Blick auf die hier vorgeschlagene neue Grundsicherung anders beantwortet werden als im bestehenden System?

Das Fundament einer nachhaltig funktionierenden Grundsicherung ist die sie tragende Solidargemeinschaft, also im Prinzip die Bürger eines Staates. Aber wer genau sind die Bürger? Nur die Deutschen? Auch andere Europäer? Asylbewerber? Migranten – oder nur die gut ausgebildeten Migranten? Oder doch alle?

Schnell wird klar: Mithilfe transparenter Kriterien muss eindeutig geregelt sein, wer genau das Versprechen abgibt, für sich selbst soweit als möglich zu sorgen und gleichzeitig bereit zu sein, denjenigen zu helfen, die in Not geraten, weil es ihnen nicht gelingt. Dabei darf es am Ende nicht passieren, dass jemand, der nach den definierten Kriterien Teil der Solidargemeinschaft ist, sich der Einlösung des Hilfeversprechens gegenüber in Not geratenen Bürgern entziehen kann. Es darf ebenfalls nicht geschehen, dass es einer Person gelingt, sich der bestehenden Solidargemeinschaft anzuschließen, nur um sich von ihr Hilfe zu holen.

Um beides zu verhindern, muss klar sein, wer zur Solidargemeinschaft gehört und wer nicht und unter welchen Bedingungen

Personen in die bestehende Solidargemeinschaft aufgenommen werden können und sollen. In privaten Versicherungen stellt das kein Problem dar. Man gehört zum Kreis der Versicherten, wenn man einen rechtlich bindenden Vertrag mit dem Versicherungsunternehmen unterschreibt. In den gesetzlichen Sozialversicherungen ist die Zugehörigkeit durch gesetzliche Regelungen ebenfalls genau geregelt: Wer Beiträge zahlt, erwirbt Rechte.

Bei der steuerfinanzierten Grundsicherung ist eine Abgrenzung der Solidargemeinschaft ungleich schwerer. Es geht ja um die Existenzsicherung, und hier sollte niemand ausgeschlossen werden. Das jedenfalls ist die Übereinkunft in Deutschland. Damit gehört jeder automatisch zur Solidargemeinschaft, der im Land wohnt. Doch was ist mit denen, die neu dazukommen? Und dabei vor allem mit denen, die bereits als Hilfebedürftige einreisen? Auch für diese Fälle braucht es klare Regeln. So muss zum Beispiel festgelegt sein, wie der Zugang ausländischer Zuwanderer zu steuerfinanzierten Grundsicherungsleistungen aussehen sollte. Es geht dabei um die Frage, wie sich die Solidargemeinschaft gegenüber Menschen abgrenzt, die in ihren Heimatländern bleiben und leben könnten, es aber vorziehen, nach Deutschland zu kommen.

Zuwanderung ist ein heikles Thema. Gestatten Sie mir daher an dieser Stelle eine Vorbemerkung: Es geht im Folgenden nicht um die Frage, inwieweit die Solidargemeinschaft Flüchtlingen aus Kriegsgebieten wie etwa Syrien, Nordafrika oder Irak helfen sollte. Sie kommen nach Deutschland, weil sie aus ihrer Heimat vertrieben wurden oder in ihrem Heimatstaat verfolgt werden. Wenn wir diese Menschen in Deutschland aufnehmen, müssen wir sie auch ohne Wenn und Aber in die bestehende Solidargemeinschaft integrieren, denn ihre eigene Solidargemeinschaft haben sie verloren. Ihnen gegenüber geht es um Hilfe in Not und nicht um Versicherung auf Gegenseitigkeit oder fairen Ausgleich unterschiedlicher existenzieller Risiken. Diese Hilfe steht für mich nicht in Frage, sie sollte selbstverständlich sein!

Anders ist es mit anderen Formen der Zuwanderung. Prinzipiell lässt sie sich durch ein Einwanderungsgesetz steuern, so jedenfalls die Vorstellung. Jedes Land, so auch Deutschland, sieht dabei verständlicherweise die Zuwanderung hoch qualifizierter Fachkräfte mit ausgezeichneten Berufsaussichten besonders gern. Von ihnen profitiert die solidarische Grundsicherung, denn hoch qualifizierte Zuwanderer zahlen im Schnitt mehr an Steuern ein, als sie an Leistungen im Bedarfsfall in Anspruch nehmen. Anders sieht es bei gering qualifizierten Zuwanderern mit schlechten Beschäftigungschancen aus. Sie nehmen häufiger staatliche Unterstützung in Anspruch und zahlen wenig Steuern. Je einfacher der Zugang zur Grundsicherung für sie wird, desto höhere Kosten kommen auf die bestehende Solidargemeinschaft zu.

Allerdings ist ein deutsches Einwanderungsgesetz in seiner Wirkung begrenzt, denn mit ihm ließe sich die Zuwanderung nur für Bürger aus Staaten lenken und beschränken, die nicht zur Europäischen Union gehören. Für alle Bürger aus den EU-Mitgliedsstaaten gilt hingegen das Prinzip der Freizügigkeit. Dieses Recht, frei zu entscheiden, wo man wohnen und arbeiten will, darf durch nationale Gesetzgebung nicht eingeschränkt werden. Es ist diese Freizügigkeit, die die Abgrenzung einer Solidargemeinschaft in Bezug auf die steuerfinanzierte Grundsicherung für die einzelnen europäischen Sozialstaaten so schwer macht.

EIN HOHES GUT: FREIZÜGIGKEIT IN EUROPA

Wir leben heute in einer freien und demokratischen Gemeinschaft von europäischen Staaten, in der wir uns, zumindest bis auf gravierende Ausnahmen wie etwa aufgrund der Corona-Krise, frei bewegen können, ohne an der Grenze angehalten zu werden. Und wir können frei wählen, wo wir leben wollen. Wir sind nicht mehr nur Staatsbürger unseres Heimatlandes, sondern zugleich Unionsbürger mit garantiertem Recht auf freie Wahl des Wohn- und Arbeitsorts innerhalb der EU.[1]

KONTROLLE IST WICHTIG

Die rechtliche Gleichstellung aller EU-Bürger bei der Wahl des Wohnsitzes zieht entsprechende Rechte und Ansprüche gegenüber den nationalen Sozialsystemen des jeweiligen Wohnsitzlandes nach sich. Das schafft Probleme. Wenn der Zugang zu den einzelnen nationalen Sozialsystemen allen EU-Bürgern offensteht, aber die jeweiligen Systeme deutliche Unterschiede in ihrem Leistungsumfang haben, dann wirkt ein Land mit vielen Sozialleistungen wie ein »Sozialstaatsmagnet«[2] für Bürger aus anderen Ländern, die deutlich weniger Leistungen bieten. Großzügige Sozialleistungen locken vermehrt Menschen mit schlechten Arbeitsmarktchancen an.

Immer wieder macht im Zusammenhang mit der Freizügigkeit der Begriff des »Sozialtourismus« die Runde. Der Begriff mag unangemessen sein,[3] das dahinter stehende Problem ist aber real. Es lässt sich sachgerechter als »sozialleistungsinduzierte Migration« beschreiben, die insbesondere die Systeme nationaler, steuerfinanzierter Grundsicherungen vor große Herausforderungen stellen wird. Wenn die Zahl der Hilfebedürftigen im Vergleich zur Zahl derer, die die Grundsicherung mit ihren Steuern finanzieren, immer weiter ansteigt, wächst der Druck, die sozialen Standards zurückzuschrauben. Dann aber laufen wir Gefahr, dass die hilfebedürftigen Mitglieder einer bestehenden Solidargemeinschaft am Ende weniger Hilfe bekommen, als dies der Fall wäre, hätte es die sozialstaatsinduzierte Migration nicht gegeben. So etwas schafft den Nährboden für Unzufriedenheit, Ressentiments und Populismus – sozialer Sprengstoff pur!

Für die EU-Staaten – vor allem für jene, die ihren Bürgern großzügigere Grundsicherungen bieten – ist es daher wichtig, den Zugang zu ihren nationalen steuerfinanzierten Grundsicherungsleistungen zu kontrollieren. Das ist nach europäischem und nationalem Recht allerdings nur bedingt möglich. Insbesondere die Arbeitnehmerfreizügigkeit, die garantiert, dass ausländische Arbeitnehmer gegenüber inländischen nicht benachteiligt werden,[4] setzt den Nationalstaaten bei den Zugangsregelungen für ihre Grundsicherungen deutliche Grenzen. Generell haben EU-Bürger nur in den ersten drei Monaten ein unbeschränktes Aufenthaltsrecht. Sobald sie aber als Arbeitnehmer und Selbstständige tätig sind, haben sie und ihre Familienangehörigen sofort Anspruch auf Sozialleistungen.[5]

Bei den Sozialversicherungen ist dies kein Problem. Ausländische Arbeitnehmer, die eine sozialversicherungspflichtige Arbeit in Deutschland annehmen, sind ab dem ersten Tag kranken- und pflegeversichert und erwerben im Rahmen der Arbeitslosen- und Rentenversicherung nach einer auch für Inländer geltenden Karenzzeit Ansprüche auf Arbeitslosengeld und die gesetzliche Altersrente. Sie treten als Beitragszahler gleichberechtigt der Solidargemeinschaft der Versicherten bei.

Problematisch ist hingegen der Zugang zu den Grundsicherungsleistungen. Zwar gibt es auch hier klare Regeln: Wer ohne zu arbeiten länger bleiben will, behält sein Aufenthaltsrecht nur, wenn er eigenständig für sich und seine Familienangehörigen sorgen kann.[6] Er hat zunächst somit keinen Anspruch auf Grundsicherungsleistungen. Erst nach fünf Jahren Aufenthalt in einem Land ist ein EU-Ausländer unabhängig von seinem Erwerbsstatus den Inländern vollkommen gleichgestellt und erhält damit den vollen Zugang zu allen Grundsicherungsleistungen. Doch was im Grundsatz geklärt ist, lässt sich in der Praxis nur schwer umsetzen.

Der Europäische Gerichtshof (EuGH) hat diesen abgestuften Zugang zu Grundsicherungsleistungen mehrfach bestätigt. Im ersten Fall ging es um eine Frau, die 2010 mit ihrem Kind zu ihrer Schwester nach Leipzig zog und von dieser mitversorgt wurde. Für ihren Sohn erhielt sie Kindergeld und einen Unterhaltsvorschuss in Höhe von monatlich 133 Euro. Sie beantragte zusätzlich ALG II, welches ihr das Jobcenter Leipzig jedoch verweigerte. Da die Frau nicht über ausreichende eigene Existenzmittel verfügte und sich auch nicht um Arbeit bemühte,[7] billigte der EuGH die Entscheidung des Jobcenters. Deutschland sei entsprechend der Freizügigkeitsrichtlinie nicht verpflichtet, während der ersten drei Monate des Aufenthalts eine Grundsicherung zu zahlen, und darf bei einer Aufenthaltsdauer von mehr als drei Monaten und weniger als fünf Jahren die Gewährung von Grundsicherungsleistungen vom Aufenthaltsrecht abhängig machen. Und nicht nur davon: In einem anderen für Deutschland relevanten Fall entschied der EuGH, dass Zugewanderte zwar ihr Aufenthaltsrecht behalten können, wenn sie nach weniger als einem Jahr unfreiwillig arbeitslos werden und weiter im Aufnahmeland nach Arbeit suchen. Der Anspruch auf Grundsicherungsleistungen darf aber trotzdem zeitlich begrenzt werden. Deutschland kann deshalb nach sechs Monaten weitere Grundsicherungsleistungen verweigern.[8]

Das europäische Recht wurde in das deutsche Recht übernommen.[9] Danach haben EU-Bürger, die weder arbeiten noch gearbeitet haben, erst nach fünf Jahren rechtmäßigen Aufenthalts in Deutschland Anspruch auf steuerfinanzierte Sozialleistungen: So stellte die Bundesregierung 2016 unmissverständlich klar:

»Wer hier lebt, arbeitet und Beiträge zahlt, der hat auch einen berechtigten Anspruch auf Leistungen aus unseren Sozialsystemen. Wer jedoch noch nie hier gearbeitet hat und für seinen Lebensunterhalt auf staatliche finanzielle Unterstützung aus der Grundsicherung angewiesen ist, für den gilt der Grundsatz: Existenzsichernde Leistungen sind im jeweiligen Heimatland zu beantragen. Mit dieser Klarstellung stärken wir das Vertrauen in die europäische Idee und eine ihrer größten Errungenschaften: die Arbeitnehmerfreizügigkeit.«[10]

Erklärtes Ziel der Bundesregierung war es also, sozialleistungsinduzierte Zuwanderung zu verhindern: Wer arbeitet, ist willkommen, wer nur wegen der Sozialleistungen kommt, ist es nicht. Zugang zu Grundsicherungsleistungen erhalten nur Arbeitnehmer und Selbstständige.

Doch trotz der rechtlichen Regelungen und der klaren Linie der Bundesregierung bleiben in der Praxis viele Fragen offen. Etwa: Ab welchem Arbeitsumfang ist man Arbeitnehmer beziehungsweise Selbstständiger und hat damit ein Bleiberecht? Welche Regelungen gelten für Familienmitglieder von Arbeitnehmern? Macht es einen Unterschied, ob sie mit nach Deutschland ziehen oder in ihrem Heimatland bleiben?

Laut EuGH berechtigt auch ein Einkommen unter dem Grundsicherungsniveau schon zu einem Aufenthalt als Arbeitnehmer.[11] Damit hat man unter Umständen aber auch Anspruch auf Grundsicherungsleistungen. Alleinstehende, die Vollzeit zum Mindestlohn arbeiten, haben Anspruch auf ergänzendes ALG II (siehe Abbildung 3). Das gilt auch für Arbeitnehmer aus EU-Mitgliedsstaaten. Dabei steigen die Leistungen der Grundsicherung mit der Familiengröße deutlich an, wie Tabelle 8 zeigt. Ein alleinstehender Zuwanderer, der Vollzeit zum Mindestlohn arbeitet, erhält ergänzendes ALG II in Höhe von 102 Euro monatlich. Hat der gleiche Zuwanderer auch einen Ehepartner und zwei Schulkinder, so liegen die ergänzenden Zahlungen für die ganze Familie bei 1.373 Euro.

Ansprüche entstehen allerdings nicht nur bei Vollzeitarbeitnehmern. Laut EuGH ist jeder als Arbeitnehmer anzusehen, der eine echte Tätigkeit ausübt: Die Höhe der Vergütung ist dafür nicht entscheidend, ebenso wenig schränkt der Erhalt ergänzender staatlicher Leistungen den Arbeitnehmerstatus ein.[12] Konkret sieht das Bundesministerium des Inneren bereits einen monatlichen Verdienst von mindestens 400 Euro netto und eine wöchentliche Beschäftigung von zehn Stunden als ausreichend an, um einem EU-Ausländer das Aufenthaltsrecht und damit den Zugang zu Grundsicherungsleistungen zuzubilligen.[13]

Das wirkt sich auf die Inanspruchnahme von Grundsicherungsleistungen aus. Dank den Hinzuverdienstregelungen sind die Einkommenseinbußen bei Teilzeitarbeit (Tabelle 8, 3. Spalte) oder einer geringfügigen Beschäftigung (5. Spalte) gegenüber einer Vollzeitbeschäftigung recht gering. Deshalb lohnt sich die Zuwanderung nach Deutschland oft auch dann, wenn man nur eine Teilzeitarbeit oder einen Minijob findet. Ein rumänischer Arbeitnehmer zum Beispiel kann in seinem Heimatland als Vollzeitbeschäftigter im Schnitt netto 620 Euro verdienen. Kaufkraftbereinigt entspricht das einem Nettolohn in Deutschland von 1.225 Euro.[14] Ist er alleine, ist ein Umzug nach Deutschland für ihn nicht sonderlich attraktiv. Als Alleinerziehender oder als Arbeitnehmer mit Familie lohnt sich hingegen ein Umzug, selbst wenn er nur einen Minijob findet. Mit ergänzendem ALG II kommt er in Deutschland auf ein Nettoeinkommen von über 1.600 Euro beziehungsweise 2.400 Euro im Monat.

Die folgende Tabelle 8 zeigt die entsprechenden ergänzenden ALG-II-Leistungen, die die Solidargemeinschaft der Grundsicherungsbezieher dafür aufbringen muss. Ein zugewanderter Minijobber kostet die Solidargemeinschaft 653 Euro im Monat, wenn er allein kommt. Kommt er mit drei Familienangehörigen, erhöhen sich die monatlichen Kosten auf beachtliche 1.962 Euro.

	Vollzeit		Teilzeit (50 %)		Minijob	
	Verf. Ein-kommen	davon erg. ALG II	Verf. Ein-kommen	davon erg. ALG II	Verf. Ein-kommen	davon erg. ALG II
			Euro/Monat			
Alleinstehende	1.233	102	1.163	536	1.103	653
Alleinerziehende mit 1 Vorschulkind	1.836	613	1.680	1.052	1.620	1.170
Ehepaare mit 2 Kindern	2.572	1.373	2.472	1.844	2.412	1.962

TABELLE 8: Einkommen und ergänzendes ALG II bei Zuwanderern in Deutschland

Die verfügbaren Einkommen setzen sich aus dem ergänzenden ALG-II-Bezug und den Hinzuverdienstmöglichkeiten zusammen, wobei jeweils eine Entlohnung zum Mindestlohn unterstellt wird. Bei Vollzeitarbeit wird ein Bruttolohneinkommen von 1.496 Euro im Monat unterstellt.

Quelle: Eigene Berechnungen, Stand 2020.

Hier liegt eines der Hauptprobleme des aktuellen Systems. Denn so ist es sehr leicht, den Arbeitnehmerstatus in Deutschland zu erlangen, und der Zugang zu den Grundsicherungsleistungen für EU-Ausländer ist faktisch kaum begrenzt. Das gilt auch für das Kindergeld.[15] EU-Bürger können in Deutschland vom ersten Tag an Kindergeld beziehen, sofern sie ihren Wohnsitz oder gewöhnlichen Aufenthalt[16] in Deutschland haben und uneingeschränkt steuerpflichtig sind.[17] EU-Bürger haben unter Umständen selbst dann Anspruch auf Kindergeld, wenn sie gar nicht in Deutschland wohnen. Das gilt beispielsweise für Grenzpendler, die wochentags in Deutschland und ihr Wochenende in ihrer Heimat verbringen. Auch Saison- oder Wanderarbeiter erhalten für den Zeitraum, in dem sie in Deutschland arbeiten, Kindergeld, auch wenn ihre Kinder in ihrem Heimatort im Ausland wohnen.[18]

All das macht Deutschland für Arbeitnehmer aus der EU sehr attraktiv. Tatsächlich liegt die Nettozuwanderung aus den EU-Mitgliedsstaaten seit 2012 kontinuierlich über 200.000 Personen, mit einem Spitzenwert von 344.000 im Jahr 2015.[19] Ende 2018 lebten 4,8 Millionen EU-Ausländer in Deutschland. Das sind 85 Prozent mehr als Ende 2009. Der Zuwachs kommt in erster Linie aus den osteuropäischen Beitrittsländern Polen, Ungarn, Tschechien, Slowakei, Slowenien, Estland, Lettland und Litauen (den EU-8-Staaten) sowie im besonders starken Maße aus Bulgarien und Rumänien (den EU-2-Staaten). Anders als die meisten anderen EU-Staaten hat Deutschland die Wirtschaftskrise 2008/2009 sehr gut verkraftet und in den letzten zehn Jahren einen Arbeitsmarkt, der sich sehr robust und aufnahmebereit zeigte.

Welche Rolle dabei die Grundsicherung spielt, zeigt Abbildung 18. In ihr sind die Anteile der ALG-II-Bezieher an der jeweiligen Bevölkerungsgruppe für 2011 und 2018 dargestellt. Aufgrund der positiven Entwicklung auf dem Arbeitsmarkt ist der Anteil der ALG-II-Bezieher unter deutschen Staatsbürgern seit 2011 von 6,6 Prozent auf 5,1 Prozent gefallen. Eine ähnliche Entwicklung zeigt sich auch bei Bürgern aus den EU-8-Beitrittsstaaten und bei sonstigen Ausländern (ohne Leistungsbezieher aus Asylherkunftsländern). Die insgesamt gute Arbeitsmarktentwicklung reduzierte das Risiko, von der Grundsicherung abhängig zu werden, sowohl für Deutsche als auch für Ausländer. Dabei hat sich das Verhältnis von deutschen und ausländischen ALG-II-Beziehern kaum verändert. Das spricht gegen die These vom Sozialstaatsmagneten.

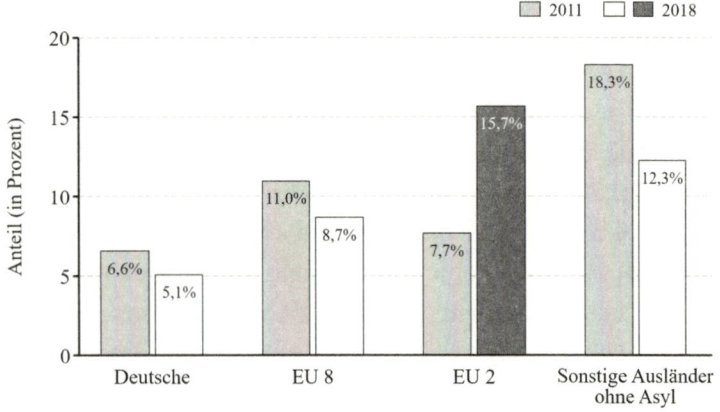

Anteil der inländischen Wohnbevölkerung mit jeweiliger Nationalität, die ALG-II-Regelleistungen beziehen.

Quelle: Bundesagentur für Arbeit (2019b) und Statistisches Bundesamt (2019a,b).

PROBLEMFÄLLE BULGARIEN UND RUMÄNIEN?

Mit einer Ausnahme: Bei Bulgaren und Rumänen sieht man eine gegenläufige Entwicklung. Hier ist der Anteil der ALG-II-Bezieher seit 2011 von 7,7 Prozent auf knapp 16 Prozent im Jahr 2018 deutlich angestiegen. Auch wenn viele Bulgaren und Rumänen in Deutschland Arbeit gefunden haben, deutet die wachsende Quote der Leistungsbezieher darauf hin, dass aus diesen beiden Ländern überdurchschnittlich viele Zuwanderer mit deutlich schlechteren Arbeitsmarktchancen nach Deutschland gekommen sind.[20]

Ist diese Entwicklung den deutschen Sozialleistungen geschuldet? Gut möglich. Erste empirische Untersuchungen zeigen zwar, dass Deutschland vor allem wegen seines hohen Nettolohnniveaus und der niedrigen Arbeitslosenquote für Zuwanderer attraktiv ist.[21] Sozialleistungen spielen offenbar nur eine untergeordnete Rolle. Allerdings nutzen diese Studien für die

Sozialleistungen meist nur sehr grobe Indikatoren wie die Sozialstaatsquote, also den Anteil aller Sozialleistungen am Sozialprodukt. Nicht alle dieser Leistungen sind für Zuwanderer gleichermaßen attraktiv, daher ist es auch nicht allzu verwunderlich, dass diese Quote nur einen sehr geringen Einfluss hat.[22] Angesichts der Tatsache, dass der Zugang zu ergänzendem ALG II in Deutschland so einfach ist wie gezeigt, muss man davon ausgehen, dass die tatsächliche Wirkung der Grundsicherungsleistungen deutlich größer ist. Immerhin bestimmen diese ergänzenden Leistungen maßgeblich den Nettolohn in Deutschland und damit auch die Anreize, nach Deutschland zu kommen.

GEREGELTER ZUTRITT IST MÖGLICH

So viel zum aktuellen System. Wie wirkt sich nun die neue Grundsicherungsarchitektur auf die Zuwanderung aus? Zunächst wird sie die Attraktivität Deutschlands als Zuwandererland verstärken. Denn es gibt ja für sozialversicherungspflichtig Beschäftigte deutlich bessere Hinzuverdienstmöglichkeiten. Dazu kommt, dass vor allem die stark ausgeweitete Förderung von Kindern im Rahmen der neuen Kindergrundsicherung die Zuwanderung von Arbeitnehmern mit Familie attraktiver macht. Die sozialleistungsinduzierte Migration wird also noch höher sein als im bestehenden System. Es ist daher noch wichtiger als bisher, dass wir den Zugang zur neuen Grundsicherung in sinnvoller Weise begrenzen. Das muss und kann nur im Einklang mit EU-Recht geschehen.

Damit also der neue starke Sozialstaat nicht aus den Fugen gerät, wenn er permanent mehr Nettoempfänger als Nettozahler neu aufnimmt, müssen wir bei Sozialleistungen statt dem Wohnsitzlandprinzip, das alle EU-Ausländer den Inländern gleichstellt, das Heimatlandprinzip anwenden. Einwanderer bleiben dann im Hinblick auf Grundsicherungsleistungen in der Solidargemeinschaft ihres Heimatlandes. Bei allen beitragsfinanzierten Sozialleistungen sind sie den Inländern jedoch weiterhin vollkommen gleichgestellt. Wer in Deutschland arbeitet und Sozialversicherungsbeiträge zahlt, erwirbt wie jeder deutsche Arbeitnehmer Ansprüche gegenüber dem deutschen Sozialversicherungssystem. Wer in Deutschland arbeitslos wird und noch keinen Anspruch auf Arbeitslosengeld hat oder länger als zwölf Monate arbeitslos bleibt, bekommt jedoch keine steuerfinanzierten Grundsicherungsleistungen nach deutschem Sozialrecht, sondern nur die Hilfe seines Heimatlandes. Damit büßt der Sozialstaatsmagnet viel von seiner Anziehungskraft ein.[23]

Die Umstellung auf eine Grundsicherung durch das Heimatland kann die allmähliche Erosion eines starken Sozialstaats verhindern. Das ist in letzter Konsequenz auch ein bedeutender Beitrag für die Fortentwicklung der europäischen Integration. Wenn wir die Zuwanderung in die Grundsicherungssysteme nicht wirkungsvoll kontrollieren können, steigt die Gefahr, dass sich die Länder wieder stärker gegeneinander abschotten:

>Viele Wähler fühlen sich aufgrund der Migration nicht nur zunehmend fremd im eigenen Land, sie fürchten auch eine materielle Konkurrenz, weil sie ahnen, welche Verteilkämpfe auf den Sozialstaat zukommen. ... Kommen dann noch Identität und Religion hinzu, ergibt dies einen explosiven Cocktail.«[24]

Allerdings sollte das Heimatlandprinzip jeweils nur für einen bestimmten Zeitraum angewendet werden. Andernfalls müssten Zuwanderer in Deutschland dauerhaft Steuern zahlen, ohne jemals Anspruch auf eine Gegenleistung zu bekommen, sie wären de facto Nettozahler im steuerfinanzierten Teil des deutschen Sozialstaates. Eine Begrenzung des Heimatlandprinzips auf die ersten Jahre nach der Zuwanderung würde jedoch helfen, sozialleistungsinduzierte Zuwanderung von vornherein zu vermeiden, ohne langjährig ansässige Ausländer zu benachteiligen und damit ihre Integration zu behindern.

WENIGER ANZIEHUNGSKRAFT FÜR DEN SOZIALSTAATSMAGNETEN

Was also müssen wir tun, um die Wirkung des Sozialstaatsmagneten zu begrenzen und damit die neue Grundsicherungsarchitektur vor übermäßigem Zuzug zu schützen, ohne die Freizügigkeit in der EU anzutasten? Drei Maßnahmen können die Wirkung des Sozialstaatsmagneten abschwächen.

Erstens: Für einen Zeitraum von fünf Jahren bleibt das Heimatland für die Sicherstellung eines Grundsicherungseinkommens für Arbeitslose und Geringverdiener verantwortlich. EU-Ausländer haben in dieser Zeit keinen Anspruch auf Regelbedarfssicherung und Wohnbedarfssicherung. Übergangsregelungen bei unfreiwilliger Arbeitslosigkeit sind denkbar. So könnte Deutschland im Falle einer Entlassung für einen Übergangszeitraum von bis zu sechs Monaten auch Regel- und Wohnbedarfssicherung bezahlen, um es ausländischen Arbeitnehmern zu ermöglichen, eine neue Arbeit in Deutschland zu finden oder ihren Umzug zurück ins Heimatland vorzubereiten.

Bei Arbeitnehmern mit geringen Einkommen, die Ansprüche auf zusätzliche Grundsicherung hätten, braucht es eine weitere Maßnahme. Wir müssen den Arbeitnehmerstatus neu regeln, ohne dabei die Arbeitnehmerfreizügigkeit einzuschränken.

Zweitens: Zugang zu steuerfinanzierten Grundsicherungsleistungen erhält nur, wer im Inland Vollzeit arbeitet. Es wird daher bei EU-Ausländern in den ersten fünf Jahren bei der Berechnung der Grundsicherungsleistungen immer ein sozialversicherungspflichtiges Mindesteinkommen in Höhe des monatlichen Mindestlohneinkommens eines Vollzeitbeschäftigten unterstellt, unabhängig davon, wie viel sie tatsächlich hier verdienen. 2020 entspricht das einem Bruttoarbeitseinkommen von 1.496 Euro. Wer weniger verdient, kann hier zwar arbeiten, er bekommt aber maximal die ergänzenden Leistungen, auf die er bei dem Mindesteinkommen von 1.496 Euro Anspruch hätte. Neu eingewanderte EU-Bürger haben damit grundsätzlich keinen Anspruch auf Leistungen aus der Regelbedarfssicherung. Zugleich reduziert sich der Anspruch auf Wohnbedarfssicherung deutlich.

Tabelle 9 zeigt die Auswirkungen dieser Regel. Ein Alleinstehender in Berlin erhält maximal 218 Euro, ganz gleich, ob er Vollzeit arbeitet (und netto rund 1.130 Euro verdient), Teilzeit arbeitet oder nur einen Minijob hat. Genauso sieht es bei einer vierköpfigen Familie mit Alleinverdiener aus, die auch noch Anspruch auf Kindergrundsicherung hat. Unabhängig vom Verdienst erhält die Familie nur noch 1.473 Euro an Grundsicherungsleistungen. Das sind 450 Euro im Monat weniger als nach den bisherigen Regelungen. Und da auf die Kindergrundsicherung Sozialversicherungsbeiträge und Steuern zu zahlen sind, fällt das verfügbare Einkommen noch stärker als die ergänzenden Grundsicherungsleistungen. Entsprechend sinken die sozialstaatsinduzierten Anreize, nach Deutschland zu kommen, und die Wirkung des Sozialstaatsmagneten wird deutlich abgeschwächt.

	Vollzeit	Teilzeit (50 %)	Minijob	davon erg. Grundsicherung (KGS und WBS)
		Verfügbares Haushaltseinkommen		
		Euro/Monat		Euro/Monat
Alleinstehende	1.348	844	650	218
Alleinerziehende mit 1 Vorschulkind	1.836	1.342	1.146	714
Ehepaare mit 2 Kindern	2.672	2.101	1.923	1.473

TABELLE 9: Das Vollzeitprinzip für Zuwanderer in der Grundsicherung

Das verfügbare Einkommen setzt sich aus den WBS- und KGS-Leistungen sowie den Hinzuverdienstmöglichkeiten zusammen.

Quelle: Eigene Berechnungen, Stand 2020.

Drittens: Bei der Kindergrundsicherung wird das Wohnsitzlandprinzip beibehalten, aber sie wird auf eine bedarfsorientierte Nicht-Diskriminierung von EU-Ausländern umgestellt. Das bedeutet, Zuwanderer erhalten für Kinder, die mit nach Deutschland kommen, Kindergrundsicherung entsprechend den inländischen Regeln. Für Kinder, die im Heimatland bleiben, wird dagegen die Höhe des Kindergeldes entsprechend den Lebenshaltungskosten des Landes, in dem das Kind lebt, festgesetzt. Diese Regelung gilt auch für im Ausland lebende deutsche Kinder.

Dem Bedarf von Kindern kommt im neuen System eine besondere Bedeutung zu. Die bewusst großzügige Ausgestaltung der neuen Kindergrundsicherung wird allerdings die sozialleistungsinduzierte Migration verstärken, wenn ausländische Arbeitnehmer die Kindergrundsicherung auch dann in Anspruch nehmen können, wenn ihre Kinder nicht in Deutschland leben. In den meisten Fällen übersteigt die KGS den Betrag, der notwendig wäre, um den gleichen Bedarf ihrer Kinder in ihrem Heimatland sicherzustellen. Entsprechend größer sind die Vorteile aus der KGS für Zuwanderer, deren Kinder nicht mit nach Deutschland kommen. Österreich hat diesen Vorschlag bereits umgesetzt. Die EU-Kommission hält dies für unvereinbar mit EU-Recht und hat deshalb Österreich beim Gerichtshof der Europäischen Union wegen Diskriminierung verklagt.[25] Ob es sich hier wirklich um eine Verletzung des Gleichbehandlungsgrundsatzes von EU-Bürgern handelt, ist jedoch keineswegs so klar.

Die entscheidende Frage ist, in welchem Sinne man EU-Bürger gleich behandeln will und muss. Versteht man unter Gleichbehandlung, dass alle, die in einem Land arbeiten, den gleichen Geldbetrag ausbezahlt bekommen, muss man sich auch gegen die oben genannte Praxis aussprechen. Versteht man unter Gleichbehandlung jedoch, dass man allen EU-Bürgern den gleichen Bedarf absichert, dann ist das Vorgehen vollkommen in Ordnung. Nur zur Erinnerung: Die Wohnkostenübernahme im ALG II und das Wohngeld machen nichts anderes. Auch hier wird die regionale Wohnsituation berücksichtigt, weil die Leistung darauf abzielt, überall den gleichen Bedarf abzudecken. Auch die neue Grundsicherung sieht eine bedarfsorientierte Gleichbehandlung bei der Wohnbedarfssicherung vor.

Und selbst wenn die EU-Kommission Forderungen nach einer Indexierung des Kindergeldes heute ablehnt: Die Idee wurde im Vorfeld des Brexit-Referendums vom Europäischen Rat ernsthaft diskutiert. Die Regierungschefs der EU-Mitgliedsstaaten boten dem damaligen britischen Premierminister David Cameron im Februar 2016 an, Kindergeldzahlungen für im Ausland lebende Kinder entsprechend den dortigen Lebenshaltungskosten anzupassen. Am Ausstieg Großbritanniens aus der EU hat dies zwar nichts geändert. Es zeigt aber, dass EU-Regelungen nicht in Stein gemeißelt sind. Die Mitgliedsländer haben durchaus Spielräume, durch einvernehmliche Änderungen des EU-Rechts auch nationale Maßnahmen umzusetzen, um sozialleistungsinduzierte Zuwanderung einzudämmen.[26] Wir müssen sie nur nutzen wollen.

In jedem Fall gilt: Eine klare Abgrenzung der solidarischen Grundsicherungssysteme in den EU-Mitgliedsstaaten stärkt zum einen die nationalen Umverteilungssysteme. Und sie erhöht die

Akzeptanz dieser Systeme innerhalb der Gesellschaft, und zwar, ohne die europäische Integration zu gefährden. Das lässt sich mit den drei Maßnahmen, die ich hier vorschlage, erreichen. Zwar wird mit dem Übergang zum Heimatlandprinzip in den ersten fünf Jahren die Attraktivität Deutschlands für Zuwanderer verringert, das gilt jedoch nur für diejenigen, die mit großer Wahrscheinlichkeit in Deutschland auf staatliche Unterstützung angewiesen sind. Mit der Beschränkung der Grundsicherungsleistungen auf Vollzeitbeschäftigte wird zusätzlich auch noch die Zuwanderung in geringfügige Beschäftigung unattraktiver. Das wird die Inanspruchnahme von Grundsicherungsleistungen deutlich reduzieren. Der Übergang zu einer bedarfsorientierten Kindergrundsicherung, die die Leistungen für im Ausland lebende Kinder verringert, verhindert schließlich die übermäßige sozialleistungsinduzierte Zuwanderung von Arbeitnehmern mit Familien. Gemeinsam sorgen die drei Maßnahmen so dafür, dass die Stärkung des deutschen Sozialstaats durch die neue Grundsicherung nicht zugleich auch den Sozialstaatsmagneten stärkt.

KAPITEL 9

IN WÜRDE ALTERN

KLEINE RENTEN FÖRDERN, VORSORGE STÄRKEN

Bislang habe ich mich ausschließlich auf die Grundsicherung für Erwerbsfähige und ihre Angehörigen konzentriert, um so den Sozialstaat zukunftsfest zu machen. Das Leitprinzip hier war stets die richtige Balance aus dem Fürsorgeversprechen des Staates im Fall der Not und der Bereitschaft des Einzelnen zur Eigeninitiative im Erwerbsleben. Eine wesentliche Gruppe wurde damit bislang ausgeblendet. Zu ihr komme ich als Nächstes.

Grundsicherung bei existenzieller Not benötigen auch all diejenigen, die nach dem Ausscheiden aus dem Berufsleben keine ausreichenden Alterseinkünfte haben. Im bestehenden sozialstaatlichen System gibt es für sie eine eigenständige Grundsicherung im Alter. Leider hat sich das System an dieser Stelle lange nicht um die richtige Balance von Fürsorge und Selbsthilfe gekümmert. Schließlich sind ja bereits alle Entscheidungen zur eigenen Altersvorsorge lange zuvor getroffen worden, wenn im Alter die Grundsicherung nötig wird. Diese Sichtweise hat sich allerdings in den letzten Jahren etwas gewandelt. Inzwischen verstehen wir besser, dass das, was ich als Sozialstaatsdilemma bei den Erwerbsfähigen bezeichnet habe, uns bei der Grundsicherung im Alter als Altersvorsorgedilemma in vergleichbarer Form wieder begegnet.

Warum? Weil die Ausgestaltung der Grundsicherung im Alter die Bereitschaft, während des Berufslebens individuell Altersvorsorge zu betreiben, beeinflusst. Deshalb hat der Staat zumindest in der privaten Altersvorsorge Freibeträge eingeräumt, die nicht mit der Grundsicherung im Alter verrechnet werden müssen, um so schon während der Erwerbszeit Anreize zur Eigeninitiative zu setzen, die sich später in der Rentenzeit positiv auswirken (sollen).

Allerdings löst dies das Altersvorsorgedilemma nur zu einem kleinen Teil, der noch dazu eher unbedeutend ist. Wir müssen daher die Grundsicherung im Alter vollständig in die neue Grundsicherungsarchitektur integrieren, um sowohl die Bereitschaft – und die Möglichkeit – zur privaten Altersvorsorge zu steigern als auch für alle diejenigen, die auf staatliche Fürsorge angewiesen sind, den Einstieg in das Rentensystem so einfach wie möglich zu machen.

Zunächst einmal ist zu klären, inwieweit die künftigen demografischen Herausforderungen die Entscheidungen der einzelnen Betroffenen während ihres Erwerbslebens und die bestehende staatliche Alterssicherung die Altersarmut beeinflussen und welche Herausforderungen sich daraus für eine umfassende bessere Grundsicherung im Alter ergeben.

DIE DEUTSCHEN WERDEN ÄLTER

Unsere Lebenserwartung ist in den letzten Jahrzehnten kontinuierlich angestiegen. Alle zehn Jahre erhöht sie sich um ein Jahr, und dieser Trend ist ungebrochen. Wer also heute mit 65 Jahren in Rente geht, lebt im Schnitt ein Jahr länger als jemand, der vor zehn Jahren in Rente ging. Die zusätzlich gewonnenen Lebensjahre sind dabei keine Jahre des Siechtums.[1] Die meisten der über 65-Jährigen genießen ihren Ruhestand, sind mit ihrem Leben zufriedener als die 50- bis 65-Jährigen und genauso zufrieden wie diejenigen unter 50 Jahre. Rentner heute fühlen sich deutlich gesünder als die Rentner vor 20 Jahren.[2] Diese Selbsteinschätzung wird durch offizielle Statistiken bestätigt, die parallel zum

Anstieg der Lebenserwartung auch einen Anstieg der gesunden Lebensjahre ausweisen.[3]

LÄNGER LEBEN, LÄNGER ARBEITEN?

So schön es ist, gesund älter zu werden: Eine höhere Lebenserwartung erschwert die finanzielle Absicherung für die Zeit nach dem Berufsleben. Wer heute in Rente geht, muss für ein zusätzliches Jahr im Ruhestand mehr vorsorgen als derjenige, der vor zehn Jahren in Rente ging.

Welche Möglichkeiten hat er dabei? Er kann mehr sparen. Dann muss er jedoch während seines Berufslebens etwas bescheidener leben. Oder er begnügt sich später mit einer bescheideneren Rente. In jedem Fall müsste er also in einem der Lebensabschnitte Abstriche machen.

Die dritte Alternative ist, länger zu arbeiten. Dieser Weg wurde bereits mit der stufenweisen Anhebung des Renteneintrittsalters von 65 auf 67 Jahre beschritten.[4] Dahinter steht eine sehr einfache Überlegung: Wenn Sie mit 25 Jahren anfangen zu arbeiten und 40 Jahre lang berufstätig bleiben, können Sie danach im Durchschnitt rund 20 Jahre ihren wohlverdienten Ruhestand genießen: Auf zwei Jahre Arbeit kommt ein Jahr Ruhestand. Ihre Kinder werden drei Jahre länger leben. Wenn sie gleichfalls mit 25 Jahren beginnen zu arbeiten und ebenfalls genau 40 Jahre arbeiten, werden sie anschließend 23 Jahre im Ruhestand sein. Sie müssen also im gleichen Zeitraum für drei zusätzliche Jahre vorsorgen. Teilen sich Ihre Kinder hingegen die drei zusätzlichen Jahre in zwei zusätzliche Jahre Arbeit und ein zusätzliches Jahr im Ruhestand auf, verändert sich nichts an dem Verhältnis der Zeit in Erwerbstätigkeit zur Zeit im Ruhestand. Die gleiche Rente lässt sich dann mit gleich bleibenden Beiträgen finanzieren. Dahinter verbirgt sich also keinesfalls eine versteckte Rentenkürzung, wie manchmal behauptet wird.[5]

Dass die Deutschen im Durchschnitt älter werden, liegt jedoch nicht nur an der gestiegenen Lebenserwartung. Es gibt auch eine zweite, dieses Mal schlechte Nachricht: Es kommen immer weniger junge Menschen nach. Während 1990 noch mehr als vier Beschäftigte eine Rente finanzierten, sind es heute weniger als drei Beitragszahler. Auch wenn wir alle 2060 noch mit 67 Jahren in Rente gehen, verschlechtert sich das Verhältnis immer mehr. 2060 müssen dann zwei Beitragszahler eine Rente finanzieren.

Die Konsequenzen sind offenkundig: Hält man die Beiträge konstant, halbiert sich die Rente. Dann droht zunehmende Altersarmut. Hält man stattdessen das Rentenniveau konstant, verdoppeln sich die Beitragssätze und die Abgabenlast für die Erwerbstätigen steigt drastisch an. Das verschärft das Sozialstaatsdilemma.

WENN DIE RENTE NICHT MEHR AUSREICHT

Eine regelmäßige Anpassung des Renteneintrittsalters hilft, Altersarmut zu verringern, denn sie würde die Zahl derjenigen erhöhen, die eine Rente oberhalb des Existenzminimums selbst finanzieren könnten.

Dieser Weg wurde in Dänemark und Finnland beschritten, sie koppeln das Renteneintrittsalter an die zukünftige Lebenserwartung.[6] Dies ist ein wichtiger Baustein einer existenzsichernden Altersvorsorge, der auf Eigenverantwortung setzt – auf die Bereitschaft, länger zu arbeiten. Dadurch wird das Problem der Altersarmut deutlich abgemildert. Trotzdem kann eine dynamische Anpassung der Lebensarbeitszeit nicht allen die Angst vor der Altersarmut nehmen. Diese Aufgabe muss eine staatlich garantierte Grundsicherung im Alter übernehmen. Damit sie das leisten kann, muss klar sein, woher die Angst vor der Armut kommt.

Die durchschnittliche Bruttoaltersrente der Männer lag 2019 in den alten Bundesländern gerade einmal bei 1.130 Euro, für Frauen bei nur 647 Euro. In den neuen Bundesländern sind die Altersrenten höher, sie liegen bei Männern im Schnitt bei 1.226 Euro und bei Frauen bei 962 Euro. Die Unterschiede nehmen aber ab, da in den neuen Bundesländern nun diejenigen in Ruhestand gehen, die auch 30 Jahre Erwerbsleben nach der Wende hinter sich haben. Sie haben in dieser Zeit nicht nur deutlich weniger verdient als die Beschäftigten in den alten Bundesländern, sie waren auch häufiger längere Zeit arbeitslos.

Der Durchschnitt bestehender Renten sagt allerdings nur wenig über das Problem langfristig niedriger Löhne für die spätere Altersversorgung aus. Einen besseren Eindruck kann jeder Einzelne bekommen, wenn er sich das jährliche Schreiben der gesetzlichen Rentenversicherung anschaut. Viele sind entsetzt, zu lesen, wie spärlich die eigene Altersrente ausfällt, wenn sie weiterhin so viel verdienen wie jetzt.

ABBILDUNG 19: Lohn der Arbeit: Gesetzliche Nettorenten nach 45 Jahren im gleichen Beruf

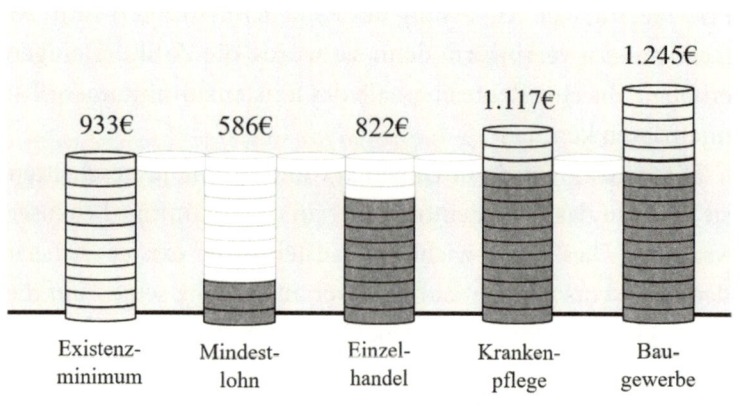

Die Zahlen geben die verfügbare gesetzliche Altersrente an für die ausgewählten Tariflöhne aus Abbildung 3 unter Verwendung des derzeit für Westdeutschland geltenden Rentenwertes. Im Vergleich zeigt die erste Säule das derzeit geltende Existenzminimum für Berlin.

Quelle: Eigene Berechnungen

Die Säulen der Abbildung 19 zeigen die verfügbaren gesetzlichen Altersrenten ausgewählter fiktiver Arbeitnehmer in den bereits in früheren Kapiteln betrachteten ausgewählten Branchen unter der Annahme, dass sie nach 45 Jahren Beschäftigung zum immer gleichen Lohn (relativ zum Durchschnittslohn) in den Ruhestand gehen. Die erste dunkelgraue Säule zeigt: Wer 45 Jahre lang zum Mindestlohn gearbeitet hat, erhält eine gesetzliche Nettorente von gerade einmal 586 Euro.[8] Das liegt deutlich unter dem soziokulturellen Existenzminimum eines Alleinstehenden in Berlin in Höhe von 933 Euro (siehe dazu Kapitel 3). Die zweite Säule zeigt: Wer 45 Jahre im Berliner Einzelhandel gearbeitet hat, kommt ebenfalls nicht auf eine existenzsichernde Rente. Nur in den zwei anderen ausgewählten Branchen – in der Krankenpflege und im Baugewerbe – ergeben sich Nettorenten, die für Alleinstehende existenzsichernd sind.

Der Befund ist ernüchternd. Tatsächlich liegen derzeit über ein Drittel der Altersrenten der Männer und rund drei Viertel der Altersrenten der Frauen in den alten Bundesländern unter 900 Euro. In den neuen Bundesländern sieht es etwas besser aus: Dort gilt das für jede vierte Altersrente der Männer und für etwas weniger als die Hälfte der Altersrenten der Frauen.[9]

Aus diesen Zahlen darf man jedoch nicht vorschnell auf Altersarmut schließen. Die persönliche gesetzliche Rente ist schließlich nicht mit dem verfügbaren Haushaltseinkommen gleichzusetzen. Viele Alleinstehende erhalten zusätzlich zur eigenen Rente noch eine Witwenrente.[10] Ehepaare verfügen in der Regel über zwei gesetzliche Renten, brauchen aber weniger als das Doppelte als ein Alleinstehender. Ein direkter Vergleich der gesetzlichen Altersrente mit dem soziokulturellen Existenzminimum ist also irreführend.

Das gilt umso mehr, als in Deutschland die gesetzliche Rente nur eine von drei Säulen der Altersvorsorge darstellt. Mit der betrieblichen Altersvorsorge als zweiter und einer staatlich geförderten privaten Altersvorsorge wie der Riesterrente als dritter Säule kommen weitere Alterseinkünfte hinzu. Die gesamten Altersbezüge in Tabelle 10 zeigen bereits ein etwas optimistischeres Bild. Von den Alleinstehenden hatten 2015 »nur« 17,3 Prozent ein verfügbares Einkommen von unter 900 Euro. 17 Prozent der Rentnerehepaare in den alten Bundesländern wiesen ein verfügbares Haushaltseinkommen unter 1.500 Euro im Monat aus, 8 Prozent hatten weniger als 1.250 Euro zur Verfügung. Im Osten sind es nur 9 beziehungsweise 3 Prozent. Das sind diejenigen Rentnerhaushalte, die potenziell unter das soziokulturelle Existenzminimum fallen.

	Alte Bundesländer			Neue Bundesländer		
	Ehepaare	Alleinstehende		Ehepaare	Alleinstehende	
		Männer	Frauen		Männer	Frauen
Zahl der Haushalte ab 65 Jahren (in 1000)	4.418	1.550	4.158	1.067	336	998
Anteil in % mit monatlichem Nettolohn von … bis unter … Euro						
Unter 300	0	0	0	0	0	0
300–600	0	2	4	0	1	1
600–900	3	13	16	0	15	9
900–1.200	5	16	22	2	23	20
1.200–1.500	9	9	22	7	25	36
1.500–1.750	10	14	14	13	17	20
1.750–2.000	11	12	8	18	12	8
2.000 und höher	63	24	14	59	9	5
Nachrichtlich						
Durchschnittliches monatliches Nettoeinkommen 2015 in Euro	2.611	1.661	1.4131	2.260	1.394	1.372

TABELLE 10: Nettohaushaltseinkommen der Rentnerhaushalte

Quelle: Bundesministerium für Arbeit und Soziales (2015), Tabellen 1437–1439 und 2437–2439, eigene Berechnungen.

Wer im eigenen Heim wohnt und keine Miete zahlen muss, ist in den meisten Fällen nicht von Altersarmut betroffen. Durch das eigene Heim ist ein großer Teil des existenzsichernden Bedarfs bereits gedeckt. Vorsichtig geschätzt wohnen etwa 25 Prozent der alleinstehenden Rentner mit einem Haushaltseinkommen von unter 900 Euro in der eigenen Wohnung. Bei Rentnerehepaaren mit einem Haushaltseinkommen unter 1.250 Euro sind es schätzungsweise 40 Prozent.[11] Entsprechend niedriger ist der Anteil der Haushalte, die potenziell unter dem soziokulturellen Existenzminimum leben.

GRUNDSICHERUNG IM ALTER

Wer mit gesetzlicher Rente, Leistungen aus der privaten Altersvorsorge und weiteren Einkünften wie etwa dem Wohngeld nicht über das soziokulturelle Existenzminimum kommt, kann ergänzende Grundsicherung im Alter beantragen.[12] Die Fürsorgeleistungen entsprechen weitgehend denjenigen im ALG II. Dazu kommen jedoch einige spezielle Mehrbedarfe für Senioren.[13]

Vermögen und sonstige Einkommen werden bei der Grundsicherung im Alter angerechnet. Für alleinstehende Rentner bleibt nur ein Schonvermögen von 5.000 Euro und für Rentnerehepaare in Höhe von 10.000 Euro unberücksichtigt. Ist der Partner berufstätig, wird dessen Einkommen, soweit es dessen persönlichen Bedarf überschreitet, voll angerechnet,[14] ebenso wie die eigene gesetzliche Altersrente. Nur bei Betriebsrenten, Riesterrente und Basisrente dürfen 100 Euro abzugsfrei behalten werden. Von Beträgen, die diese 100 Euro überschreiten, darf man 30 Prozent behalten, allerdings nur bis zu einem Höchstsatz von 50 Prozent des einfachen Regelsatzes im ALG II, das sind aktuell (2020) 216 Euro.[15] Arbeitseinkommen werden bis 720 Euro im Monat zu 70 Prozent verrechnet, darüber hinaus zu 100 Prozent.

2019 erhielten 3,2 Prozent aller Rentner Grundsicherung im Alter, das sind 557.000 Personen.[16] Die Quote ist deutlich niedriger als die Quote der ALG-II-Bezieher, die bei 8,4 Prozent (2019) liegt.[17] Sie ist aber im Gegensatz zur Quote der ALG-II-Bezieher seit 2003, als die Quote noch bei 1,7 Prozent lag, kontinuierlich angestiegen. Das liegt einerseits an der Absenkung des Rentenniveaus und den Folgen einer unzureichenden Absicherung durch längere Phasen der Arbeitslosigkeit. Ein Teil des Anstiegs kommt jedoch auch daher, dass seit 2005 die Einkommen der Kinder erst ab einem Einkommen von über 100.000 Euro zur Unterstützung ihrer Eltern herangezogen werden. Viele ärmere Rentner hatten vor 2005 keinen Antrag auf Grundsicherung gestellt, um ihren Kindern nicht zur Last zu fallen.[18] Das hat sich zwar geändert, allerdings geht man davon aus, dass auch heute noch nur etwas mehr als die Hälfte aller Anspruchsberechtigten Grundsicherung im Alter beantragen.[19]

GRUNDRENTE: AUSWEG AUS DER ALTERSARMUT?

Die SPD hat mit der Grundsicherung im Alter ihre Probleme. Aus ihrer Sicht sollte, wer jahrzehntelang gearbeitet hat, im Alter nicht aufs Sozialamt angewiesen sein.[20] Sie setzte sich deshalb viele Jahre lang für eine ergänzende Altersabsicherung ein, die keine Bedarfssicherung zum Ziel hat, sondern Respekt gegenüber der Lebensleistung:

»Personen, die jahrzehntelang verpflichtend Beiträge zur gesetzlichen Rentenversicherung gezahlt haben, dürfen im Alter eine der Lebensleistung entsprechende Rente erwarten. Die Menschen müssen darauf vertrauen können, dass sie nach einem langen Arbeitsleben – auch bei unterdurchschnittlichem Einkommen – ordentlich abgesichert sind und besser dastehen als jemand, der wenig oder gar nicht gearbeitet und somit wenige oder keine Pflichtbeiträge zur gesetzlichen Rentenversicherung gezahlt hat.«[21]

Ab 2021 soll es deshalb eine zusätzliche Grundrente für langjährige Beitragszahler geben. Ihre Einführung könnte sich jedoch wegen der Corona-Krise verzögern. In der Grundrente wird der Begriff der Leistung völlig neu interpretiert. Es ist nicht so wichtig, wie viel man einbezahlt hat. Viel wichtiger ist, dass man es über einen langen Zeitraum hinweg getan hat. Ein Rentner, der 35 Jahre in die Rente einbezahlt hat, kann bei einer kleinen gesetzlichen Altersrente bis zu 405 Euro zusätzlich bekommen.[22] Das gilt auch, wenn man aufgrund einer zusätzlichen privaten Rente oder durch eine Hinterbliebenenrente bereits deutlich mehr Geld im Alter zur Verfügung hat, als zur Absicherung des soziokulturellen Existenzminimums notwendig wäre. Rentner, die weniger als 33 Jahre Beiträge bezahlt haben, gehen bei der Grundrente hingegen grundsätzlich leer aus.

Was das konkret bedeutet, zeigt ein Beispiel: Wer 35 Jahre halbtags zu einem Stundenlohn von auf heutigen Lohn umgerechnet 16,90 Euro gearbeitet hat, bekommt die volle Grundrente in Höhe von 405 Euro. Wer hingegen 31,5 Jahre Vollzeit zum Mindestlohn gearbeitet hat – also fast doppelt so lang zum halben Lohn – kommt auf die gleiche Altersrente, geht aber bei der Grundrente leer aus und zukünftig mit einer deutlich kleineren Rente in den Ruhestand.

Die Bundesregierung geht deshalb auch davon aus, dass zwar rund 1,3 Millionen Rentner die Grundrente in Anspruch nehmen können, aber nur etwa 110.000 Bezieher der Grundsicherung im Alter von dem Grundrentengesetz profitieren werden.[23] Das bedeutet, dass rund 80 Prozent der Grundsicherungsbezieher nicht zur Zielgruppe gehören, der mit der Grundrente geholfen werden soll. Mit der Grundrente werden also offenkundig andere Ziele als die Existenzsicherung verfolgt. Das erinnert an die Kinderzuschlagsvariante, mit der man Eltern, die ohne ihre Kinder eigentlich für sich selbst sorgen könnten, vor dem ALG II schützen will (siehe hierzu Kapitel 5). Bei der Grundrente geht es darum, langjährig Versicherte mit einem neuen Förderinstrument vor der Grundsicherung im Alter zu schützen, denn diese ist, aus Sicht der Bundesregierung, ebenso wie ALG II mit einem Makel behaftet:

> »Die hiermit verknüpfte Prüfung und den notwendigen Nachweis der gesamten Einkommens- und Vermögensverhältnisse empfinden viele Rentnerinnen und Rentner als unbillig hart mit Blick auf langjährige Beitragszahlung und die Anerkennung ihrer Biografie.«[24]

Da ist er wieder, der staatliche Vorbehalt gegen seine eigenen Sozialsysteme, die quasi staatliche »Diskreditierung der Grundsicherung«,[25] die Menschen angeblich die Würde nimmt, weil sie dem Staat die Möglichkeit einräumt, zu überprüfen, ob Betroffene auch wirklich hilfebedürftig sind. Dabei unterscheidet die Bundesregierung aber zwischen einer scheinbar unproblematischen Einkommensprüfung, die bei der Grundrente ja vorgesehen ist, und einer zusätzlichen, »unbillig harten« Überprüfung der Vermögensverhältnisse, wie sie in der Grundsicherung im Alter vorgenommen wird.

Davon abgesehen würde die Grundrente allein Grundsicherungsbeziehern eigentlich gar nicht helfen, denn diese müssten ja die zusätzliche Grundrente vollständig mit der Grundsicherung im Alter verrechnen. Das wollte man jedoch vermeiden. Deshalb dürfen Bezieher der Grundsicherung im Alter einen Teil ihrer Altersrente, maximal 216 Euro im Monat, zusätzlich für sich behalten, wenn sie zuvor mindestens 33 Jahre in die gesetzliche Rentenversicherung eingezahlt haben. Ob sie tatsächlich Grundrente beziehen, spielt für diesen Freibetrag keine Rolle.[26]

Die Grundrente führt damit in der Altersversorgung eine Drei-Klassen-Förderung bei Rentnern mit kleinen gesetzlichen Altersrenten ein. Am unteren Ende der Förderhierarchie stehen alle, die auf weniger als 33 Jahre Grundrentenzeit kommen und deren Renten unter dem soziokulturellen Existenzminimum liegen. Sie bekommen nur die Grundsicherung im Alter, ihre Altersrente wird vollständig mit der Grundsicherung im Alter verrechnet. In der mittleren Förderklasse findet man diejenigen, deren Renten ebenfalls unter dem soziokulturellen Existenzminimum liegen, die aber auf mindestens 33 Jahre an Anrechnungszeiten in der gesetzlichen Rentenversicherung kommen. Sie dürfen einen Teil ihrer gesetzlichen Rente einschließlich der Grundrente für sich behalten, insgesamt bis zu 216 Euro im Monat. Sie profitieren nicht von der Grundrente, aber von der mit der Grundrente zusammen eingeführten Freibetragsregelung.

In der obersten Förderklasse finden sich diejenigen wieder, die nur geringe, über lange Jahre erworbene Ansprüche aus der gesetzlichen Rentenversicherung haben, aber wegen anderer Einkommensquellen gar nicht bedürftig sind und damit auch keinen Anspruch auf Grundsicherung im Alter haben. Sie sind die großen Gewinner bei der Grundrente. Dazu gehören unter anderem Haushalte, die im eigenen Heim wohnen und deren dadurch eingesparte Miete bei der Einkommensprüfung nicht mitberücksichtigt wird, Ebenso Haushalte, in denen einer zusätzlich zu einer bestehenden Altersvorsorge, die über dem Grundsicherungsniveau liegt, mit Teilzeitarbeit lange Jahre etwas hinzuverdiente.

Das Konzept der Grundrente, wie es die aktuelle Bundesregierung verfolgt, ist also ein großer sozialpolitischer Fehler, weil es nicht die wirklich Bedürftigen begünstigt, sondern einmal mehr einer interessengeleiteten Klientelpolitik verpflichtet ist.

DAS DILEMMA DER ALTERSVORSORGE

Wie schon öfter betont: Bei der neuen Grundsicherung für Erwerbsfähige geht es um die Balance von Fürsorge und Selbsthilfe. Diese Balance zu wahren scheint bei der Grundsicherung im Alter auf den ersten Blick nicht mehr notwendig. Schließlich stehen mit dem Renteneintritt die zukünftigen Einkommen mehr oder weniger unveränderlich fest. Bei Rentnern kommt eine Förderung von Selbsthilfe daher zu spät. Heißt das, dass es bei der Grundsicherung im Alter kein Sozialstaatsdilemma gibt?

Leider nein. Bei der Grundsicherung im Alter zeigt sich ein anderes Dilemma: Das Altersvorsorgedilemma tut sich bereits lange vor dem Renteneintritt und der möglichen Inanspruchnahme der Grundsicherung im Alter auf. Es geht dabei um fehlende Anreize,  bereits während des Berufslebens in ausreichendem Maße eigene Altersvorsorge zu betreiben. Die gesetzliche Rentenversicherung löst dieses Problem, indem sie als Zwangsversicherung von allen Arbeitnehmern Beitragszahlungen verlangt. So wird jeder, der arbeitet, gezwungen, selbst für sein Alter vorzusorgen. Die gesellschaftliche Verpflichtung zur Hilfe beschränkt sich damit auf diejenigen, die nur geringe Beiträge einzahlen konnten und zu wenig gesetzliche Altersrente bekommen.

Problematisch wird es jedoch, wenn die Politik bei der Altersversorgung immer stärker auf eine freiwillige private Altersvorsorge setzt und die gesetzliche Rente entsprechend kürzt. Damit fallen immer mehr Geringverdiener mit ihrer gesetzlichen Rente unter das Existenzminimum. Denn für sie lohnt es sich nicht, fürs Alter zu sparen und Monat für Monat auf einen Teil ihres ohnehin spärlichen Arbeitseinkommens zu verzichten, weil die zusätzliche private Rente zum Großteil mit der Grundsicherung im Alter verrechnet wird. Für sie lohnt sich allenfalls eine private Rente bis zu 100 Euro im Monat, da sie diese abzugsfrei behalten dürfen. Doch das reicht natürlich bei Weitem nicht aus, um die Absicherungslücke bei Geringverdienern zu schließen. Kein Wunder also, wenn in dieser Gruppe weder der Ansporn, über das Rentenalter hinaus zu arbeiten, noch die Bereitschaft, in eine private Altersvorsorge zu investieren, besonders hoch ist.[27] Je stärker aber die Absicherung durch die gesetzliche Zwangsversicherung abnimmt, desto mehr verschärft sich das Problem der Altersarmut.

Das ist, kompakt formuliert, das Altersvorsorgedilemma: Wer wenig verdient, hat kaum Spielraum und erst recht keine Anreize, privat vorzusorgen. Und dieses Dilemma wird in Zukunft noch größer werden. Gute Altersvorsorge sieht anders aus!

ALTERSARMUT VERMEIDEN – SO GEHT ES

Eine erste Ursache für wachsende Altersarmut liegt in der stetig steigenden Lebenserwartung. Sie erhöht die Kosten der Altersvorsorge und senkt das Rentenniveau, was wiederum die Altersarmut weiter ansteigen lässt. Die Sozialpolitik kann dies verhindern, indem sie die Bereitschaft, länger zu arbeiten, als eigenverantwortlichen Beitrag zur Existenzsicherung im Alter einfordert.

Einen ersten Schutz gegen Altersarmut durch mehr Eigenvorsorge bietet eine Koppelung des Renteneintrittsalters an die Lebenserwartung. Sie verteilt die zusätzlichen Lebensjahre gleichmäßig auf Berufsleben und Ruhestand. Wer länger arbeitet, wenn er länger lebt, sorgt damit selbst für die zusätzlich notwendige Versorgung im Alter. Das kommt jedem einzelnen Rentner zugute und bedeutet, dass weniger Menschen im Alter unter das soziokulturelle Existenzminimum fallen.[28] Die Koppelung des Renteneintrittsalters an die Lebenserwartung hilft beim Schutz vor Altersarmut, indem sie einen zusätzlichen, eigenständigen Beitrag zur Altersvorsorge einfordert.

Wenn in der Zukunft jedes zusätzliche Jahr an Lebenserwartung im Verhältnis 2:1 auf Berufsleben und Ruhestand aufgeteilt wird, müsste das Renteneintrittsalter bis 2060 auf 69 Jahre angehoben werden und bis 2080 sogar auf 71 Jahre. Die Lebenserwartung der heute Zehnjährigen läge dann bei 87,7 Jahren für Männer und bei 91,3 Jahren für Frauen.[29] Unsere Enkelkinder müssten vier Jahre länger arbeiten, genießen dafür aber auch einen zwei Jahre längeren Lebensabend. Durch die längere Lebensarbeitszeit stiege das Rentenniveau um 2 Prozentpunkte im Jahr 2060 und sogar um 4 Prozentpunkte im Jahr 2080 gegenüber der heute geltenden »Rente mit 67«.[30]

DIE NEUE GRUNDSICHERUNG: SCHUTZ AUCH IM ALTER

Wer trotz längerer Berufstätigkeit und der daraus resultierenden höheren Rente unter das bisherige Grundsicherungsniveau fällt, wird auch als Rentner durch die neue Grundsicherungsarchitektur aufgefangen. Ihre Regelungen werden weitgehend für Bedürftige im Alter übernommen und ersetzen sowohl das heutige System der Grundsicherung im Alter als auch die neue Grundrente.

Der Regelbedarf für Rentner wird im Rahmen des ersten Grundpfeilers der neuen Grundsicherungsarchitektur, der Regelbedarfssicherung (RBS), abgedeckt. Die für Erwerbsfähige geltenden Hinzuverdienstmöglichkeiten werden dabei 1:1 auf die Freibetragsgrenzen in der Altersvorsorge übertragen: Für alle Alterseinkünfte, die in der Summe die Höhe des Regelbedarfs übersteigen, wird unabhängig von der Art der Rente ein Freibetrag von 100 Euro eingeführt, der nicht mit der Regelbedarfssicherung verrechnet wird. Nach Abzug der Kranken- und Pflegeversicherungsbeiträge verbleiben damit 88 Euro, die zur Nettorente hinzukommen. Von darüber hinausgehenden Alterseinkünften dürfen Rentner grundsätzlich 30 Prozent behalten. Der Rest wird nach Abzug der Sozialversicherungsabgaben mit der Regelbedarfssicherung verrechnet.

Die neuen Freibetragsregelungen gelten ausdrücklich nicht mehr nur für die private Altersvorsorge, sondern auch für die gesetzlichen Renten, die bislang zu 100 Prozent angerechnet werden. Wer sich entscheidet, durch ein weiteres Jahr Arbeit seine Rente um 20 Euro aufzubessern, sollte nicht anders behandelt werden als jemand, der seine Alterseinkünfte durch den Abschluss einer Riesterrente um 20 Euro erhöht. Es macht damit keinen Unterschied mehr, durch welche Eigenleistung man seine Alterseinkünfte steigert.

Die Regelbedarfssicherung deckt auch bei Rentnern nur den alltäglichen Bedarf ab. Rentner mit niedrigen Altersbezügen erhalten daher abhängig von der ortsüblichen Miete und den tatsächlichen Mietkosten ebenso wie andere einkommensschwächere Haushalte die Wohnbedarfssicherung (WBS). Solange die betroffenen Rentner noch Leistungen aus der Regelbedarfssicherung erhalten, übernimmt die Wohnbedarfssicherung die gesamten Wohnkosten der Rentner bis zu einer regional festgesetzten Obergrenze (siehe hierzu Kapitel 6). Danach wird die Wohnbedarfssicherung auch bei Rentnern so abgeschmolzen, dass sie in jedem Fall mindestens 30 Prozent ihrer zusätzlichen Alterseinkünfte behalten können.

Dafür bedarf es allerdings anderer Regeln als bei Haushalten mit Erwerbstätigen. Rentner zahlen keine Beiträge mehr in die gesetzliche Renten- und Arbeitslosenversicherung ein. Da man ihnen aber ebenso wie Erwerbstätigen nur 30 Prozent des zusätzlichen Einkommens belässt, kann man die eingesparten Beiträge entsprechend nutzen, um die Wohnbedarfssicherung schneller abzuschmelzen. So zahlen Rentner das, was sie anderenfalls mehr an Sozialversicherungsbeiträgen hätten leisten müssen, für die eigene Unterkunft. Die Transferentzugsrate bei der Wohnbedarfssicherung liegt deshalb bei Rentnern bei etwa 55 Prozent.

Für Rentner gelten damit weitgehend die Regelungen des ersten und des dritten Grundpfeilers der neuen Grundsicherungsarchitektur. Das erleichtert den Übergang von der Berufstätigkeit in die Rente. Bei der Beantragung der Wohnbedarfssicherung ändert sich fast nichts. Einzig die Meldung, dass keine Sozialversicherungsbeiträge mehr für die Renten- und Arbeitslosenversicherung bezahlt werden, führt zu höheren Abzügen bei der WBS. Für alle, die vor der Rente schon auf Grundsicherung angewiesen waren, ändert sich durch den Renteneintritt also nichts an der Höhe der WBS-Leistungen. Damit werden die Rentner in der neuen Grundsicherung wie die Erwerbsfähigen behandelt. Bei beiden summieren sich die Abzüge auf 70 Prozent – deutlich weniger als die 100 Prozent Abzüge in der gegenwärtigen Grundsicherung im Alter.

Das Zusammenspiel von Regelbedarfs- und Wohnbedarfssicherung garantiert allen Rentnern das soziokulturelle Existenzminimum. Darüber hinaus ergeben sich vor allem bei geringen Renten deutliche Verbesserungen. Die Lebensleistung von Rentnern, sei es durch längere Erwerbstätigkeit, die zu mehr Entgeltpunkten führte, sei es durch private Altersvorsorgeleistungen, wird in der neuen Grundsicherung in weit größerem Umfang als bisher honoriert.

Für Rentner mit sehr kleinen gesetzlichen Altersrenten gibt es gegenüber dem Status quo keine Unterschiede. Ihr Renteneinkommen wird bis zur Höhe des Regelbedarfs wie bisher zu 100 Prozent angerechnet. Zwischen 432 Euro und 532 Euro gilt der neue Freibetrag, welcher die Nettorente mit jedem zusätzlichen Euro um 88 Cent erhöht. Ab 532 Euro dürfen Rentner 30 Prozent ihrer Bruttorente behalten, bis sie bei einer Bruttorente von 612 Euro aus dem RBS-Bezug fallen. Bei Rentnerehepaaren liegt die Bezugsgrenze für Regelbedarfssicherung bei 1.200 Euro im Monat. Von diesen Verbesserungen profitieren voraussichtlich bis zu 3 Prozent der Alleinstehenden und 7 Prozent der Rentnerehepaare, wie ein Blick in Tabelle 10 zeigt.

Bereits erworbene Ansprüche aus der privaten Altersvorsorge genießen Bestandsschutz. Für sie gelten weiterhin die alten Freibeträge, sofern diese günstiger sind als die neuen. Die niedrigeren Freibeträge bei sehr kleinen Renten für die private Altersvorsorge wirken sich jedoch bei den allerwenigsten Rentnern nachteilig aus. Sie verringern sich nur für diejenigen, deren Bruttorente unter 432 Euro liegt. Die Riesterrente wird damit in diesem Bereich genauso behandelt wie höhere gesetzliche Altersrenten. Auch Sondervergünstigungen wie durch die Grundrente gibt es in der neuen Regelbedarfssicherung nicht. Für alle Altersbezüge gelten die gleichen Anrechnungsregeln.

Abbildung 20 zeigt, wie sich die Integration der bisherigen Grundsicherung im Alter in die neue Grundsicherungsarchitektur auswirken würde. Sie vergleicht die Nettorenten im Status quo mit und ohne Grundrente mit den Nettorenten, wie sie sich im neuen System ergeben. Dabei werden alleinstehende Rentner mit einer Bruttorente von monatlich 500 Euro, 1.000 Euro beziehungsweise 1.500 Euro betrachtet und es wird zwischen Rentnern ohne Grundrente – das sind alle mit weniger als 33 Jahren Anrechnungszeiten in der gesetzlichen Rentenversicherung – und Rentnern mit Grundrente – das sind Rentner mit mehr als 33 Jahren Anrechnungszeiten – unterschieden. Letztere sollen nach den aktuellen Regierungsplänen ab 2021 einen Freibetrag in Höhe von maximal 216 Euro bei der Grundsicherung im Alter erhalten.

ABBILDUNG 20: Die neuen Alterseinkünfte eines alleinstehenden Rentners

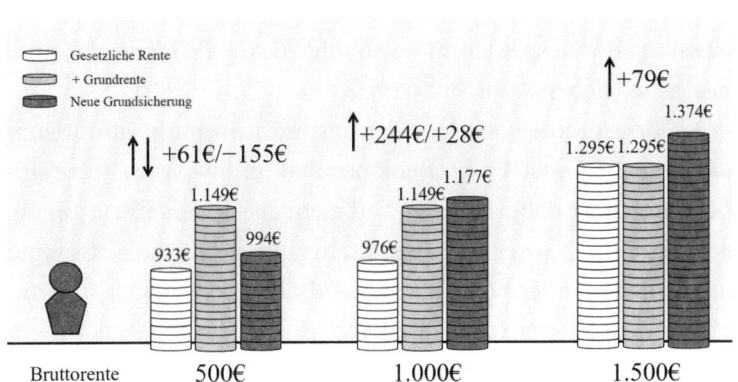

Die Grundrente wurde auf Grundlage des Gesetzesentwurfs vom 8.4.2020 berechnet. In der neuen Grundsicherung im Alter liegt die Bezugsgrenze der RBS bei 612 Euro, die der WBS bei 1.722 Euro. Die erste Differenz zeigt an, wie hoch der Unterschied der neuen Alterssicherung zur jetzigen Alterssicherung ist, die zweite Differenz zeigt den Unterschied zur heutigen Altersrente zuzüglich der für 2021 geplanten Grundrente.

Quelle: Eigene Berechnungen, Stand 2020.

Nach heutigem Recht bekommen Rentner mit 1.000 Euro Bruttorente nur 40 Euro mehr Rente wie diejenigen, die nur auf eine Bruttorente von 500 Euro kommen. Für diejenigen mit langjährigen Anrechnungszeiten, die 216 Euro mehr bekommen als Grundsicherungsempfänger ohne Anspruch auf eine Grundrente, sind die Nettorenten sogar gleich.

Diese Sonderbehandlung der langjährig Versicherten wird in der neuen Grundsicherungsarchitektur wieder abgeschafft. Wer mehr eigene Rente bekommt, bekommt auch netto mehr ausbezahlt. Diejenigen mit einer Bruttorente von 500 Euro, die keine Grundrente bekommen, erhalten 61 Euro mehr im Monat. Das betrifft immerhin 80 Prozent der heutigen Bezieher von Grundsicherung im Alter. Verluste müssen dagegen Grundrentenbezieher mit einer Altersrente von 500 Euro, die zugleich Grundsicherung im Alter erhalten, hinnehmen. Sie verlieren rund 72 Prozent der geplanten Grundrente, die sie ab 2021 bekommen sollen, nämlich 155 Euro. Da die neue Grundsicherung nicht zwischen verschiedenen Anwartschaften unterscheidet, zollt sie der Lebensleistung aller Respekt, egal wann und wie die Leistung im Laufe des Arbeitslebens erbracht wurde.

Bei Bruttorenten oberhalb des Existenzminimums profitieren alle von der Umstellung. Bei einer Bruttorente von 1.000 Euro bekommt man dabei in jedem Fall mehr als mit einer Bruttorente von 500 Euro. Gegenüber dem Status quo steigt die Nettorente um 244 Euro, sofern man kein Grundrentenbezieher ist, und um 28 Euro, sofern man Grundrentenbezieher ist. Die eigene Altersvorsorge, sei es durch längere Arbeit oder private Altersvorsorge, wird dabei am stärksten in der Nähe des Existenzminimums gefördert. Mit steigender Bruttorente werden die Unterschiede gegenüber dem Status quo kleiner, sie verschwinden vollständig jenseits der Bezugsgrenze der Wohnbedarfssicherung.

ABBILDUNG 21: DIE NEUEN ALTERSEINKÜNFTE EINES RENTNEREHEPAARS

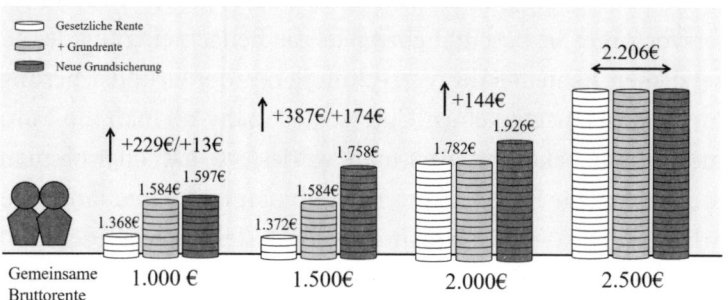

Siehe Abbildung 20. Bei der neuen Grundsicherung im Alter liegt die Bezugsgrenze der RBS bei 1.197 Euro und die der WBS bei 2.261 Euro.[31] Die erste Differenz zeigt an, wie hoch der Unterschied der neuen Alterssicherung zur jetzigen Alterssicherung ist, die zweite Differenz zeigt den Unterschied zur heutigen Altersrente zuzüglich der für 2021 geplanten Grundrente.

Quelle: Eigene Berechnungen, Stand 2020.

Rentnerehepaare mit kleinen Renten werden bessergestellt, unabhängig davon, ob sie zukünftig zusätzlich noch Anspruch auf eine Grundrente haben oder nicht. Die Abbildung 21 betrachtet unterschiedliche Rentnerehepaare, bei denen ein Ehepartner ohne Anspruch auf eine Grundrente eine Bruttorente von 500 Euro bezieht, während der andere Ehepartner eine gesetzliche Altersrente zwischen 500 Euro und 2.000 Euro erhält. Damit hat dieser in einem Fall Anspruch auf Grundrente (hellgraue Balken), im anderen Fall nicht. An der Achse ist die gemeinsame Bruttorente abgetragen.

Paare mit einer Bruttorente von 1.000 Euro monatlich erhalten 229 Euro mehr als bisher[32] und 13 Euro mehr, wenn sie eine Grundrente beziehen. Bei Alterseinkünften in Höhe von 1.500 Euro steigt der Vorteil auf netto 387 Euro, sofern man keine Grundrente bezieht, beziehungsweise um 174 Euro, wenn man ab 2021 eine Grundrente erhält. Mit steigender Bruttorente nimmt der Unterschied dann kontinuierlich ab. Jenseits der WBS-Bezugsgrenze ändert sich nichts.

Ich fasse zusammen: Die neue Grundsicherungsarchitektur fördert vorrangig kleine Renten und stärkt die Anreize zur Altersvorsorge. Sie beseitigt einerseits die Benachteiligung der gesetzlichen Rente bei der Verrechnung mit der Grundsicherung im Alter. Es macht keinen Unterschied mehr, ob man 100 Euro mehr Rente bekommt, weil man »geriestert« hat, oder ob man 100 Euro mehr Rente bekommt, weil man fünf Jahre länger gearbeitet hat.[33] Wer für das Alter vorsorgt, stellt sich in jedem Fall besser, sei es durch den Abschluss einer privaten Altersvorsorge, sei es durch die Entscheidung, länger zu arbeiten, um zusätzliche Entgeltpunkte in der gesetzlichen Rente zu sammeln. Die neue Grundsicherung beseitigt auch die Ungleichbehandlung durch die Grundrente. Sie hilft denen, die bedürftig sind, und stärkt deren Bereitschaft zu Eigenvorsorge. Sonderbehandlungen einzelner Rentnergruppen, die der Politik offenbar am Herzen liegen, gibt es nicht mehr. Es gibt nur ein Ziel: die Bedarfssicherung, die auf ein sinnvolles Zusammenspiel von Fürsorge und Eigenvorsorge setzt. Da sich dabei ein Großteil der Förderung aus der Wohnbedarfssicherung ergibt, verliert sie zudem viel von der Stigmatisierung, die der Grundsicherung im Alter anhaftet.

Damit überzeugt mein Vorschlag hoffentlich auch die Politik endlich davon, dass die Grundsicherung auch gegenüber Rentnern mehr ist als staatliche Almosen, nämlich ein gegenseitiges Versprechen zur Hilfe in Not.

EPILOG

VOR GROSSEN HERAUSFORDERUNGEN

Rund zehn Jahre nach der globalen Finanz- und Wirtschaftskrise zwingt die Corona-Pandemie den Staat erneut, Bürger und Unternehmen mit milliardenschweren, schuldenfinanzierten Hilfspaketen zu unterstützen. Dabei zeigt sich: Auch in existenziellen Großkrisen haben wir einen handlungsfähigen Sozialstaat, der uns in unverschuldeter wirtschaftlicher und sozialer Not unter die Arme greift. Das ist beruhigend zu wissen, auch wenn die Situation für viele erst einmal schwer bleibt.

Allerdings wissen wir ebenfalls: Was jetzt vom Staat ausgegeben wird, muss auch erarbeitet werden. Jetzt und in Zukunft. Und zwar von uns, den Bürgern. Schon heute lohnt es sich also, darüber nachzudenken, wie wir unseren Sozialstaat über die Krise hinaus zukunftsfest machen – auch für »normale« Zeiten. Denn nur wenn der Sozialstaat in »normalen« Zeiten noch zielgenauer hilft, sind wir für spätere Großkrisen gerüstet.

Der Ausbruch der Corona-Pandemie hat mich in meiner Überzeugung bestärkt: Wir brauchen eine neue Vision eines zeitgemäßen starken Sozialstaates, die neben dem Versprechen, in Notlagen zu helfen, gezielt auch Anreize für die Übernahme von mehr Eigenverantwortung durch jeden einzelnen Bürger betont. Ein so verstandener starker Sozialstaat bedeutet ein Maximum an Sicherheit für uns alle. Der in der Corona-Krise vielerorts gezeigte Bürgersinn, das vermehrte Sich-umeinander-Kümmern, ist ein gutes Zeichen dafür, dass die Übernahme von Eigenverantwortung künftig viel selbstverständlicher erwartet werden kann, als das manche meinen.

Dem gegenüber steht jedoch ein großes Aber: Unser sozialstaatliches System läuft schon länger Gefahr, den wachsenden Herausforderungen nicht mehr gewachsen zu sein und so den gesellschaftlichen Zusammenhalt aufs Spiel zu setzen. Die Politik muss sich nach der Krise weiterbewegen – genau so, wie wir es auch müssen. Denn wenn wir das nicht tun, dann gefährden wir das Fundament unseres freiheitlichen und demokratischen Miteinanders und damit auch unseren Wohlstand und unsere Art zu leben.

Deswegen sollten wir auch ehrlich mit uns sein: Über viele Jahre, ja Jahrzehnte hinweg haben wir uns an die Leistungen eines Sozialstaates gewöhnt. Dass es ihn gibt, ist ohne Zweifel gut, ja segensreich. Aber wir haben irgendwann aufgehört zu hinterfragen, wofür genau er angesichts der Herausforderungen unseres Lebens in einer modernen, globalisierten und technologisierten Welt eigentlich da sein sollte.

Mehr noch: Anstatt klaren, an dieser modernen Welt ausgerichteten Vorstellungen zu folgen, sind zuletzt Forderungen immer lauter geworden, der Sozialstaat müsse zu einer Art garantierter Versicherung für fast alle Unsicherheiten des Lebens werden.

Diese Entwicklung scheint durch die Corona-Krise noch forciert worden zu sein. Doch sie ist lebensfern – und sie ist gefährlich. Denn ein zum quasi paternalistischen Vollversicherer mutierter Sozialstaat entmündigt seine Bürger und macht zudem bequem. Damit untergräbt er nicht nur die notwendige Initiativ- und Innovationskraft, die es braucht, um weiter auf dem Weltmarkt erfolgreich zu sein. Er untergräbt vielmehr ebenfalls sein eigenes Fundament – nämlich die Bereitschaft seiner Bürger, für sich selbst zu sorgen und zugleich anderen zu helfen, die das nicht (ausreichend) können.

Eine weitere gefährliche Entwicklung, die ich in Deutschland mit wachsender Sorge erkenne, ist eine zunehmend interessengruppenorientierte Politik. Die Parteien streben immer stärker danach, mit sozialpolitischen Wohltaten die eigenen Wähler bei der Stange zu halten und verlorene Wähler zurückzugewinnen: Kostenlose Kitaplätze und Baukindergeld helfen jungen, gut verdienenden Familien, die Rente mit 63 hilft finanziell gut abgesicherten Facharbeitern. Die Liste mit solchen Maßnahmen lässt sich schnell verlängern, aber keine davon hilft denen, die dringend Hilfe nötig haben.

Die Folge ist, dass diese wirklich Bedürftigen, die keine starke Lobby haben, aus dem Blickfeld rücken. Auch wenn anderes behauptet wird: Die Grundrente etwa, die die Lebensleistung zu würdigen verspricht, bringt weder denen etwas, die ihr Leben lang hart gearbeitet haben, noch denen, die im Alter von staatlicher Unterstützung abhängig sind.

Wenn aber der Sozialstaat zum Selbstbedienungsladen für eine Politik wird, die nur noch ihre Klientel bedient, wird er über kurz oder lang die Unterstützung seiner Bürger verlieren. Denn wenn alle etwas abbekommen, fühlt sich am Ende jeder als Verlierer, und der Sozialstaat wird dafür zum Sündenbock gemacht.

Wir müssen uns schnellstmöglich von diesem oft irrlichternden Klein-Klein der Sozialpolitik der letzten Jahre genauso verabschieden wie von einigen verkrusteten Strukturen unseres Sozialsystems. Stattdessen muss unser Sozialstaat wieder das tun, wofür er geschaffen wurde: uns gegen diejenigen Lebensrisiken absichern, gegen die es keinen anderen Schutz gibt.

Dabei kommt der Grundsicherung eine besondere Rolle zu. Als unterstes Sicherheitsnetz, das uns Bürger auffängt, wenn alle anderen Stricke reißen, ist sie das Herz des starken Sozialstaates. Sie muss anerkannt und geformt werden als das Instrument, das den bestmöglichen Schutz bietet vor Armut und sozialem Abstieg – wenn Arbeitslosigkeit oder Altersarmut drohen, Einkommen nicht mehr für das Lebensnotwendige ausreichen, Mieten vom Gehalt plötzlich nicht mehr bezahlbar sind oder die Ausgaben für Kinder weiter rasant steigen.

Die Gewährleistung dieses Schutzes aber gelingt nur, wenn wir die Grundsicherung als eine »Versicherung auf Gegenseitigkeit« begreifen, in der wir uns wechselseitig das Versprechen abnehmen, uns in der Not zu helfen – und es dann (über den Sozialstaat) auch einlösen, wenn dieser Fall eintritt. Das in diesem Buch vorgestellte Konzept einer neuen solidarischen, auf drei Pfeilern ruhenden Grundsicherung zielt genau darauf.

Es ist Zeit für eine neue Vision des starken Sozialstaates in diesem Geist. Zeit, diese Vision anzugehen und zügig umzusetzen.

LITERATURVERZEICHNIS

Alber, Jens (1987): *Vom Armenhaus zum Wohlfahrtsstaat. Analysen zur Entwicklung der Sozialversicherung in Westeuropa.* Campus: Frankfurt, 2. Auflage.

Algorithmwatch (2019): *Automating Society – Taking Stock of Automated Decision-Making in the EU.* Bericht in Zusammenarbeit mit der Bertelsmann-Stiftung, 1. Ausgabe vom Januar 2019, unter: https://algorithmwatch.org/wp-content/uploads/2019/02/Automating_Society_Report_2019.pdf, abgerufen am 27.5.2020.

Althaus, Dieter (2007): »Das Konzept des solidarischen Bürgergeldes«, *ifo Schnelldienst*, 60(4), S. 45–47.

Andersen, Torben M. (2015): »A flexicurity labor market during recession«, *IZA World of Labor*, 173.

Andersen, Torben M., und Michael Svarer (2014): »The Role of Workfare in Striking a Balance Between Incentives and Insurance in the Labour Market«, *Economica*, 81(321), S. 86–116.

Anger, Christina, Axel Plünnecke und Jörg Schmidt (2010): »Bildungsrenditen in Deutschland. Einflussfaktoren, politische Optionen und ökonomische Effekte«, *IW-Analysen*, Nr. 65.

Ascher, Annika (2017): *Sozialleistungen für Unionsbürger.* Nomos: Baden-Baden.

Autorengruppe Berichterstattung (2018): *Bildung in Deutschland 2018. Ein indikatorengestützter Bericht mit einer Analyse zu Wirkungen und Erträgen von Bildung.* Bertelsmann: Bielefeld.

Barenberg, Jasper (2018): »Es gibt Migranten mit schlechtem Benehmen«, Deutschlandfunk vom 1.3.2018, unter: https://www.deutschlandfunk.de/essener-tafel-es-gibt-migranten-mit-schlechtem-benehmen.694.de.html?dram:article_id=411927, abgerufen am 27.5.2020.

Becker, Irene (2016a): *Regelbedarfsbemessung: Gutachten zum Gesetzentwurf 2016*, Gutachten für Diakonie Deutschland – Evangelischer Bundesverband, Oktober 2016, unter: https://www.diakonie.de/fileadmin/user_upload/Diakonie/PDFs/Stellungnahmen_PDF/Bericht_Teil_1_Regelbedarfe_final_ib.pdf, abgerufen am 27.5.2020.

Becker, Irene (2016b): *Regelbedarfsbemessung – methodisch konsistente Berechnungen auf Basis der EVS 2013 unter Berücksichtigung von normativen Vorgaben der Diakonie Deutschland.* Projektbericht im Auftrag der Diakonie Deutschland – Evangelischer Bundesverband, November 2016, unter: https://www.diakonie.de/fileadmin/user_upload/Becker_11_2016_Gutachten_Re gelbedarfsbemessung.pdf, abgerufen am 27.5.2020.

Besley, Timothy, und Stephen Coate (1992): »Workfare Versus Welfare: Incentive Arguments for Work Requirements in Poverty-Alleviation Programs«, *American Economic Review,* 82(1), S. 249–261.

Birk, Dieter, Marc Desens und Henning Tappe (2019): *Steuerrecht.* C.F. Müller: Heidelberg, 22., neu bearbeitete Auflage.

Birk, Dieter, und Rainer Wernsmann (2001): »Der Schutz von Ehe und Familie im Einkommensteuerrecht«, *JuristenZeitung,* 56(5), S. 218–223.

Black, Dan A., Jeffrey A. Smith, Mark C. Berger und Brett J. Noel (2003): »Is the Threat of Reemployment Services More Effective Than the Services Themselves? Evidence From Random Assignment in the UI System«, *American Economic Review,* 93(4), S. 1313–1327.

Blömer, Maximilian, und Andreas Peichl (2019): »Anreize für Erwerbstätige zum Austritt aus dem Arbeitslosengeld-II-System und ihre Wechselwirkungen mit dem Steuer- und Sozialversicherungssystem«, *ifo Forschungsberichte,* Nr. 98.

Blömer, Maximilian, Clemens Fuest und Andreas Peichl (2019): »Raus aus der Niedrigeinkommensfalle(!). Der ifo-Vorschlag zur Reform des Grundsicherungssystems«, *ifo Schnelldienst,* 72(4), S. 34–43.

Bollmann, Ralph, und Inge Kloepfer (2018): »Der Mensch ist kein fauler Hund«, *Frankfurter Allgemeine Sonntagszeitung* vom 17.11.2018, unter: https://www.faz.net/aktuell/wirtschaft/arm-und-reich/gespraech-gruenen-chef-habeck-mensch-ist-kein-fauler-hund-15895913.html, abgerufen am 27.5.2020.

Bolton, Gary E., und Axel Ockenfels (2000): »ERC: A Theory of Equity, Reciprocity, and Competition«, *American Economic Review,* 90(1), S. 166–193.

Bonin, Holger, und Hilmar Schneider (2006): »Workfare: Eine wirksame Alternative zum Kombilohn«, *Wirtschaftsdienst,* 86(10), S. 645–650.

Bonin, Holger, Ingo E. Isphording, Annabelle Krause-Pilatus, Andreas Lichter, Nico Pestel, Ulf Rinne, Marco Caliendo, Malte Preuss, Cosima Obst, Carsten Schröder und Markus Grabka (2018): *Auswirkungen des gesetzlichen Mindestlohns auf Beschäftigung, Arbeitszeit und Arbeitslosigkeit – Studie im Auftrag der Mindestlohnkommission.* Abschlussbericht, IZA Research Report, Nr. 83.

Boockmann, Bernhard, Stephan L. Thomsen und Thomas Walter (2014): »Intensifying the Use of Benefit Sanctions: An Effective Tool to Increase Employment?«, *IZA Journal of Labor Policy,* 3:21.

Borchert, Jürgen (2013): *Sozialstaats-Dämmerung.* Riemann: München.

Borjas, George J. (1999): »Immigration and Welfare Magnets«, *Journal of Labor Economics,* 17(4), S. 607–637.

Börsch-Supan, Axel (2007): »Rational Pension Reform«, *Geneva Papers on Risk and Insurance: Issues and Practice*, 32(4), S. 430–446.

Bosch, Gerhard, und Thorsten Kalina (2015): *Die Mittelschicht in Deutschland unter Druck*, IAQ-Report 2015-04.

Bossler, Mario, Michael Oberfichtner und Claus Schnabel (2019): »Employment Adjustments Following Rises and Reductions in Minimum Wages: New Insights From a Survey Experiment«, *Labour*, Online-Originalartikel, 31. Oktober 2019.

Bradley, Jake, und Alice Kuegler (2019): »Labor Market Reforms: An Evaluation of the Hartz Policies in Germany«, *European Economic Review*, 113, S. 108–135.

Bratberg, Espen, Jonathan Davis, Bhashkar Mazumbder, Martin Nybom, Daniel D. Schnitzlein und Kjell Vaage (2017): »A Comparison of Intergenerational Mobility Curves in Germany, Norway, Sweden, and the US«, *Scandinavian Journal of Economics*, 119(1), S. 72–101.

Bredgaard, Thomas, und Per K. Madsen (2018): »Farewell Flexicurity? Danish Flexicurity and the Crisis«, *Transfer: European Review of Labour and Research*, 24(4), S. 375–386.

Breyer, Friedrich, und Wolfgang Buchholz (2009): *Ökonomie des Sozialstaats*. Springer: Berlin, 2., überarbeitete Auflage.

Bruckmeier, Kerstin, Johannes Pauser, Regina T. Riphahn, Ulrich Walwei und Jürgen Wiemers (2013): *Mikroanalytische Untersuchung zur Abgrenzung und Struktur von Referenzgruppen für die Ermittlung von Regelbedarfen auf Basis der Einkommens- und Verbrauchsstichprobe 2008*. Simulationsrechnungen für das Bundesministerium für Arbeit und Soziales, Endbericht, Institut für Arbeitsmarkt-und Berufsforschung (IAB), Juni 2013.

Bruckmeier, Kerstin, Jannek Mühlhan und Jürgen Wiemers (2018): »Erwerbstätige im unteren Einkommensbereich stärken: Ansätze zur Reform von Arbeitslosengeld II, Wohngeld und Kinderzuschlag«, *IAB-Forschungsbericht*, Nr. 9/2018.

Bruckmeier, Kerstin, und Jürgen Wiemers (2018): »Benefit Take-up and Labor Supply Incentives of Interdependent Means-Tested Benefit Programs for Low-Income Households«, *Comparative Economic Studies*, 60(4), S. 583–604.

Bundesarbeitsgemeinschaft Grundeinkommen der Partei die Linke (2016): *Unser Konzept eines bedingungslosen Grundeinkommens. Finanzierbar, emanzipatorisch, gemeinwohlfördernd,* unter: https://www.die-linke-grundeinkommen.de/fileadmin/lcmsbaggrundeinkommen/PDF/BAG_Brosch2016.pdf, abgerufen am 27.5.2020.

Bundesministerium für Arbeit, Soziales, Gesundheit und Konsumentenschutz (2019): *AMAS – Arbeitsmarktchancen Assistenzsystem*, Wien.

Bundesministerium für Arbeit und Soziales (2009): *Sozialbericht 2009*, Juli 2009, unter: https://www.bmas.de/SharedDocs/Downloads/DE/PDF-Publi

kationen/a101–09-sozialbericht-2009.pdf?__blob=publicationFile& v=2, abgerufen am 27.5.2020.

Bundesministerium für Arbeit und Soziales (2015): *Alterssicherung in Deutschland (ASID) 2015.*

Bundesministerium für Arbeit und Soziales (2016): *Klarstellung beim Zugang zu Sozialleistungen für EU-Ausländer*, Pressemitteilung vom 12. Oktober 2016, unter: https://www.bmas.de/DE/Presse/Pressemitteilungen/2016/klarstellung-zugang-sozialleistungen-eu-auslaender.html, abgerufen am 27.5.2020.

Bundesministerium für Arbeit und Soziales (2017): *Sozialbericht 2017*, Juli 2017, unter: https://www.bmas.de/SharedDocs/Downloads/DE/PDF-Publikationen/a-101-17-sozialbericht-2017.pdf;jsessionid=98E68205F6DDA979DF928922 3635C1BD?__blob=publicationFile&v=2, abgerufen am 27.5.2020.

Bundesministerium für Arbeit und Soziales (2019): *Sozialbudget 2018*, Juni 2019, unter: https://www.bmas.de/DE/Service/Medien/Publikationen/a230-18-so zialbudget-2018.html, abgerufen am 27.5.2020.

Bundesministerium für Arbeit und Soziales (2020): *Ein starker Sozialstaat in Zeiten der Krise*, Pressemitteilung vom 24. März 2020, unter: https://www. bmas.de/DE/Presse/Pressemitteilungen/2020/sozialschutzpaket.html, abgerufen am 27.5.2020.

Bundesfinanzministerium (2018): *Bericht über die Höhe des steuerfrei zu stellenden Existenzminimums von Erwachsenen und Kindern für das Jahr 2020 (12. Existenzminimumbericht)*, Oktober 2018, unter: https://www.bundesfi nanzministerium.de/Content/DE/Standardartikel/Themen/Steuern/2018-10-31-12-existenzminimumbericht-anl.pdf?__blob=publicationFile&v=2, abgerufen am 27.5.2020.

Bundesministerium für Familie, Senioren, Frauen und Jugend (2008): *Dossier Kinderzuschlag. Gesetzliche Regelungen und Möglichkeiten zur Weiterentwicklung*, April 2008, unter: https://www.bmfsfj.de/blob/93568/9a5baffd19d8c518c bd2a3893caab21f/dossier-kinderzuschlag-data.pdf, abgerufen am 27.5.2020.

Bundesministerium für Familie, Senioren, Frauen und Jugend (2012): *Das Bildungs- und Teilhabepaket: Chancen für Kinder aus Familien mit Kinderzuschlag. Monitor Familienforschung*, Ausgabe 30, Dezember 2012, unter: https://www. bmfsfj.de/blob/76238/18e026b6c2843c152c69f28ec33b66dc/moni-tor-fami lienforschung-ausgabe-30-data.pdf, abgerufen am 27.5.2020.

Bundesministerium für Gesundheit (2018): *Gesetzliche Krankenversicherung. Mitglieder, mitversicherte Angehörige und Krankenstand. Jahresdurchschnitt 2017*, März 2018, unter: https://www.bundesgesundheitsministerium.de/fi leadmin/Dateien/3_Downloads/Statistiken/GKV/Mitglieder_Versicherte/ KM1_JD_2017_2.pdf, abgerufen am 27.5.2020.

Bundesministerium für Gesundheit (2020): *Zahlen und Fakten zur Pflegeversicherung*, Februar 2020, unter: https://www.bundesgesundheitsministerium. de/fileadmin/Dateien/3_Downloads/Statistiken/Pflegeversicherung/Zah len_und_Fakten/Zahlen_und_Fakten_der_SPV_17.Februar_2020_barr.pdf, abgerufen am 27.5.2020.

Bundesministerium für Wirtschaft und Technologie (2002): »Reform des Sozialstaats für mehr Beschäftigung im Bereich gering qualifizierter Arbeit«, *BMWI-Dokumentation 512*, August 2002, unter: https://www.bmwi.de/Re daktion/DE/Publikationen/Ministerium/Veroeffentlichung-Wissenschaft licher-Beirat/reform-des-sozialstaats-fuer-mehr-beschaeftigung-im-be reich-gering-qualifizierter-arbeit-dokumentation-512.pdf?__blob=publica tionFile&v=1, abgerufen am 27.5.2020.

Bundesversicherungsamt (2019): *Bericht des Schätzerkreises zur Entwicklung der Einnahmen und Ausgaben in der Gesetzlichen Krankenversicherung (GKV) für die Jahre 2019 und 2020*, November 2019, unter: https://www.bundesamt sozialesicherung.de/fileadmin/redaktion/Risikostrukturausgleich/Schaet zerkreis/20191106_SK_1920_Abschlussbericht.pdf, abgerufen am 27.5.2020.

Bündnis 90/Die Grünen (2019): *Faire Chancen für jedes Kind – Grünes Konzept für eine Kindergrundsicherung.* Fraktionsbeschluss, Juli 2019, unter: https:// www.gruene-bundestag.de/files/beschluesse/Kindergrundsicherung.pdf, abgerufen am 27.5.2020.

Burauel, Patrick, Marco Caliendo, Markus M. Grabka, Cosima Obst, Malte Preuss und Carsten Schröder (2020): »The Impact of the Minimum Wage on Working Hours«, *Jahrbücher für Nationalökonomie und Statistik*, 240(2–3), S. 233–267.

Burda, Michael C., und Stefanie Seele (2017): »Das deutsche Arbeitsmarktwunder: Eine Bilanz«, *Perspektiven der Wirtschaftspolitik*, 18(3), S. 179–204.

Buslei, Hermann, Björn Fischer, Johannes Geyer und Anna Hammerschmid (2019): »Das Rentenniveau spielt eine wesentliche Rolle für das Armutsrisiko im Alter«, *DIW Wochenbericht*, 86(21–22), S. 375–383.

Butterwegge, Christoph (2015): *Hartz IV und die Folgen. Auf dem Weg in eine andere Republik?* Beltz Juventa: Weinheim und Basel, 2. Auflage.

Caliendo, Marco, Alexandra Fedorets, Malte Preuss, Carsten Schröder und Linda Wittbrodt (2018): »The Short-Run Employment Effects of the German Minimum Wage Reform«, *Labour Economics*, 53(1), S. 46–62.

Clifford, Karen A., und Russel P. Iuculano (1987): »AIDS and Insurance: The Rationale for AIDS-Related Testing«, *Harvard Law Review*, 100(7), S. 1806–1825.

Corneo, Giacomo (2014): *Bessere Welt: Hat der Kapitalismus ausgedient? Eine Reise durch alternative Wirtschaftssysteme.* Goldegg: Berlin.

Center on Budget and Policy Priorities (2020): *Policy Basics: Temporary Assistance for Needy Families*, unter: https://www.cbpp.org/research/family-income-sup port/temporary-assistance-for-needy-families?fa=view&id=936. Abgerufen am 27.5.2020.

Cremer, Georg (2016): *Armut in Deutschland. Wer ist arm? Was läuft schief? Wie können wir handeln?* Beck: München.

Cremer, Georg (2018): *Deutschland ist gerechter, als wir meinen. Eine Bestandsaufnahme*. Beck: München.

Cremer, Georg (2020): »Armut im Alter: zum Verantwortungsbereich von Rentenversicherung und Sozialhilfe«, *Deutsche Rentenversicherung*, 75(1), S. 127–144.

Deutsche Bundesbank (2019): *Langfristige Perspektiven der Gesetzlichen Rentenversicherung*. Monatsbericht, Oktober 2019, S. 55–82, unter: https://www.bundesbank.de/resource/blob/811952/dacd4c189414bf6afd2ad73c3340edc7/mL/2019-10-rentenversicherung-data.pdf, abgerufen am 27.5.2020.

Deutscher Caritasverband (2015): *Position des Deutschen Caritasverbandes: Position zur Bemessung der Regelbedarfe von Erwachsenen und Kindern*, Oktober 2015, unter: https://www.caritas.de/cms/contents/caritas.de/medien/dokumente/stellungnahmen/position-zur-bemessu/dcv_position_regelbedarf_2015.pdf? d=a&f=pdf, abgerufen am 27.5.2020.

Deutsche Post DHL Group (2018): *Tarifabschluss: Postbeschäftigte erhalten 2018 und 2019 mehr Geld*. Pressemitteilung vom 10.4.2018, unter: https://www.dpdhl.com/content/dam/dpdhl/de/media-relations/press-releases/2018/pm-tarifverhandlungen-20180410.pdf, abgerufen am 27.5.2020.

Deutscher Gewerkschaftsbund (2016): *Brauchen höheres Rentenniveau, kein höheres Rentenalter*. Pressemitteilung vom 12.4.2016, unter: https://www.dgb.de/presse/++co++632e5c94-079d-11e6-9db1-52540023efla, abgerufen am 27.5.2020.

Deutscher Gewerkschaftsbund (2018): *Löhne, Mieten, Steuern – Schieflage beseitigen! DGB Verteilungsbericht 2018*. Berlin, September 2018.

Die Linke (2017): *Wahlprogramm der Partei DIE LINKE zur Bundestagswahl 2017*, Juni 2017, unter: https://www.die-linke.de/fileadmin/download/wahlen2017/wahlprogramm2017/die_linke_wahlprogramm_2017.pdf, abgerufen am 27.5.2020.

Döring, Diether (2004): *Sozialstaat*. Fischer: Frankfurt am Main.

Dörre, Klaus (2014): »Stigma Hartz IV. Für- und Selbstsorge an der Schwelle gesellschaftlicher Respektabilität«, in: B. Aulenbacher und M. Dammayr (Hrsg.), *Für sich und andere sorgen. Krise und Zukunft von Care in der modernen Gesellschaft*. Beltz Juventa: Weinheim/Basel, S. 40–52.

Drescher, Franziska, und Christian Buer (2015): »Betriebswirtschaftliche Folgen und Bewertung des Mindestlohns in Hotellerie und Gastronomie«, *Wirtschaftsdienst*, 95(5), S. 359–363.

Dustmann, Christian, Bernd Fitzenberger, Uta Schönberg und Alexandra Spitz-Oener (2014): »From Sick Man of Europe to Economic Superstar: Germany's Resurgent Economy«, *Journal of Economic Perspectives*, 28(1), S. 167–188.

Dustmann, Christian, Bernd Fitzenberger und Markus Zimmermann (2018): *Housing Expenditures and Income Inequality*, ZEW Discussion Paper, No. 18–048.

Eberhardt, Birgid, Uwe Fachinger und Klaus-Dirk Henke (2010): »Better Health and Ambient Assisted Living (AAL) from a Global, Regional and Local Economic Perspective«, *International Journal of Behavioural and Healthcare Research*, 2(2), S. 172–191.

Ehrentraut, Oliver, Anna-Marleen Plume, Sabrina Schmutz und Reinhard Schüssler (2014): »Sanktionen im SGB II: Verfassungsrechtliche Legitimität, ökonomische Wirkungsforschung und Handlungsoptionen«, *WISO Diskurs (März)*, S. 1–48.

Ehrlich, Isaac, und Gary S. Becker (1972): »Market Insurance, Self-Insurance, and Self-Protection«, *Journal of Political Economy*, 80(4), S. 623–648.

Einav, Liran, und Amy Finkelstein (2018): »Moral Hazard in Health Insurance: What We Know and How We Know it«, *Journal of the European Economic Association*, 16(4), S. 957–982.

Engler, Wolfgang (2007): *Unerhörte Freiheit, Arbeit und Bildung in Zukunft.* Aufbau: Berlin.

Etges, Milena Susanne, und Alexander Lenger (2010): »Die Eingliederungsvereinbarung des SGB II. Eine kritische Betrachtung aus ordnungsökonomischer Perspektive«, *Zeitschrift für Wirtschaftspolitik*, 59(3), S. 329–356.

Europäische Kommission (2020): *Indexierung von Familienleistungen, Kinderabsetzbeträgen und anderen Steuervorteilen für Familien: Kommission verklagt Österreich wegen Diskriminierung*, Pressemitteilung vom 14. Mai 2020, unter: https://ec.europa.eu/commission/presscorner/detail/DE/IP_20_849, abgerufen am 28.5.2020.

Fachinger, Uwe, Klaus-Dirk Henke, Hellen Koch, Birte Schöpke und Sabine Troppens (2014): *Gesund Altern: Sicherheit und Wohlbefinden zu Hause, Marktpotenzial und neuartige Geschäftsmodelle altersgerechter Assistenzsysteme.* Nomos: Baden-Baden.

Fehr, Ernst, und Klaus M. Schmidt (1999): »A Theory of Fairness, Competition, and Cooperation«, *Quarterly Journal of Economics*, 114(3), S. 817–868.

Feist, Holger (2000): *Arbeit statt Sozialhilfe: Zur Reform der Grundsicherung in Deutschland.* Mohr Siebeck: Tübingen.

Feist, Holger, und Ronnie Schöb (1998): »Workfare in Germany and the Problem of Vertical Fiscal Externalities«, *Finanzarchiv*, 55(4), S. 461–480.

Fedorets, Alexandra, Markus M. Grabka, Carsten Schröder und Johannes Seebauer (2020): »Lohnungleichheit in Deutschland sinkt«, *DIW Wochenbericht*, 87(7), S. 91–97.

Frank, Robert (2018): *Ohne Glück kein Erfolg: Der Zufall und der Mythos der Leistungsgesellschaft.* dtv: München.

Franz, Günther (1950): *Staatsverfassungen. Eine Sammlung wichtiger Verfassungen der Vergangenheit und Gegenwart in Urtext und Übersetzung.* Oldenbourg: München.

Fratzscher, Marcel (2016): *Verteilungskampf: Warum Deutschland immer unglei-cher wird.* Hanser: Berlin.

Friedlander, Danile, und Gary Burtless (1995): *Five Years After: The Long-Term Effects of Welfare-to-Work Programs.* Russell Sage: New York.

Friedman, Milton (1962): *Capitalism and Freedom.* Chicago University Press: Chicago.

Garbuszus, Jan Marvin, Notburga Ott, Sebastian Pehle und Martin Werding (2018): *Wie hat sich die Einkommenssituation von Familien entwickelt? Ein neues Messkonzept.* Bertelsmann Stiftung: Gütersloh.

Garloff, Alfred (2019): »Did the German Minimum Wage Reform Influence (Un)Employment Growth in 2015? Evidence from Regional Data«, *German Economic Review,* 20(3), S. 356–381.

GBD 2017 DALYs und HALE Collaborators (2018): »Global, Regional, and National Disability-Adjusted Life-Years (DALYs) for 359 Diseases and In-juries and Healthy Life Expectancy (HALE) for 195 Countries and Territo-ries, 1990–2017: a Systematic Analysis for the Global Burden of Disease Study 2017«, *The Lancet,* 392(10159), S. 1859–1922.

Geerdsen, Lars P. (2006): »Is There a Threat Effect of Labour Market Pro-grammes? A Study of AlMP in the Danish UI System«, *Economic Journal,* 116(513), S. 738–750.

Geyer, Johannes, Hermann Buslei, Patricia Gallego-Granados und Peter Haan (2019): *Anstieg der Altersarmut in Deutschland: Wie wirken verschiedene Ren-tenreformen?* Bertelsmann-Stiftung: Gütersloh.

Giulietti, Corrado (2014): »The Welfare Magnet Hypothesis and the Welfare Take-up of Migrants«, *IZA World of Labor,* 37.

Giulietti, Corrado, Martin Guzi, Martin Kahanec und Klaus F. Zimmermann (2013): »Unemployment Benefits and Immigration: Evidence from the EU«, *International Journal of Manpower,* 34(1), S. 24–38.

Grabka, Markus M., und Jan Goebel (2020: »Realeinkommen steigen, Quote der Niedrigeinkommen sinkt in einzelnen Altersgruppen«, *DIW-Wochenbericht,* 87(18), S. 316–323.

Grabka, Markus M., und Jürgen Schupp (2017): »Geht's uns wirklich so gut? Le-bensqualität ist mehr als nur subjektive oder objektive Lebenslage«, *Wirt-schaftsdienst,* 97(6), S. 448–450.

Gujer, Eric (2018): »Der andere Blick: Die Migration muss reguliert werden, wenn wir den Sozialstaat erhalten wollen«, *Neue Zürcher Zeitung* vom 27.8. 2018, unter: https://www.nzz.ch/meinung/der-andere-blick-die-migration-muss-reguliert-werden-wenn-wir-den-sozialstaat-erhalten-wollen-ld. 1390734, abgerufen am 27.5.2020.

Häni, Daniel, und Philip Kovce (2015): *Was fehlt, wenn alles da ist? Warum das bedingungslose Grundeinkommen die richtigen Fragen stellt.* Orell Füss-li: Zürich.

Hartung, Benjamin, Philip Jung und Moritz Kuhn (2018): *What Hides Behind the German Labor Market Miracle? Unemployment Insurance Reforms and Labor Market Dynamics*, CESifo Working Paper No. 7379, November 2018.

»Hartz IV auf Griechisch« (2015): *Handelsblatt* vom 26.1.2015, unter: https://www.handelsblatt.com/politik/international/grundsicherung-in-europa-und-den-usa-usa-mit-zuckerbrot-und-peitsche/10968098-3.html?ticket=-ST-39000-FCgUIXK7RQuLi6oekj3y-ap6, abgerufen am 27.5.2020.

Heineck, Guido, und Regina T. Riphahn (2009): »Intergenerational transmission of educational attainment in Germany – the last five decades«, *Journal of Economics and Statistics*, 229(1), S. 36–60.

Hetschko, Clemens, Ronnie Schöb und Tobias Wolf (2016): *Income Support, (Un-)Employment and Well-Being*, CESifo Working Paper No. 6016, Juli 2016.

Hockerts, Hans Günter (1996): »Die historische Perspektive – Entwicklung und Gestalt des modernen Sozialstaats in Europa«, in: Walter-Reymond-Stiftung (Hrsg.): *Sozialstaat – Idee und Entwicklung, Reformzwänge und Reformziele*, Bd. 35, S. 28–48.

Hochmuth, Brigitte, Britta Kohlbrecher, Christian Merkl und Hermann Gartner (2019): *Hartz IV and the Decline of German Unemployment: A Macroeconomic Evaluation*, IZA Discussion Paper, No. 12260, März 2019.

Hohmeyer, Katrin und Eva Kopf (2015): »Pflegende in Arbeitslosengeld-II-Haushalten: Wie Leistungsbezieher Pflege und Arbeitsuche vereinbaren«, *IAB-Kurzbericht*, Nr. 5/2015.

IZA (2006): *Das Workfare-Modell des IZA: Grundstein zur Überwindung der Beschäftigungskrise*, IZA Compact, Oktober, Bonn.

Jessen, Robin, Davud Rostam-Afschar und Viktor Steiner (2017): »Getting the Poor to Work: Three Welfare-Increasing Reforms for a Busy Germany«, *FinanzArchiv*, 73(1), S. 1–41.

Jung, Philip, und Moritz Kuhn (2019): »Die Reform der Arbeitslosenversicherung«, *Perspektiven der Wirtschaftspolitik*, 20(2), S. 115–132.

Kiesel, Markus, und Joachim Wolff (2018): »Langfristige Teilnahmewirkungen von Ein-Euro-Jobs: Das Einsatzfeld hat Einfluss auf die Integrationschancen«, *IAB-Kurzbericht*, Nr. 8/2018.

Klammer, Ute, und Gert G. Wagner (2020): »Grundrentenplan der großen Koalition«, *Wirtschaftsdienst* 100(1), S. 29–34.

Knabe, Andreas (2003): »Die Hartzschen Mini-Jobs: Eine Chance für Arbeitslose?«, *Wirtschaftsdienst*, 83(4), S. 245–250.

Knabe, Andreas, und Alexander Plum (2013): »Low-wage Jobs – Springboard to High-paid Ones?«, *Labour*, 27(3), S. 310–330.

Knabe, Andreas, Ronnie Schöb und Marcel Thum (2014): »Der flächendeckende Mindestlohn«, *Perspektiven der Wirtschaftspolitik*, 15(2), S. 133–157.

Knabe, Andreas, und Ronnie Schöb (2015): *Hundert Tage Mindestlohn: Unternehmen unter Anpassungsdruck*, Zwischenbilanz für die Initiative Neue Soziale Marktwirtschaft: Berlin, März 2015.

Korfmacher, Christoph (2020): »Krise könnte zu Verelendung in Deutschland führen«, *Nordkurier* vom 7.4.2020, unter: https://www.nordkurier.de/politik-und-wirtschaft/krise-koennte-zu-verelendung-in-deutschland-fuehren-07 38993704.html, abgerufen am 27.5.2020.

Kreiner, Claus Thustrup, und Torben Tranæs (2005): »Optimal Workfare with Voluntary and Involuntary Unemployment«, *Scandinavian Journal of Economics,* 107(3), S. 459–474.

Kulish, Nicholas (2020): »›Never Seen Anything Like It‹: Cars Line Up for Miles at Food Banks«, *New York Times* vom 8. April 2020, *https://www.nytimes.com/2020/04/08/business/economy/coronavirus-food-banks.html,* abgerufen am 27.5.2020.

Lambert, Bruce (1989): »AIDS Insurance Coverage Is Increasingly Hard to Get«, *New York Times* vom 7.8.1989, unter: www.nytimes.com/1989/08/07/us/aids-insurance-coverage-is-increasingly-hard-to-get.html, abgerufen am 27.5.2020.

Lanz, Martin, und Benjamin Triebe (2020): »Die angelsächsische Kehrtwende: Statt auf liberale Arbeitsmärkte zu setzen, führen die USA und Großbritannien Kurzarbeit ein – und verschweigen die europäische Herkunft der Modelle«, *Neue Zürcher Zeitung* vom 10.4.2020, unter: https://www.nzz.ch/wirtschaft/coronavirus-grossbritannien-und-die-usa-setzen-auf-kurzarbeit-ld.1550887, abgerufen am 27.5.2020.

Lenk, Hans (2012): »Lust auf Leistung – zu Fördern durch grundgesichertes Auskommen«, in: Götz W. Werner, Wolfgang Eichhorst und Lothar Friedrich (Hrsg.): *Das Grundeinkommen. Würdigung, Wertungen, Wege.* KIT Scientific Publishing: Karlsruhe, S. 26–39.

Link, Sebastian (2019): *The Price and Employment Response of Firms to the Introduction of Minimum Wages,* CESifo Working Paper Series, No. 7575, November 2019.

Lipson, Benjamin (1988): »A Crisis in Insurance«, *New England Journal of Public Policy,* 4(1), S. 285–305.

Martens, Rudolf (2011): *Expertise (Aktualisierung). Die Regelsatzberechnungen der Bundesregierung nach der Einigung im Vermittlungsausschuss sowie der Vorschlag des Paritätischen Gesamtverbandes für bedarfsdeckende Regelsätze,* Expertise des Paritätischen Gesamtverbandes: Berlin, März 2011.

Mau, Steffen (2017): *Das Metrische Wir: Über die Quantifizierung des Sozialen.* Suhrkamp: Berlin.

Mindestlohnkommission (2018): *Zweiter Bericht zu den Auswirkungen des gesetzlichen Mindestlohns.* Bericht der Mindestlohnkommission an die Bundesregierung nach § 9 Abs. 4 Mindestlohngesetz, Berlin.

Mitschke, Joachim (1985): *Steuer- und Transferordnung aus einem Guß. Entwurf einer Neugestaltung der direkten Steuern und Sozialtransfers in der Bundesrepublik Deutschland.* Nomos: Baden-Baden.

Mitschke, Joachim (2004): *Erneuerung des deutschen Einkommensteuerrechts: Gesetzestextentwurf und* Begründung. *Mit einer Grundsicherungsvariante.* Otto Schmidt: Köln.

Mosthaf, Alexander (2014): »Do Scarring Effects of Low-Wage Employment and Non-Employment Differ Between Levels of Qualification?«, *Scottish Journal of Political Economy*, 61(2), S. 154–177.

Nachtwey, Oliver (2016): *Die Abstiegsgesellschaft: Über das Aufbegehren in der regressiven Moderne.* Suhrkamp: Berlin.

Neumark, David, und William L. Wascher (2008): *Minimum Wages.* Cambridge MIT Press: Ann Arbor, Michigan.

Oberfichtner, Michael, Mario Bossler und Claus Schnabel (2019): »Sind Zwölf Euro Mindestlohn zu viel?«, *IAB-Forum* vom 24.7.2019, unter: https://www.iab-forum.de/sind-zwoelf-euro-mindestlohn-zu-viel/, abgerufen am 27.5.2020.

OECD (2015): *In it Together: Why Less Inequality Benefits all.* OECD: Paris.

OECD (2011): »Linking Pensions to Life Expectancy«, *Pensions at a Glance 2011: Retirement-income Systems in OECD and G20 Countries.* OECD: Paris.

Paritätischer Wohlfahrtsverband (2018): *Expertise Regelbedarfe 2018. Herleitung und Bestimmung der Regelbedarfe in der Grundsicherung,* Berlin, Mai 2018, unter: http://www.paritaet-lsa.de/fileadmin/user_upload/presse/2018/Expertise_Regelbedarfe-2018.pdf, abgerufen am 27.5.2020.

Piehl, Dieter (1976): »… denn die Kasse zahlt's. Urlaub auf Krankenschein«, *Die Zeit* vom 23.4.1976, Nr. 18, S. 31.

Pölitz, Karl Heinrich Ludwig (1833): *Die Europäischen Verfassungen seit dem Jahre 1789 bis auf die Neueste Zeit: mit Geschichtlichen Erläuterungen und Einleitungen. Die Verfassungen Frankreichs, der Niederlande, Belgiens, Spaniens, Portugals, der Italienischen Staaten und der Ionischen Inseln enthaltend.* F. H. Brockhaus: Leipzig, 2. Auflage.

Precht, Richard David (2018): *Jäger, Hirten, Kritiker. Eine Utopie für die digitale Gesellschaft.* Goldmann: München.

Promberger, Markus, Christina Wübbeke und Anika Zylowski (2012): »Arbeitslosengeld-II-Empfänger: Private Altersvorsorge fehlt, wo sie am nötigsten ist«, *IAB-Kurzbericht,* Nr. 15/2012.

Qari, Salmai (2014): »Marriage, adaptation and happiness: Are there long-lasting gains to marriage?«, *Journal of Behavioral and Experimental Economics*, 50, S. 29–39.

Ragnitz, Joachim (2020) »Der Koalitionskompromiss zur Grundrente: Gut gemeint, schlecht gemacht«, *ifo Schnelldienst*, 73(03), S. 48–52.

Rat der Immobilienweisen (2019): *Frühjahrsgutachten Immobilienwirtschaft 2019*, im Auftrag von Zentraler Immobilien Ausschuss (ZIA), Berlin.

Rawls, John (1979): *Theorie der Gerechtigkeit*. Suhrkamp: Frankfurt am Main.

Rebien, Martina, und Anja Kettner (2011): »Die Konzessionsbereitschaft von Bewerbern und Beschäftigten nach den Hartz-Reformen«, *WSI-Mitteilungen*, 64(5), S. 218–225.

Rengers, Martina (2015): »Unterbeschäftigung, Überbeschäftigung und Wunscharbeitszeiten in Deutschland. Ergebnisse für das Jahr 2014«, *WISTA Wirtschaft und Statistik* 6/2015, S. 22–42.

Rengers, Martina, Julia Bringmann und Elke Holst (2017): »Arbeitszeiten und Arbeitszeitwünsche: Unterschiede zwischen Mikrozensus und SOEP«, *WISTA Wirtschaft und Statistik* 4/2017, S. 11–43.

Riphahn, Regina T. (2001): »Rational Poverty or Poor Rationality? The Take-up of Social Assistance Benefits«, *Review of Income and Wealth*, 47(3), S. 379–398.

Sachverständigenrat zur Begutachtung der gesamtwirtschaftlichen Entwicklung (2006a): *Arbeitslosengeld II reformieren: Ein zielgerichtetes Kombilohnmodell*, Expertise im Auftrag des Bundesministeriums für Wirtschaft und Technologie, Wiesbaden, August 2006.

Sachverständigenrat zur Begutachtung der gesamtwirtschaftlichen Entwicklung (2006b): *Widerstreitende Interessen – Ungenutzte Chancen*, Jahresgutachten 2006/2007, Wiesbaden, Dezember 2006.

Sachverständigenrat zur Begutachtung der gesamtwirtschaftlichen Entwicklung (2015): *Zukunftsfähigkeit in den Mittelpunkt*, Jahresgutachten 2015/2016, Wiesbaden, November 2015.

Sachverständigenrat zur Begutachtung der gesamtwirtschaftlichen Entwicklung (2016): *Zeit für Reformen*, Jahresgutachten 2016/2017, Wiesbaden, November 2016.

Senatsverwaltung für Integration, Arbeit und Soziales (2020): *Gemeinsames Tarifregister Berlin und Brandenburg, Kurzübersichten über tarifliche Arbeitsbedingungen in verschiedenen Branchen in den Ländern Berlin und Brandenburg*.

Schmitz, Sebastian (2019): »The Effects of Germany's Statutory Minimum Wage on Employment and Welfare Dependency«, *German Economic Review*, 20(3), S. 330–355.

Schmuhl, Hans-Walter (2003): »Arbeitsmarktpolitik und Arbeitsverwaltung in Deutschland von 1871 bis 2002. Zwischen Vorsorge, Hoheit und Markt«, *Beiträge zur Arbeitsmarkt- und Berufsforschung*, Nr. 270.

Schnabel, Claus, und Joachim Wagner (2007): »The Persistent Decline in Unionization in Western and Eastern Germany, 1980–2004: What Can We Learn from a Decomposition Analysis?«, *Industrielle Beziehungen/The German Journal of Industrial Relations*, 14(2), S. 118–132.

Schöb, Ronnie (2011): Soziale Grundsicherung und Beschäftigung, in: B.-A. Wickström (Hrsg.): *Öffentliche Finanzen, Fiskalwettbewerb, Nachhaltigkeit und soziale Wohlfahrt.* Duncker & Humblot: Berlin, S. 165–205.

Schöb, Ronnie (2012): »Mindestlohn: Keine Privatisierung der Sozialpolitik«, *Wirtschaftsdienst*, 92(5), S. 290.

Schöb, Ronnie (2013): »Unemployment and Identity«, *CESifo Economic Studies*, 59(1), S. 149–180.

Schöb, Ronnie (2017a): »Zufrieden und unzufrieden zugleich. Eine Erwiderung auf Marcel Fratzscher«, *Frankfurter Allgemeine Zeitung* Nr. 96 vom 25.4.2017, S. 18.

Schöb, Ronnie (2017b): »Ungleichheit und Zufriedenheit-Anmerkungen zur Ungleichheitsdebatte«, *ifo Dresden berichtet*, 24(4), S. 32–35.

Schöb, Ronnie (2018): Solidarisch Aufstocken, *Die Zeit* vom 12.4.2018, Nr. 16, S. 32.

Schöb, Ronnie (2020): »Eine neue solidarische Grundsicherung«, erscheint in: *Perspektiven der Wirtschaftspolitik*, 21.

Schöb, Ronnie, und Joachim Weimann (2006): *Arbeit ist machbar.* Stekovics: Dössel, 5. Auflage.

Schütz, Holger, Peter Kupka, Susanne Koch und Bruno Kaltenborn (2011): »Eingliederungsvereinbarungen in der Praxis: Reformziele noch nicht erreicht«, *IAB-Kurzbericht*, Nr. 18/2011.

Schütze, Elmar (2020): »Schnell und unbürokratisch: Senat schüttet 1,4 Milliarden Euro in sechs Tagen aus«, *Berliner Zeitung* vom 3.4.2020, unter: https://www.berliner-zeitung.de/mensch-metropole/wirtschafts-soforthilfe-senat-schuettet-14-milliarden-euro-in-sechs-tagen-aus-li.80468, abgerufen am 27.5.2020.

Schulten, Thorsten, und Toralf Pusch (2019): »Mindestlohn von 12 Euro: Auswirkungen und Perspektiven«, *Wirtschaftsdienst* 99(5), S. 335–339.

Schupp, Jürgen (2019): »Hartz IV – weder Rolltreppe aus der Armut noch Fahrstuhl in die Armut«, *Wirtschaftsdienst* 99(4), S. 247–251.

Selke, Stefan (Hrsg.): (2011): *Tafeln in Deutschland: Aspekte einer sozialen Bewegung zwischen Nahrungsmittelumverteilung und Armutsintervention.* Springer: Berlin.

Sinn, Hans-Werner (1980): *Ökonomische Entscheidungen bei Ungewißheit.* Mohr: Tübingen.

Sinn, Hans-Werner (1983): *Economic Decisions under Uncertainty.* North Holland Publishing Company: Amsterdam, New York, Oxford.

Sinn, Hans-Werner (1995): »A Theory of the Welfare State«, *Scandinavian Journal of Economics*, 97(4), S. 495–526.

Sinn, Hans-Werner (2002): »EU Enlargement and the Future of the Welfare State«, *Scottish Journal of Political Economy*, 49(1), S. 104–115.

Sinn, Hans-Werner, Christian Holzner, Wolfgang Meister, Wolfgang Ochel und Martin Werding (2006): »Aktivierende Sozialhilfe 2006: Das Kombilohn-Modell des ifo Instituts«, *ifo Schnelldienst*, 59(2), S. 6–27.

Sinn, Hans-Werner (2016): *Der schwarze Juni. Brexit, Flüchtlingswelle, Euro-Desaster. Wie die Neugründung Europas gelingt.* Herder: Freiburg, 2., korrigierte und erweiterte Auflage.

Skupnik, Christoph (2014): »EU Enlargement and the Race to the Bottom of Welfare States«, *IZA Journal of Migration*, 3(15), S. 1–21.

»Spahn verteidigt Essener Tafel« (2018), *Zeit Online* vom 10.3.2018, unter: https://www.zeit.de/wirtschaft/2018-03/beduerftigkeit-jens-spahn-gesundheitsmi nister-hartz-vier-tafeln, abgerufen am 27.5.2020.

Smith, Adam (1789/1999): *Der Wohlstand der Nationen. Eine Untersuchung seiner Natur und seiner Ursachen.* dtv: München, 8. Auflage.

Sommer, Markus (2012): »Kfz-Versicherung: Der Lady-Tarif hat ausgedient«, *Zeit Online* vom 8.11.2012, unter: https://www.zeit.de/auto/2012-11/autoversi cherung-unisex, abgerufen am 27.5.2020.

Sommer, Theo (2020): »Fünf vor acht/Lektionen der Corona-Krise: Wir werden die Welt neu einrichten müssen«, *Zeit Online* vom 24.3.2020, unter: https://www.zeit.de/gesellschaft/zeitgeschehen/2020-03/lektionen-corona-krise-globalisierung-outsourcing-5vor8, abgerufen am 27.5.2020.

Steiner, Viktor, Katharina Wrohlich, Peter Haan und Johannes Geyer (2012): *Documentation of the Tax-Benefit Microsimulation Model STSM: Version 2012*, Data Documentation 63, German Institute for Economic Research: Berlin.

Stone, Deborah (2000): »AIDS and the Moral Economy of Insurance«, *The American Prospect*, 1(1).

Straubhaar, Thomas (2017): *Radikal gerecht. Wie das bedingungslose Grundeinkommen den Sozialstaat revolutioniert.* Edition Körber-Stiftung: Hamburg.

Straubhaar, Thomas, und Ingrid Hohenleitner (2007): *Bedingungsloses Grundeinkommen und Solidarisches Bürgergeld – mehr als sozialutopische Konzepte*, Studie des HWWI, Hamburg, März 2007, unter: http://www.hwwi.org/file admin/hwwi/Leistungen/Gutachten/Grundeinkommen-Studie.pdf, abgerufen am 29.10.2018.

Tafel Deutschland e.V. (2018): *25 Jahre Tafel in Deutschland – Auch in Zukunft: Lebensmittel retten. Menschen helfen*, Jahresbericht 2018, Berlin, unter: https://www.tafel.de/fileadmin/media/Publikationen/Jahresberichte/PDF/2019-05-17_Tafel_Jahresbericht2018_Web.pdf, abgerufen am 27.5.2020.

Thurow, Lester C. (1971): »The Income Distribution as a Pure Public Good«, *Quarterly Journal of Economics*, 85(2), S. 327–336.

Trappmann, Mark, Jonas Beste, Arne Bethmann und Gerrit Müller (2013): »The PASS Panel Survey After Six Waves. Die PASS-Panelbefragung nach sechs Wellen«, *Journal for Labour Market Research*, 46(4), S. 275–281.

Tuller, David (1987): »Trying to Avoid an Insurance Debacle«, *New York Times* vom 22.2.1987, unter: www.nytimes.com/1987/02/22/business/trying-to-avoid-an-insurance-debacle.html, abgerufen am 27.5.2020.

Vieth-Entus, Susanne (2015): »Klassenfahrt nach New York«, *Zeit Online* vom 4.11.2015, unter: https://www.zeit.de/gesellschaft/schule/2015-11/klassenfahrt-berlin-bildungspaket, abgerufen am 27.5.2020.

Voigt, Claudius (2017): *Arbeitshilfe: Ansprüche auf Leistungen der Existenzsicherung für Unionsbürger/-innen*. Der Paritätische Gesamtverband, Berlin, September 2017.

»Verfassungsrichter verlangen Hartz-IV-Revision« (2010), *Spiegel Online* vom 9. Februar 2010, https://www.spiegel.de/politik/deutschland/wegweisendes-urteil-verfassungsrichter-verlangen-hartz-iv-revision-a-676708.html, abgerufen am 27.5.2020.

Weinand, Sebastian, und Ludwig von Auer (2020): »Anatomy of Regional Price Differentials: Evidence from Micro Price Data«, erscheint in: *Spatial Economic Analysis*.

Werding, Martin (2016): *Rentenfinanzierung im demographischen Wandel: Tragfähigkeitsprobleme und Handlungsoptionen*, Arbeitspapier 5/2016, November 2016.

Werner, Götz W. (2008): *Einkommen für alle*. Bastei Lübbe: Bergisch Gladbach, 1. Auflage.

Werner, Götz W. (2018): *Einkommen für alle. Bedingungsloses Grundeinkommen – die Zeit ist reif*. Kiepenheuer & Witsch: Köln, überarbeitete, aktualisierte und erweiterte Neuausgabe.

Werner, Götz W., und Adrienne Goehler (2010): *1000 Euro für jeden: Freiheit. Gleichheit. Grundeinkommen*. Econ: Berlin.

Whelan, Stephen (2010): »The take-up of means-tested income support«, *Empirical Economics*, 39(3), S. 847–875.

Wissenschaftlicher Beirat beim Bundesministerium der Finanzen (2017): *Einkommensungleichheit und soziale Mobilität*, Berlin.

Wissenschaftlicher Beirat beim Bundesministerium der Finanzen (2018): *Über- und Fehlversorgung in deutschen Krankenhäusern: Gründe und Reformoptionen*, Berlin.

Wissenschaftlicher Beirat beim Bundesministerium für Wirtschaft und Energie (2016): *Nachhaltigkeit in der sozialen Sicherung über 2030 hinaus*, Berlin.

Zweifel, Peter, und Roland Eisen (2013): *Versicherungsökonomie*. Springer: Berlin, 2., verbesserte Auflage.

Brücker, Herbert, Andreas Hauptmann und Ehsan Vallizadeh (2015): *Zuwanderungsmonitor Bulgarien und Rumänien*. *Institut für Arbeitsmarkt-und Berufsforschung*, Nürnberg, Juli 2015, unter: http://doku.iab.de/arbeitsmarktdaten/ Zuwanderungsmonitor_1507.pdf, abgerufen am 26.3.2019.

Bundesagentur für Arbeit (2018a): *Sozialversicherungspflichtige Bruttoarbeitsentgelte*, Deutschland, West/Ost, Länder und Kreise (Jahreszahlen), Nürnberg, Dezember 2017.

Bundesagentur für Arbeit (2018b): *Zu berücksichtigendes Einkommen (EK) von Regelbedarfsgemeinschaften (RL-BG)*, Grundsicherung für Arbeitsuchende (SGB II), Auftragsnummer 257987, Nürnberg, Dezember 2018.

Bundesagentur für Arbeit (2018c): *Zeitreihen Deutschland*, Berichte: Analyse Arbeitsmarkt, Nürnberg, April 2019, unter: https://statistik.arbeitsagentur.de/Statistikdaten/Detail/201812/analyse/analyse-arbeitsmarkt-zeitreihen/ analyse-arbeitsmarkt-zeitreihen-d-0-201812-pdf.pdf, abgerufen am 1.5.2020.

Bundesagentur für Arbeit (2019a): *Wesentliche Eckwerte zu den Leistungen zur Sicherung des Lebensunterhalts nach dem SGB II für das Jahr 2020*, Nürnberg, Juni 2019, unter: https://altonabloggt.files.wordpress.com/2019/12/eckwerte_ regelbedarfe2020.pdf, abgerufen am 30.1.2020.

Bundesagentur für Arbeit (2019b): *Migrations-Monitor Arbeitsmarkt – Eckwerte (Monatszahlen)*, Nürnberg, September 2019.

Bundesagentur für Arbeit (2019c): *Arbeitsgelegenheiten – Deutschland, West/Ost, Länder (Zeitreihe Jahreszahlen) – Dezember 2018: Einsatz von Arbeitsgelegenheiten*, Nürnberg, Mai 2019, https://statistik.arbeitsagentur.de/nn_1251812/Site Globals/Forms/Rubrikensuche/Rubrikensuche_Form.html?view=process Form&resourceId=210368&input_=&pageLocale=de&topicId=17454& year_month=201812&year_month.GROUP=1&search=Suchen, abgerufen am 31.2.2020.

Bundesagentur für Arbeit (2019d): *Sanktionen (Zeitreihe Monats- und Jahreszahlen ab 2007), Deutschland, West/Ost und Länder – Januar 2007 bis April 2019*, Nürnberg, unter: https://statistik.arbeitsagentur.de/nn_1021952/Site Globals/Forms/Rubrikensuche/Rubrikensuche_Form.html?view=process Form&pageLocale=de&topicId=1023378.

Bundesagentur für Arbeit (2019e): *Daten der Statistik der BA zur Fluchtmigration – häufig gestellte Fragen, Grundlagen – Definitionen*, unter: https://sta tistik.arbeitsagentur.de/Statischer-Content/Statistische-Analysen/Statisti sche-Sonderberichte/Generische-Publikationen/FAQ-Fluchtmigration.pdf, abgerufen am 23.4.2020.

Bundesagentur für Arbeit (2020a): *Personen im Kontext von Fluchtmigration*, Nürnberg, März 2020, unter: https://statistik.arbeitsagentur.de/nn_32022/ SiteGlobals/Forms/Rubrikensuche/Rubrikensuche_Form.html?view=pro cessForm&resourceId=210368&input_=&pageLocale=de&topicId=1095 966&year_month=202003&year_month.GROUP=1&search=Suchen, abgerufen am 1.5.2020.

Bundesagentur für Arbeit (2020b): *SGB-II-Hilfequoten – Deutschland, West/ Ost, Länder und Kreise (Monats- und Jahreszahlen)*, Nürnberg, unter: https:// statistik.arbeitsagentur.de/nn_1021948/SiteGlobals/Forms/Rubrikensuche/ Rubrikensuche_Form.html?view=processForm&resourceId=210368&in put_=&pageLocale=de&topicId=1392062&year_month=aktuell&year_ month.GROUP=1&search=Suchen, abgerufen am 14.4.2020.

Bundesagentur für Arbeit (2020c): *Beschäftigte nach Wirtschaftszweigen (WZ 2008) (Monatszahlen)*, Nürnberg, unter: https://statistik.arbeitsagentur.de/ Statistikdaten/Detail/201911/iiia6/beschaeftigung-sozbe-monatsheft-wz/ monatsheft-wz-d-0-201911-pdf.pdf, abgerufen am 7.2.2020.

Bundesagentur für Arbeit (2020d): *Arbeitsmarktpolitische Instrumente (Zeitreihe Monatszahlen)*, Nürnberg, Januar 2020, unter: https://statistik.arbeitsagen tur.de/nn_31934/SiteGlobals/Forms/Rubrikensuche/Rubrikensuche_Form. html?view=processForm&resourceId=210368&input_=&pageLocale=de& topicId=1251792&year_month=aktuell&year_month.GROUP=1&search= Suchen, abgerufen am 8.2.2020.

Bundesagentur für Arbeit (2020e): *Arbeitslosengeld und Arbeitslosenhilfe von 1991 bis 2004*, Nürnberg, März 2020, unter: https://statistik.arbeitsagentur.de/ nn_32010/SiteGlobals/Forms/Rubrikensuche/Rubrikensuche_Form.html? view=processForm&resourceId=210368&input_=&pageLocale=de&topic Id=1712898&year_month=aktuell&year_month.GROUP=1&search=Suchen. com, abgerufen am 1.5.2020.

Bundesagentur für Arbeit (2020f): *Arbeitslosigkeit nach Rechtskreisen im Vergleich (Monatszahlen)*, Berichte: Analyse Arbeitsmarkt, Nürnberg, März 2020, unter: https://statistik.arbeitsagentur.de/nn_11914/SiteGlobals/Forms/ Rubrikensuche/Rubrikensuche_Form.html?view=processForm&resource Id=210368&input_=&pageLocale=de&topicId=927770&year_month= 202003&year_month.GROUP=1&search=Suchen, abgerufen am 1.5.2020.

Bundesagentur für Arbeit (2020g): *Strukturen der Grundsicherung SGB II – Deutschland – Berlin*, Nürnberg, Januar 2020, unter: https://statistik.arbeits agentur.de/SiteGlobals/Forms/Rubrikensuche/Rubrikensuche_Form. html?nn=1021948&year_month=aktuell&pageLocale=de&view=process Form&topicId=1023366&regionInd=11, abgerufen am 25.05.2020.

Bundesagentur für Arbeit (diverse Jahrgänge): *Monatsbericht zum Arbeits- und Ausbildungsmarkt*, Berichte: Blickpunkt Arbeitsmarkt, Nürnberg.

Bundesfinanzministerium (2019): *Entwicklung der Steuer- und Abgabenquoten*, Berlin, Mai 2019, unter: https://www.bundesfinanzministerium.de/Datenportal/Daten/offene-daten/steuern-zoelle/s11-entwicklung-steuer-und-abgabenquoten/entwicklung-steuer-und-abgabenquoten.html, abgerufen am 9.2.2020.

Eurostat (2019): *Healthy Life Years Statistics*, unter: https://ec.europa.eu/eurostat/statistics-explained/index.php?title=Healthy_life_years_statistics#Healthy_life_years_at_age_65, abgerufen am 13.8.2019.

Eurostat (2020): *Durchschnittliches und Median-Einkommen nach Alter und Geschlecht – EU-SILC und ECHP Erhebungen*, Code: ilc_di03, Brüssel, März 2020, unter: http://appsso.eurostat.ec.europa.eu/nui/show.do?dataset=ilc_di03&lang=de.

Graf, Johannes (2019): *Freizügigkeitsmonitoring: Migration von EU-Staatsangehörigen nach Deutschland. Jahresbericht 2018*, Berichtsreihen zu Migration und Integration, Reihe 2, Forschungszentrum Migration, Integration und Asyl des Bundesamtes für Migration und Flüchtlinge, Nürnberg.

National Institute of Statistics (2019): *The Average Gross Earnings on Total Economy in January 2019 were 4837 Lei and the net 2936 Lei*, Press Release No. 62 vom 13.3.2019, unter: http://www.insse.ro/cms/sites/default/files/com_presa/com_pdf/cs01e19_0.pdf, abgerufen am 27.3.2019.

OECD (2020a): *Unemployment Duration*, unter: https://stats.oecd.org/Index.aspx?DatasetCode=STLABOUR, abgerufen am 29.1.2020.

OECD (2020b): *Wage Levels (indicator)*, Doi: 10.1787/0a1c27bc-en, unter: http://stats.oecd.org/, abgerufen am 29.1.2020.

OECD (2020c): *Employment Rate (indicator)*, Doi: 10.1787/1de68a9b-en, unter: http://stats.oecd.org/, abgerufen am 29.1.2020.

Statistik der Deutschen Rentenversicherung (2019): *Rentenversicherung in Zahlen 2019*, Berlin, unter: https://www.deutsche-rentenversicherung.de/SharedDocs/Downloads/DE/Statistiken-und-Berichte/statistikpublikationen/rv_in_zahlen_2019.pdf;jsessionid=95548415594F70542CB43C08AD34157E.delivery2-3-replication?__blob=publicationFile&v=3, abgerufen am 3.4.2020.

Statistisches Bundesamt (2018): *Preise: Kaufkraftparitäten und vergleichende Preisniveaus 2016 in Europa*, Wiesbaden, unter: https://www.destatis.de/DE/Themen/Wirtschaft/Preise/Internationaler-Preisvergleich/Publikationen/Downloads-Internationale-Preise/flyer-kaufkraftparitaeten-5616201167004.pdf?__blob=publicationFile&v=3, abgerufen am 28.3.2019.

Statistisches Bundesamt (2019a): *Bevölkerung: Deutschland*, Stichtag, Nationalität.

Statistisches Bundesamt (2019b): *Bevölkerung: Deutschland*, Stichtag, Geschlecht, Altersgruppen, Staatsangehörigkeit.

Statistisches Bundesamt (2020a): *Sozialberichterstattung-Armutsgefährdungsschwelle nach Haushalttypen und Bundesländern, Armutsgefährdungsschwelle nach Bundesländern für einen Einpersonenhaushalt im Zeitvergleich*, Wiesbaden, unter: https://www.destatis.de/DE/Themen/Gesellschaft-Umwelt/Sozia

les/Sozialberichterstattung/Tabellen/liste-armutsgefaehrungs-schwelle.html, abgerufen am 30.3.2020.

Statistisches Bundesamt (2020b): *Sozialberichterstattung – Armutsgefährdungs-schwelle nach Haushalttypen und Bundesländern, Armutsgefährdungsschwelle nach Bundesländern für Haushalte mit zwei Erwachsenen und zwei Kindern unter 14 Jahren im Zeitvergleich*, Wiesbaden, unter: https://www.destatis.de/DE/Themen/Gesellschaft-Umwelt/Soziales/Sozialberichterstattung/Tabellen/liste-armutsgefaehrungs-schwelle.html, abgerufen am 30.3.2020.

Statistisches Bundesamt (2020c): *Armutsgefährdungsquote – gemessen am Bundesmedian und am Landesmedian*, Wiesbaden, unter: https://www.destatis.de/DE/Themen/Gesellschaft-Umwelt/Soziales/Sozialberichterstattung/Tabellen/liste-armutsgefaehrungsquote-bundeslaender.html, abgerufen am 6.2.2020.

Statistisches Bundesamt (2020d): *Durchschnittlicher Nettobedarf, Bruttobedarf, angerechnete Einkommen*, Wiesbaden, unter: https://www-genesis.destatis.de/genesis/online?operation=abruftabelleBearbeiten&levelindex=1&levelid=1586852856307&auswahloperation=abruftabelleAuspraegungAuswaehlen&auswahlverzeichnis=ordnungsstruktur&auswahlziel=werteabruf&code=22151-0001&auswahltext=&werteabruf=starten#astructure, abgerufen am 14.4.2020.

Statistisches Bundesamt (2020e): *Quote der Empfänger von Grundsicherung*, (Stand 2018), Wiesbaden, unter: https://www-genesis.destatis.de/genesis//online/data?operation=table&code=22151-0012&levelindex=1.

Statistisches Bundesamt (Diverse Jahrgänge): *Bevölkerung und Erwerbstätigkeit Ausländische Bevölkerung, Ergebnisse des Ausländerzentralregisters*, Fachserie 1, Reihe 2.

RECHTSQUELLEN UND PARLAMENTARISCHE DRUCKSACHEN

Abgabenordnung (AO): Fassung der Bekanntmachung vom 1. Oktober 2002 (BGBl. I, S. 3866; 2003 I S. 61), zuletzt geändert durch Artikel 1 des Gesetzes vom 21. Dezember 2019 (BGBl. I, S. 2875).

BR-Drucksache 85/20: Drucksache des Deutschen Bundesrates vom 21.2.2020. Entwurf eines Gesetzes zur Einführung der Grundrente für langjährige Versicherung in der gesetzlichen Rentenversicherung mit unterdurchschnittlichem Einkommen und für weitere Maßnahmen zur Erhöhung der Alterseinkommen (Grundrentengesetz).

BT-Drucksache 17/3404: Drucksache des Deutschen Bundestages 17/3404 vom 26.10.2010. Entwurf eines Gesetzes zur Ermittlung von Regelbedarfen und zur Änderung des Zweiten und Zwölften Buches Sozialgesetzbuch.

BT-Drucksache 18/11980: Drucksache des Deutschen Bundestages 18/11980 vom 12.4.2017. Unterrichtung durch die Bundesregierung: Lebenslagen in Deutschland – Fünfter Armuts- und Reichtumsbericht.

BT-Drucksache 19/7504: Drucksache des Deutschen Bundestages 19/7504 vom 1.2.2019. Entwurf eines Gesetzes zur zielgenauen Stärkung von Familien und ihren Kindern durch die Neugestaltung des Kinderzuschlags und die Verbesserung der Leistungen für Bildung und Teilhabe (Starke-Familien-Gesetz – StaFamG).

BT-Drucksache 19/3452: Drucksache des Deutschen Bundestages 19/3452 vom 19.7.2018. Entwurf eines Gesetzes zur Weiterentwicklung des Teilzeitrechts – Einführung einer Brückenteilzeit.

BT-Drucksache 19/14326: Drucksache des Deutschen Bundestages 19/14326 vom 22.10.2019. Antrag: Faire Chancen für jedes Kind – Kindergrundsicherung einführen.

BT-Drucksache 19/103: Drucksache des Deutschen Bundestages 19/103 vom 22.11.2017. Antrag: Sanktionen bei Hartz IV und Leistungseinschränkungen bei der Sozialhilfe abschaffen.

BT-Drucksache 19/18107: Drucksache des Deutschen Bundestages 19/18107 vom 24.3.2020. Entwurf eines Gesetzes für den erleichterten Zugang zu sozialer Sicherung und zum Einsatz und zur Absicherung sozialer Dienstleister aufgrund des Coronavirus SARS-CoV-2 (Sozialschutz-Paket).

BT-Drucksache 19/18473: Drucksache des Deutschen Bundestages 19/18473 vom 8.4.2020. Entwurf eines Gesetzes zur Einführung der Grundrente für langjährige Versicherung in der gesetzlichen Rentenversicherung mit unterdurchschnittlichem Einkommen und für weitere Maßnahmen zur Erhöhung der Alterseinkommen (Grundrentengesetz).

Bundeskindergeldgesetz (BKGG): Neu gefasst durch Bekanntmachung vom 28.1.2009 I 142, 3177. Zuletzt geändert durch Art. 34 des Gesetzes vom 12.12.2019 I 2451.

Einkommensteuergesetz (EStG): In der Fassung der Bekanntmachung vom 8.10.2009 (BGBl. I, S. 3366, ber. S. 3862), zuletzt geändert durch Gesetz vom 21.12.2019 (BGBl. I, S. 2886) m. W. v. 1.1.2020. Stand: 1.3.2020 aufgrund Gesetzes vom 12.12.2019 (BGBl. I, S. 2451).

FreizügG/EU vom 30. Juli 2004 (BGBl. I, S. 1950, 1986), zuletzt geändert durch Artikel 6 des Gesetzes vom 20. Juli 2017 (BGBl. I, S. 2780)

Gesetz über den Bundesfreiwilligendienst (Bundesfreiwilligendienstgesetz – BFDG): Artikel 1 des Gesetzes vom 28.4.2011 BGBl. I, S. 687 (Nr. 19), zuletzt geändert durch Artikel 50 des Gesetzes vom 12.12.2019 BGBl. I, S. 2652. Geltung ab 3.5.2011.

Gesetz zur Anpassung der Regelaltersgrenze an die demografische Entwicklung und zur Stärkung der Finanzierungsgrundlagen der gesetzlichen Rentenversicherung (RV-Altersgrenzenanpassungsgesetz) vom 20.4.2007 (BGBl. I, S. 554), zuletzt geändert durch Artikel 20 des Gesetzes vom 9.12.2010 (BGBl. I, S. 1885).

Gesetz zur Ermittlung der Regelbedarfe nach § 28 des Zwölften Buches Sozialgesetzbuch (Regelbedarfs-Ermittlungsgesetz – RBEG): Artikel 1 des Gesetzes vom 22.12.2016 BGBl. I, S. 3159 (Nr. 65), zuletzt geändert durch Artikel 6 des Gesetzes vom 29.4.2019 BGBl. I, S. 530. Geltung ab 1.1.2017.

Grundgesetz für die Bundesrepublik Deutschland (GG): Vom 23.5.1949 (BGBl. S. 1), zuletzt geändert durch Gesetz vom 28.3.2019 (BGBl. I, S. 404) m. W. v. 4.4.2019.

RL 2004/38/EG des Europäischen Parlaments und des Rates vom 29. April 2004 über das Recht der Unionsbürger und ihrer Familienangehörigen, sich im Hoheitsgebiet der Mitgliedstaaten frei zu bewegen und aufzuhalten

Sozialgesetzbuch (SGB) Erstes Buch: Allgemeiner Teil. Gesetz vom 11.12.1975 (BGBl. I, S. 3015), zuletzt geändert durch Gesetz vom 20.11.2019 (BGBl. I, S. 1626) m. W. v. 26.11.2019.

Sozialgesetzbuch (SGB) Zweites Buch: Grundsicherung für Arbeitssuchende. Artikel 1 des Gesetzes vom 24.12.2003 (BGBl. I, S. 2954), in Kraft getreten am 1.1.2004 beziehungsweise 1.1.2005, zuletzt geändert durch Gesetz vom 27.3.2020 (BGBl. I, S. 575) m. W. v. 28.3.2020.

Sozialgesetzbuch (SGB) Drittes Buch: Arbeitsförderung. Artikel 1 des Gesetzes vom 24.3.1997 (BGBl. I, S. 594, 595), zuletzt geändert durch Gesetz vom 27.3.2020 (BGBl. I, S. 575) m. W. v. 28.3.2020. Stand: 1.4.2020 aufgrund Gesetzes vom 4.3.2020 (BGBl. I, S. 437).

Sozialgesetzbuch (SGB) Viertes Buch: Gemeinsame Vorschriften für die Sozialversicherung. In der Fassung der Bekanntmachung vom 12.11.2009 (BGBl. I, S. 3710, ber. S. 3973), zuletzt geändert durch Gesetz vom 22.3.2020 (BGBl. I, S. 604) m. W. v. 1.4.2020.

Sozialgesetzbuch (SGB) Fünftes Buch: Gesetzliche Krankenversicherung. Artikel 1 des Gesetzes vom 20.12.1988 (BGBl. I, S. 2477), in Kraft getreten am 1.1.1989, 1.1.1990 beziehungsweise 1.1.1991, zuletzt geändert durch Gesetz vom 22.3.2020 (BGBl. I, S. 604) m. W. v. 1.4.2020.

Sozialgesetzbuch (SGB) Sechstes Buch: Gesetzliche Rentenversicherung. In der Fassung der Bekanntmachung vom 19.2.2002 (BGBl. I, S. 754, 1404, 3384), zuletzt geändert durch Gesetz vom 22.3.2020 (BGBl. I, S. 604) m. W. v. 1.4.2020.

Sozialgesetzbuch (SGB) Siebtes Buch: Gesetzliche Unfallversicherung. Artikel 1 des Gesetzes vom 7.8.1996 (BGBl. I, S. 1254), in Kraft getreten am 1.1.1997 beziehungsweise 21.8.1996, zuletzt geändert durch Gesetz vom 12.12.2019 (BGBl. I, S. 2652) m. W. v. 1.1.2020.

Sozialgesetzbuch (SGB) Elftes Buch: Soziale Pflegeversicherung. Artikel 1 des Gesetzes vom 26.5.1994 (BGBl. I, S. 1014), zuletzt geändert durch Gesetz vom 22.3.2020 (BGBl. I, S. 604) m. W. v. 1.4.2020.

Sozialgesetzbuch (SGB) Zwölftes Buch: Sozialhilfe. Artikel 1 des Gesetzes vom 27.12.2003 (BGBl. I, S. 3022), in Kraft getreten am 31.12.2003, 1.1.2004, 1.7. 2004, 1.1.2005 beziehungsweise 1.1.2007, zuletzt geändert durch Gesetz vom 27.3.2020 (BGBl. I, S. 575) m. W. v. 28.3.2020.

Verordnung (EG) 833/2004 des Europäischen Parlaments und des Rates vom 29. April 2004 zur Koordinierung der Systeme der sozialen Sicherheit.

Verordnung zur Bestimmung des für die Fortschreibung der Regelbedarfsstufen nach § 28a des Zwölften Buches Sozialgesetzbuch maßgeblichen Prozentsatzes sowie zur Ergänzung der Anlage zu § 28 des Zwölften Buches Sozialgesetzbuch für das Jahr 2019 (RBSFV 2019): BGBl. I, 2018, S. 1766.

Vertrag über die Arbeitsweise der Europäischen Union (AEUV): Fassung aufgrund des am 1.12.2009 in Kraft getretenen Vertrages von Lissabon (Konsolidierte Fassung bekanntgemacht im ABl. EG Nr. C 115 vom 9.5.2008, S. 47), zuletzt geändert durch die Akte über die Bedingungen des Beitritts der Republik Kroatien und die Anpassungen des Vertrags über die Europäische Union, des Vertrags über die Arbeitsweise der Europäischen Union und des Vertrags zur Gründung der Europäischen Atomgemeinschaft (ABl. EU L 112/21 vom 24.4.2012) m. W. v. 1.7.2013.

Wohngeldgesetz (WoGG): Artikel 1 des Gesetzes vom 24.09.2008 (BGBl. I, S. 1856), in Kraft getreten am 1.10.2008 beziehungsweise 1.1.2009, zuletzt geändert durch Gesetz vom 30.11.2019 (BGBl. I, S. 1877) m. W. v. 1.1.2020. Stand: 1.3.2020 aufgrund Gesetzes vom 15.8.2019 (BGBl. I, S. 1307).

Zivilprozessordnung (ZPO): In der Fassung der Bekanntmachung vom 5.12.2005 (BGBl. I, S. 3202, ber. 2006 I S. 431, 2007 S. 1781), zuletzt geändert durch Gesetz vom 12.12.2019 (BGBl. I, S. 2633) m. W. v. 1.1.2020.

ANMERKUNGEN

EINE NEUE VISION FÜR DEN SOZIALSTAAT

1 Siehe Schöb (2017a), Grabka und Schupp (2017).

2 Siehe Grabka und Goebel (2020).

3 Siehe Lanz und Triebe (2020). Für Bedürftige mit Kindern gibt es neben der Krankenversicherung (*Medicaid*) die *Temporary Assistance for Needy Families* (TANF), umgangssprachlich *Welfare* genannt, sowie Essensmarken (*food stamps*) im Rahmen des *Supplemental Nutrition Assistance Program* (SNAP), siehe Center on Budget and Policy Priorities (2020), siehe auch »Hartz IV auf Griechisch« (2015).

4 Siehe Kulish (2020).

5 Siehe Borchert (2013).

6 Siehe Butterwegge (2015).

7 Originaltext und Übersetzung des Artikel 21 nach Franz (1950) und Pölitz (1833) der französischen Verfassung vom 24. Juni 1793 finden sich unter http://www.verfassungen.eu/f/fverf93-i.htm, abgerufen am 20.5.2020.

8 Siehe hierzu Frank (2018).

9 Siehe Mau (2017).

10 Siehe Algorithmwatch (2019), Bundesministerium für Arbeit, Soziales, Gesundheit und Konsumentenschutz (2019).

11 Die Verknüpfung von Sozialleistungen mit einer Gegenleistung wird unter dem Begriff *Workfare* intensiv diskutiert. Siehe Besley and Coate (1982) sowie zu freiwilliger und unfreiwilliger Arbeitslosigkeit Kreiner und Tranæs (2005), zu Versicherung und negativen Anreizwirkungen der Grundsicherung Andersen und Svarer (2014).

12 Das Institut für die Zukunft der Arbeit (IZA) plädierte dafür, staatliche Grundsicherung grundsätzlich nur gegen Gegenleistung zu gewähren. Siehe IZA (2006), Bonin und Schneider (2006) sowie Friedlander und Burtless (1995) für einen Überblick über die Erfahrungen mit Workfare in den USA.

13 Siehe zum Beispiel Werner (2008), Straubhaar (2017). Auf den Vorschlag eines bedingungslosen Grundeinkommens gehe ich in Kapitel 4 ein.

14 Siehe https://www.change.org/p/finanzminister-olaf-scholz-und-wirtschafts minister-peter-altmaier-mit-dem-bedingungslosen-grundeinkommen-durch-die-coronakrise-coronavirusde-olafscholz-peteraltmaier, abgerufen am 20.5.2020.

1 WAS EINEN MODERNEN SOZIALSTAAT AUSMACHT

1 So etwa in England ab 1697. Siehe hierzu zum Beispiel Alber (1987) und Hockerts (1996).

2 Siehe Grundgesetz für die Bundesrepublik Deutschland (GG) Art. 20 Abs. 1. Zusätzlich ist das Sozialstaatsprinzip in GG Art. 28 Abs. 1 S. 1 festgelegt.

3 Siehe hierzu Frank (2018).

4 Das Gesetz der großen Zahlen besagt, dass, wenn Sie Tausende Male einen nicht manipulierten Würfel werfen, in etwa jeder sechste Wurf eine Eins sein wird. Würde eine Versicherung Tausende Spieler gegen das Werfen einer Eins versichern, kann sie entsprechend dem Gesetz der großen Zahl davon ausgehen, dass sie nur jedem sechsten Versicherer einen Schaden ersetzen muss, und kann entsprechend die Prämie festsetzen.

5 Siehe Debeka, Informationen zur Wohngebäudeversicherung, https://www.debeka.de/produkte/versichern/wohngebaudeversicher/index.html, abgerufen am 20.5.2020.

6 § 850c Abs. 1, S. 1 Zivilprozessordnung (ZPO) legt unter anderem den monatlichen unpfändbaren Grundbetrag des Arbeitseinkommens fest. Diese Pfändungsfreigrenze ändert sich nach § 850c Abs. 2a ZPO alle zwei Jahre entsprechend der Entwicklung des steuerlichen Grundfreibetrags.

7 Dieser Verzicht auf eine Versicherung leitet sich aus der »Mehr-als-er-hat-kann-man-ihm-nicht-nehmen-Regel« ab, die dazu führt, dass man sich, obwohl eigentlich risikoscheu, so verhält, als ob man risikofreudig wäre. Für eine theoretische Darstellung im Hinblick auf Versicherungen siehe Sinn (1980, 1983).

8 Siehe Lambert (1989).

9 Siehe hierzu zum Beispiel Tuller (1987), Clifford und Iuculano (1988), Lipson (1988).

10 1985 verbot Kalifornien AIDS-Tests als Voraussetzung für den Abschluss einer Versicherung. Der District of Columbia ging sogar noch weiter und verbot nicht nur AIDS-Tests, sondern auch die Verwendung von persönlichen Charakteristika wie Alter, Beziehungsstatus, Wohnbezirk, Geschlecht oder sexueller Orientierung, um festzustellen, ob ein Individuum mit höherer Wahrscheinlichkeit an AIDS erkranken wird (siehe hierzu Clifford und

Iuculano 1987). Bis Ende 1989 wurde das Verbot von AIDS-Tests bei Lebensversicherungen jedoch wieder überall abgeschafft (siehe Stone 2000). Heute können Lebensversicherer in Kalifornien einen AIDS-Test verlangen und können es ablehnen, Personen, die HIV-positiv getestet werden oder sich einem Test verweigern, zu versichern, siehe http://www.insurance.ca.gov/01-consumers/105-type/95-guides/05-health/hiv-aids.cfm, abgerufen am 20.5.2020.

11 Ökonomen sprechen hier vom Problem »adverser Selektion«.

12 Siehe Sommer (2012).

13 Auszug aus der kaiserlichen Botschaft vom 17. Januar 1881, zitiert nach Döring (2004, S. 18).

14 Die rechtlichen Grundlagen der gesetzlichen Krankenversicherung finden sich im SGB V.

15 Siehe Bundesministerium für Gesundheit (2018).

16 Die gesetzlichen Grundlagen finden sich im SGB XI.

17 Die rechtlichen Grundlagen finden sich im SGB VII.

18 Siehe Internetseite des Bundesministeriums für Arbeit und Soziales vom 7. Juli 2017, unter: https://www.bmas.de/DE/Themen/Rente/Gesetzliche-Rentenversicherung/Geschichte-GUV/geschichte-der-gesetzlichen-rentensicherung.html, abgerufen am 20.5.2020.

19 Die gesetzlichen Grundlagen finden sich im SGB VI.

20 Siehe Schmuhl (2003).

21 Die gesetzliche Grundlage der gesetzlichen Arbeitslosenversicherung findet sich im SGB III.

22 Breyer und Buchholz (2009, S. 2).

23 Siehe Heineck und Riphahn (2009).

24 Der Grad der Vererbung lässt sich sehr genau messen. Konkret betrachtet man hierzu Vater-Sohn-Paarungen und ermittelt für Vater und Sohn jeweils deren langjähriges Einkommen relativ zum Durchschnittseinkommen ihrer jeweiligen Generation. Man konzentriert sich dabei auf Vater-Sohn-Paare, da man bei Einbeziehung der Mütter durch die unterschiedlichen Erwerbsquoten über die Generationen hinweg zu verzerrten Ergebnissen kommen würde. Die Abhängigkeit des Einkommens des Sohnes vom Einkommen des Vaters wird durch die sogenannte intergenerative Einkommenselastizität gemessen. Im internationalen Vergleich liegt Deutschland mit einer intergenerativen Einkommenselastizität von 32 Prozent im Mittelfeld der OECD-Länder, siehe OECD (2015, S. 72) sowie Wissenschaftlicher Beirat beim Bundesfinanzministerium (2017). Es zeigt sich ferner, dass Söhne besonders wohlhabender Väter eine überdurchschnittliche Chance haben, selbst zu den Topverdienern zu gehören, während die Wahrscheinlichkeit, selbst wenig zu verdienen, wenn der Vater wenig verdient, vergleichsweise geringer ist, siehe Bratberg und andere (2017).

25 Siehe Rawls (1979).

26 Zu Gleichheitspräferenzen beziehungsweise Ungleichheitsaversion siehe zum Beispiel Fehr und Schmidt (1999) sowie Bolton und Ockenfels (2000).

27 Wenn alle Reichen Altruisten sind, dann stellt sich aus Sicht jedes einzelnen

Altruisten die Hilfe armer Individuen der Gesellschaft als private Bereitstellung eines öffentlichen Guts dar (vgl. Thurow 1971).

28 Siehe https://www.zehn-prozent-aktion.de/, abgerufen am 26.5.2020.

29 Siehe Sinn (1995) für eine ausführliche Analyse dieser Probleme.

30 Siehe hierzu zum Beispiel Ehrlich und Becker (1972) sowie Zweifel und Eisen (2013).

31 Dabei wird unterstellt, dass die Berufswahl nicht zufällig erfolgte, sondern unter anderem von vorher erworbenen Fähigkeiten bestimmt ist, und die Bildungserträge wegen der Selektion um 20 Prozent überschätzt werden; siehe Autorengruppe Berichterstattung (2018, Abbildung H3–5). Würde die Einkommensdifferenz vollkommen auf die Lehre zurückgeführt, läge die persönliche Bildungsrendite bei 6,4 Prozent. Eine ähnlich hohe Bildungsrendite weisen Anger, Plünnecke und Schmidt (2010) aus. Am meisten profitiert der Staat davon, dass jemand eine Lehre macht. Die Steuer- und Sozialversicherungseinnahmen steigen und die erwarteten Transferzahlungen aufgrund von Arbeitslosigkeit fallen. Die staatliche Rendite einer Lehre beträgt demnach 15,1 Prozent (siehe Autorengruppe Berichterstattung 2018, Abbildung H3–4). Würden die fiskalischen Vorteile vollkommen auf die Lehre zurückgeführt, läge die fiskalische Bildungsrendite bei 20,6 Prozent.

32 Moral Hazard in der Krankenversicherung ist empirisch eindeutig belegt, siehe hierzu zum Beispiel Einav und Finkelstein (2018).

33 Man spricht hier vom sogenannten Notaufnahmen-Tourismus, siehe https://www.ideal-versicherung.de/magazin/wann-in-die-notaufnahme-des-krankenhauses-wann-zum-hausarzt/, abgerufen am 26.5.2020.

34 Siehe Piehl (1976). Natürlich ist nicht auszuschließen, dass einige Arbeitnehmer Kuren, die sie eigentlich dringend benötigten, nur deshalb nicht beantragten, weil sie Angst hatten, dadurch bei ihren Arbeitgebern in Ungnade zu fallen und damit ihren Arbeitsplatz zu gefährden.

35 Hier ist das Problem eher, dass solche Maßnahmen vom Krankenhaus veranlasst und abgerechnet werden, obwohl keine zwingende medizinische Indikation vorliegt, siehe Wissenschaftlicher Beirat beim Bundesministerium der Finanzen (2018).

36 Das bezieht sich nicht auf Flüchtlinge. Bei der Hilfe für Dritte außerhalb der Solidargemeinschaft, sei es in Form von Entwicklungshilfe, sei es durch die Bereitschaft, Flüchtlinge aus Kriegsgebieten aufzunehmen, geht es nicht um gegenseitige Einstandspflicht, sondern schlicht um die Frage humanitärer Hilfe gegenüber Notleidenden.

1 § 20 Abs. 1 SGB II.

2 Siehe »Verfassungsrichter verlangen Hartz-IV-Revision« (2010).

3 Hans-Jürgen Papier, Vorsitzender des Ersten Senats, in der Einführung zur Urteilsverkündung in Sachen »Hartz IV« am 9. Februar 2010 (Verfahren 1BvL 1/09; 1 BvL 3/09; 1 BvL 4/09).

4 Siehe BVerfG, Urteil des Ersten Senats vom 9. Februar 2010, 1 BvL 1/09, Leitsatz 3.

5 Siehe Regelbedarfs-Ermittlungsgesetz (RBEG) § 7 Fortschreibung der regelbedarfsrelevanten Verbrauchsausgaben.

6 Die Bezeichnung der Ausgabenkategorien entspricht den Angaben im RBEG für 2017. Die Ausgabenwerte wurden mithilfe der EVS für 2013 in den einzelnen Kategorien für die einzelnen Personengruppen getrennt bestimmt (siehe RBEG für 2017). Die Ausgaben wurden proportional zur Erhöhung des Regelsatzes auf das Jahr 2020 hochgerechnet und anschließend entsprechend der jeweiligen betrachteten Bedarfsgemeinschaft aufaddiert. Die fortgeschriebenen Summenbeträge sind gemäß SGB XII, § 28, Abs. 5, S. 3 ab jedem halben Euro auf den vollen Euro aufgerundet.

7 § 20 SGB II, Abs. 1.

8 Siehe hierzu beispielsweise einen Beitrag der Diakonie Deutschland unter: https://www.diakonie.de/journal/hartz-iv-was-bietet-der-regelsatz-fuer-ein-menschenwuerdiges-leben/, abgerufen am 20.5.2020.

9 Siehe BT-Drucksache zum RBEG 2011 (BT-Drucksache 17/3404, S. 53, bezogen auf EVS 2003).

10 Hochgerechneter Betrag für 2020, basierend auf Deutscher Caritasverband (2015), der für das Jahr 2013 einen Betrag von 16 Euro ermittelte.

11 Hochgerechnet für das Jahr 2020. Martens (2011) weist die Differenz für 2011 mit 18 Euro aus, bezogen auf den damaligen Regelsatz von 364 Euro.

12 Auf die sogenannten ergänzenden Arbeitslosengeld-II-Leistungen gehe ich in Kapitel 3 ausführlicher ein.

13 Vgl. Bruckmeier und andere (2013, Tabelle 64, Variante 1), hochgerechnet auf das Jahr 2020. Anzumerken ist, dass auch die Reihung der einzelnen Berechnungsschritte Einfluss auf das Ergebnis hat. Bei der aktuellen Berechnung werden zunächst die Leistungsempfänger herausgenommen, dann nach der Einkommenshöhe sortiert und schließlich die anzusetzenden Anteile je Ausgabenkategorie bestimmt.

14 Vgl. § 22 SGB II, Abs. 1, S. 1.

15 Siehe BVerfG vom 6. Oktober 2017 – 1 BvL 2/15 – Rn. (1–19).

16 Vgl. BSG, Urteil vom 19. 2. 2009 – B 4 AS 30/08 R.

17 Unter gewissen Umständen wird vorübergehend auch mehr als die angemessene Miete übernommen, etwa wenn Leistungsempfänger kurzfristig nicht umziehen oder einen Teil der Wohnung untervermieten können (§ 22 SGB II).

18 Für Berlin sind die Kosten der Unterkunft geregelt in den »Ausführungs-vorschriften zur Gewährung von Leistungen gemäß § 22 SGB II und §§ 35 und 36 des SGB XII (AV-Wohnen)«, unter: https://www.berlin.de/sen/sozia-les/berliner-sozialrecht/kategorie/ausfuehrungs-vorschriften/av_wohnen_anlage3a-657826.php, abgerufen am 20.5.2020. Die Heizkostengrenzwerte basieren auf den Vorgaben bezüglich Fernwärme. Für Leipzig finden sich die entsprechenden Angaben unter: https://www.leipzig.de/wirtschaft-und-wissenschaft/arbeiten-in-leipzig/jobcenter/leistungen-fuer-arbeitsuchende/kosten-der-unterkunft-im-arbeitslosengeld-ii/, abgerufen am 20.5.2020. Die Grenzwerte für Heizung beinhalten auch Warmwasserbedarfe. Für München wurden die Grenzwerte für Fernwärme-Sammelheizungen auf Monatswerte umgerechnet, siehe Arbeitshinweise zu § 22 SGB II und § 35 SGB XII, unter: https://www.muenchen.de/rathaus/Stadtverwaltung/Sozialreferat/Sozialamt/Kosten_Unterkunft.html#leistungen-fr-unterkunft-und-heizung_1, abgerufen am 20.5.2020.

19 § 21 Abs. 3 SGB II. Der Mehrbedarf wird für maximal fünf Kinder gewährt, da er 60 Prozent des Regelbedarfs, also 259,20 Euro, nicht überschreiten darf.

20 Geschätzte Ausgaben pro Versicherte (inkl. Verwaltungsausgaben) der gesetzlichen Krankenversicherung für 2020 siehe Bundesversicherungsamt (2019), und Ausgaben der gesetzlichen Pflegeversicherung für 2018 siehe Bundesministerium für Gesundheit (2020).

21 Siehe Bundesagentur für Arbeit (2019a, S. 8).

22 Siehe § 26 Abs. 1, Satz 1 und Abs. 2, Satz 1 SGB II. Für Privatversicherte, die ALG II beziehen, muss die Bundesagentur die halbierten Basistarife für die privaten Kranken- und Pflegeversicherungen übernehmen. ALG-II-Leistungsempfänger sind allerdings nicht gesetzlich rentenversichert. Hier beschränkt sich das Jobcenter darauf, die Zeitdauer des Bezugs an die Rentenversicherung zu melden; diese überprüft, ob entsprechend ihrer Richtlinien eventuelle Anrechnungszeiten vorliegen.

23 Siehe Homepage der Berliner Senatsverwaltung, unter: https://www.berlin.de/sen/kultur/kulturpolitik/statistik-open-data/eintrittspreise-und-ermaessigungen/, abgerufen am 19.05.2020. Die Zahl der Bedarfsgemeinschaften sind aus Bundesagentur für Arbeit (2020 g, Tabelle 4) entnommen.

24 Siehe Selke (2011), Tafel Deutschland e.V. (2018).

25 So etwa im Jahresbericht der deutschen Tafeln, siehe Tafel Deutschland e.V. (2018, S. 20). Dort heißt es: »Die Tafeln setzen an, wo der Sozialstaat versagt.«

26 Siehe Richard Schröder in Barenberg (2018).

27 Siehe Bundesministerium für Familie, Senioren, Frauen und Jugend (2012).

28 Das Bildungspaket wurde 2011 eingeführt, um der Sicherung des Existenzminimums von Kindern gerecht zu werden. Nach § 28 SGB II werden Leistungen, die im Bildungspaket berücksichtigt werden, bei der Bestimmung des Regelsatzes für Kinder nicht berücksichtigt.

29 Siehe Sozialgericht Lüneburg, S 24 AS 492/07ER.

30 Siehe Vieth-Entus (2015).

31 Die Zahlen für Regelbedarf, Wohnkosten und Mehrbedarf wurden gerundet aus den vorangegangenen Tabellen übernommen.

32 Siehe 1. und 2. Leitsatz BVerfG, Urteil des Ersten Senats vom 9. Februar 2010, 1 BvL 1/09.

33 Smith (1789/1999, S. 747).

34 Eine Ausnahme bildet das Konzept der materiellen Deprivation, nach dem man »materiell depriviert«, ist, wenn man in drei von neun definierten Bereichen aus finanziellen Gründen Entbehrungen erfährt. Erhebliche materielle Deprivation liegt vor, wenn mindestens vier Bereiche betroffen sind, siehe BT-Drucksache 18/11980 (S. 401) vom 13. April 2017.

35 Siehe Cremer (2018).

36 Siehe Statistisches Bundesamt(2020c).

37 Siehe Garbuszus und andere (2018).

38 So lag das Nettoäquivalenzmedianeinkommen laut Mikrozensus 2018 bei 1.725 Euro (Statistisches Bundesamt 2020c) und laut European Union Statistics on Income and Living Conditions (EU-SILC) bei 1.893 Euro (Eurostat 2020). Die jeweiligen Werte sind mit den durchschnittlichen Wachstumsraten der Effektivlöhne auf Anfang 2020 hochgerechnet worden.

39 Garbuszus und andere (2018) geben für 2015 ein Nettoäquivalenzeinkommen von 1.947 Euro an, dieses wurde auf den Beginn des Jahres 2020 hochgerechnet, um die Armutsgefährdungsgrenze für 2020 zu bestimmen. Der hohe Wert erklärt sich dabei nicht nur wegen der hohen Gewichte einkommensarmer Familien, sondern auch wegen der geringeren Kindergewichte bei mittleren Haushaltseinkommen. Entsprechend höher ist das Nettoäquivalenzeinkommen des mittleren Haushalts im Vergleich zur Berechnung mit OECD-Gewichten.

40 Die Daten zum mittleren Nettoäquivalenzeinkommen basieren auf Garbuszus und andere (2018), den Angaben am aktuellen Rand zur Armutsgefährdungsschwelle auf Basis des Mikrozensus 2018, siehe Statistisches Bundesamt (2020a,b) sowie Daten des EU-SILC (Eurostat 2020).

41 Berechnungen auf Grundlage regionaler Preisindizes von Weinand und von Auer (2020).

42 Siehe Bundesagentur für Arbeit Statistik (2018a, Tabelle 16.2). Das mittlere monatliche Bruttoarbeitsentgelt eines sozialversicherungspflichtigen Vollzeitbeschäftigten liegt in Leipzig bei 2.807 Euro, in München bei 4.169 Euro und in Berlin bei 3.126 Euro. Der Bundesdurchschnitt liegt bei 3.209 Euro und damit um 14,3 Prozent über dem in Leipzig.

3 HARTZ IV: ERFOLGREICH UND ZU UNRECHT VERHASST

1 Siehe Schütze (2020).

2 Dustmann und andere (2014).

3 § 1 Satz 2 SGB II

4 Genau genommen war es erlaubt, zusätzlich zur Arbeitslosenhilfe 165 Euro monatlich hinzuzuverdienen, wobei man maximal 15 Stunden die Woche arbeiten durfte. Siehe Bundesministerium für Wirtschaft und Technologie (2002). Auch in der früheren Sozialhilfe (vor 2005) gab es Hinzuverdienstmöglichkeiten, die allerdings nicht so großzügig waren wie im ALG II, siehe Knabe (2003).

5 Dargestellt sind Berliner Tarifverdienste (Stand: 2020) in der Krankenpflege (gemäß TV-L KR West Entgeltgruppe P7 Stufe 2: 2.880,77 Euro pro Monat), Einzelhandel (Angestellte mit zwei- bis dreijähriger kaufmännischer und handwerklicher Ausbildung und ohne Berufserfahrung: 2.094,00 Euro pro Monat) und Baugewerbe (20,37 Euro pro Stunde, 160 Stunden pro Monat). Siehe Senatsverwaltung für Integration, Arbeit und Soziales (2020) und Anlage C TV-L. Beim Mindestlohneinkommen wurde eine Arbeitszeit von 160 Stunden im Monat unterstellt. Die Bezugsgrenzen bestimmen sich durch das Bruttoeinkommen, ab dem außer Kindergeld keine staatlichen Leistungen mehr bezogen werden.

6 Hinzu kommen diverse Leistungen für Bildung und Teilhabe, die im Einkommensverlauf nicht berücksichtigt werden, siehe § 6b BKGG.

7 Laut § 12a SGB II handelt es sich beim Kinderzuschlag zusammen mit dem Wohngeld um eine vorrangige Leistung. Zur Inanspruchnahme siehe BT-Drucksache 19/7504 vom 1. Februar 2019.

8 Siehe Entwurf eines Gesetzes zur Weiterentwicklung des Teilzeitrechts – Einführung einer Brückenteilzeit, BT-Drucksache 19/3452 vom 19. Juli 2018. Mit der Brückenteilzeit haben Arbeitnehmer die Möglichkeit, ihre Arbeitszeit vorübergehend individuell anzupassen.

9 Zahlen beziehen sich auf 2017, siehe Bundesagentur für Arbeit (2018b).

10 Im offiziellen Sprachgebrauch heißen die Ein-Euro-Jobs »Arbeitsgelegenheiten in der Mehraufwandsvariante«, siehe § 16d SGB II.

11 Die Arbeitszeit ist bei Ein-Euro-Jobs nicht gesetzlich geregelt, zumutbar sind 30 Stunden pro Woche (BSG B 4 AS 60/07, Urteil vom 16. Dezember 2008). Die durchschnittliche Entlohnung liegt bei 1,40 Euro pro Stunde, siehe Statistik der Bundesagentur für Arbeit (2019c, Tabelle 5.3).

12 Siehe Kiesel und Wolff (2018).

13 Siehe § 2 SGB II.

14 Schupp (2019, S. 248).

15 Betriebe berichteten nach Einführung von Hartz IV von einer gestiegenen Bereitschaft der Bewerber zu Lohnkonzessionen, siehe Rebien und Kettner (2011).

16 § 15 SGB II, für eine ausführliche Darstellung und kritische Würdigung siehe Etges und Lenger (2010) sowie Schütz und andere (2011).

17 Eine ausführliche Darstellung der vor dem Bundesverfassungsgerichtsurteil vom 5. November 2019 geltenden Sanktionen, ihres Umfangs und ihrer Abstufungen findet sich in Ehrentraut und andere (2014).

18 Cremer (2018, S. 203).

19 Siehe § 32 SGB II.

20 Bundesagentur für Arbeit (2019d, Tabellen 1 und 2).

21 Boockmann, Thomsen und Walter (2014) nutzen regionale Variationen in der Anwendung von Sanktionen, um zu zeigen, dass Sanktionen die Wahrscheinlichkeit für die Betroffenen, innerhalb der nächsten sechs Monate nach der Sanktion wieder zu arbeiten, deutlich erhöhen.

22 BVerfG, Urteil vom 5. November 2019 – 1 BvL 7/16 – Rn. 180.

23 BVerfG, Urteil vom 5. November 2019 – 1 BvL 7/16 – Rn. 193.

24 Dustmann und andere (2014).

25 Im Zuge jedes Konjunkturzyklus seit den 1980er Jahren stieg die Zahl der Arbeitslosen in Westdeutschland im Durchschnitt um weitere 800.000 an, siehe Sinn (2016, S. 107).

26 Vgl. Schnabel und Wagner (2007), Dustmann und andere (2014).

27 Ein unmittelbarer Vergleich der Zahlen für die Arbeitslosenhilfeempfänger vor 2005 und die der ALG-II-Empfänger ist wegen einer anderen statistischen Abgrenzung nicht möglich. Die Kurve ist deshalb von 2004 bis 2005 unterbrochen. Arbeitslose jeweils zum Stichtag 31.12.

28 Vgl. Schöb (2011).

29 Siehe hierzu Burda und Seele (2017).

30 Vgl. Burda und Seele (2017).

31 Siehe Hartung, Jung und Kuhn (2018) sowie Jung und Kuhn (2019). In die gleiche Richtung gehen auch die Resultate von Hochmuth und andere (2019). Bradley und Kuegler (2019) sehen hingegen in den Hartz-Reformen allenfalls eine Verstärkung des zuvor eingesetzten konjunkturellen Trends.

32 Siehe Hartung, Jung und Kuhn (2018, S. 43).

33 Insgesamt gaben laut Mikrozensus 2014 7,3 Prozent aller Beschäftigten an, unterbeschäftigt zu sein; siehe Rengers (2015, S. 30). Ein Vergleich der Mikrozensusdaten mit dem SOEP zeigt jedoch, dass diese Zahlen mit Vorsicht zu interpretieren sind, siehe hierzu Rengers, Bringmann und Holst (2017).

34 Personen, deren Asylverfahren noch läuft oder die sich nach Ablehnung des Asylantrags als Geduldete in Deutschland aufhalten, werden nicht zum Rechtskreis SGB II gezählt. Siehe Bundesagentur für Arbeit (2019e).

35 Siehe BT-Drucksache 19/18107 vom 24. März 2020, S. 4.

36 Siehe zum Beispiel DGB Hauptvorstand (2018).

37 Z. B. Bosch und Kalina (2015), Nachtwey (2016) oder Fratzscher (2016).

38 Das Panel Arbeit und Soziale Sicherung (PASS) befragt seit 2007 die immer gleichen Haushalte, die Transferleistungen beziehen, ausführlich zu ihrer wirtschaftlichen und sozialen Situation, unter anderem auch zu ihrer Einkommenssituation und zu ihrem subjektiven Wohlbefinden. Eine ausführliche Darstellung dieses Datensatzes des PASS findet sich in Trappmann und andere (2013).

39 Dabei wird unterstellt, dass nur ein Familienmitglied aufstockt.

40 Siehe Knabe und Plum (2013) und Mosthaf (2014). Allerdings ist dieser Effekt deutlich kleiner bei Arbeit, die mit geringem sozialem Status verbunden ist.

41 Da man immer die gleichen Personen über einen längeren Zeitraum befragt, kann man die Lebenszufriedenheit vor und nach der Arbeitsaufnahme vergleichen. Um den Einfluss der Arbeitsaufnahme zu isolieren, müsste man allerdings wissen, wie sich die Lebenszufriedenheit der Person entwickelt

hätte, hätte sie keine Arbeit aufgenommen. Das geht aber nicht. Statistiker können jedoch aus den Daten eine Vergleichsgruppe herausfiltern, die der Gruppe von Personen, die Arbeit aufnimmt, in jeder Hinsicht entspricht, bis auf den einen Unterschied, dass Personen der Vergleichsgruppe keine Arbeit aufgenommen haben. Zieht man die Veränderung der Lebenszufriedenheit der Vergleichsgruppe von der Veränderung der Lebenszufriedenheit derjenigen ab, die wieder eine Arbeit gefunden haben, erhält man den isolierten Effekt der Arbeitsaufnahme auf die Lebenszufriedenheit, siehe Hetschko, Schöb und Wolf (2016).

42 Dies wird durch ausführliche Regressionsanalysen bestätigt, die den Zusammenhang von Arbeit und Lebenszufriedenheit analysieren und dabei den Effekt durch den Einkommenseffekt davon getrennt ausweisen, siehe Hetschko, Schöb und Wolf (2016).

43 Siehe Qari (2014).

44 Siehe Schöb (2013).

45 Siehe hierzu etwa Riphahn (2001), Whelan (2010). Bruckmeier und Wiemers (2018) gehen davon aus, dass über 40 Prozent der Anspruchsberechtigten ihre ALG-II-Ansprüche nicht geltend machen.

46 Siehe Bundesministerium für Arbeit und Soziales (2009, 2017). Für die ALG-II-Bezieher aus Asylherkunftsländern sind in dieser Rechnung die gleichen durchschnittlichen Leistungen unterstellt worden.

4 REFORM DES SOZIALSTAATES, ABER WIE?

1 Siehe Fedorets und andere (2020).

2 Siehe Schöb (2017b) für das Jahr 2015. Eine Auswertung der letzten verfügbaren SOEP-Befragung für das Jahr 2018 zeigt, dass diese Sorgen gegenüber 2015 nochmals leicht abgenommen haben.

3 Beispielhaft sei auf eine Online-Petition der Freiberufler verwiesen, siehe https://www.change.org/p/finanzminister-olaf-scholz-und-wirtschaftsminister-peter-altmaier-mit-dem-bedingungslosen-grundeinkommen-durch-die-coronakrise-coronavirusde-olafscholz-peteraltmaier, abgerufen am 20.5.2020. Siehe auch Sommer (2020).

4 Siehe Bundesagentur für Arbeit (2020c Tabellen 2.2.1 bis 2.2.3).

5 Allenfalls wird er ALG-II-Beziehern eine Chance geben, wenn er alles, was die 100 Euro übersteigt, die die ALG-II-Bezieher ohne Abzüge behalten dürfen, mit ihnen schwarz abrechnet.

6 Siehe Knabe, Schöb und Thum (2014), Knabe und Schöb (2015).

7 Siehe Sachverständigenrat zur Begutachtung der gesamtwirtschaftlichen Entwicklung (2015, Zf. 187 und Zf. 201).

8 Neumark und Wascher (2008, S. 63–65) diskutieren die theoretischen Gründe

für zeitlich verzögerte Anpassungen an den Mindestlohn und bieten einen Überblick über empirische Studien, die die Bedeutung langfristiger Beschäftigungsanpassungen bestätigen. Erste Anpassungen nach Einführung des Mindestlohns in Deutschland beobachten Knabe und Schöb (2015).

9 Das war aber vielleicht nur eine vorübergehende Entwicklung, denn nach zwei Jahren war der Rückgang wieder deutlich kleiner, siehe Bonin und andere (2018), Burauel und andere (2020).

10 Siehe Mindestlohnkommission (2018, S. 27).

11 Siehe Drescher und Buer (2015) zu unmittelbaren Preisreaktionen im Hotel- und Gaststättengewerbe sowie Link (2019) zur kausalen Wirkung des Mindestlohns auf die Preise.

12 Siehe Bossler, Oberfichtner und Schnabel (2019). Schmitz (2019) und Caliendo u. a. (2018) bestätigen den entsprechenden Rückgang an sozialversicherungspflichtiger Beschäftigung zwischen Juni 2014 und Juni 2015 gegenüber einer kontrafaktischen Entwicklung ohne Mindestlohn. Ihre Arbeiten weisen aber eine größere Schätzungenauigkeit auf. Dies gilt auch für Garloff (2019), der keine Auswirkungen des Mindestlohns auf die reguläre Beschäftigung findet.

13 Siehe Mindestlohnkommission (2018, S. 131).

14 Siehe Schulten und Pusch (2019) für eine Übersicht zu den Forderungen nach einer Erhöhung des Mindestlohns. Unternehmensbefragungen lassen befürchten, dass eine solche Erhöhung zu einer deutlichen Zunahme der Beschäftigungsverluste führen würde, siehe Bossler, Oberfichtner und Schnabel (2018) und Oberfichtner, Bossler und Schnabel (2019).

15 Siehe »Spahn verteidigt Essener Tafel« (2018).

16 Aufruf »Arme Menschen nicht gegeneinander ausspielen – Sozialleistungen endlich erhöhen«, unter: https://www.paritaet-brb.de/de/aktuelles/berichte/neuigkeitendetail/arme-menschen-nicht-gegeneinander-ausspielen-sozialleistungen-endlich-erhoehen/, abgerufen am 20.5.2020.

17 Gleichfalls bestehen Forderungen seitens politischer Akteure. Katja Kipping von den Linken forderte beispielsweise zuletzt einen Regelsatz in Höhe von rund 600 Euro. Siehe https://www.katja-kipping.de/de/article/1610.zur-erh%C3%B6hung-des-hartz-iv-regelsatzes-2020-um-8-euro.html, abgerufen am 20.5.2020.

18 Siehe Deutscher Caritasverband (2015), hochgerechnet auf 2020.

19 Paritätischer Wohlfahrtsverband (2018).

20 Berechnungen der Diakonie zufolge sollte, hochgerechnet auf 2020, der Regelbedarf für Kinder unter sechs Jahren moderat von 250 Euro auf 268 Euro angehoben werden, bei Kindern über sechs Jahren wird hingegen eine Erhöhung um jeweils rund 24 Prozent auf 383 Euro (statt 308 Euro) beziehungsweise 411 Euro (statt 328 Euro) als notwendig erachtet, siehe Becker (2016a,b) sowie die Internetseite der Diakonie Deutschland unter: https://www.diakonie.de/journal/hartz-iv-was-bietet-der-regelsatz-fuer-ein-menschenwuerdiges-leben/, abgerufen am 20.5.2020.

21 Die Berechnungen unterstellen unveränderte Leistungen für Wohnkosten und Mehrbedarf (vgl. Tabelle 2).

22 § 11b SGB II. Hier folgt die Regelung des SGB dem Einkommensteuerrecht, das ehrenamtliche Tätigkeiten in Höhe von 2.400 Euro steuerfrei stellt.

23 Siehe § 13 SGB XI. Bei Pflegegrad 2 sind dies derzeit monatlich 316 Euro. Und wer Pflegekinder aufnimmt, erhält neben den Leistungen für das Pflegekind ein Erziehungsgeld, das ebenfalls nicht mit den Transferleistungen verrechnet wird, siehe § 11 a Absatz 3 SGB I.

24 Siehe Bundesagentur für Arbeit (2020d). Jahresdurchschnitt der Bestandszahlen im Rechtskreis des SGB II für 2019. Gezählt wurden alle Maßnahmen, die im weitesten Sinne als Beschäftigungsmaßnahmen verstanden werden können.

25 Dabei wurde unterstellt, dass alle, die einen wöchentlichen Pflegeaufwand von mindestens zehn Stunden angeben, Pflegegeld erhalten, siehe Hohmeyer und Kopf (2015).

26 BVerfG, Urteil vom 5. November 2019 – 1 BvL 7/16 – Rn. 209.

27 Für die Linken sind Sanktionen »Ausdruck einer verfehlten und verfassungswidrigen Aktivierungsideologie«. Sie fordern, sämtliche Sanktionen zu streichen und ein Unterschreiten des »menschenwürdigen Existenzminimums« gesetzlich zu verbieten, siehe BT-Drucksache 19/103 vom 22. November 2017. Die Grünen wollen nur noch einseitig auf das Prinzip des Förderns setzen und Hartz IV durch eine »Garantiesicherung« für Bedürftige ersetzen, die niemanden mehr zwingt, sich Arbeit zu suchen (dazu Bollmann und Kloepfer (2018)). Als Antwort auf die Frage »Wo sollen die fehlenden Arbeitskräfte herkommen, wenn künftig jeder das Recht hat, zu Hause zu bleiben?« antwortet Grünen-Chef Robert Habeck: »Das suggeriert, der Mensch sei ein fauler Hund und arbeite nicht ohne Zwang. Das halte ich für falsch. [...] Der Staat sollte Menschen nicht auf Teufel komm raus zur Arbeit zwingen wollen, er sollte sie anreizen und ermutigen. Das bestehende Sanktionssystem war ja nun nicht so erfolgreich.« Des Weiteren führt er aus: »Das System [ist] auf Demütigung ausgerichtet. Hartz IV ist ein Stigma. [...] Eine Politik, die dafür sorgt, dass Menschen sich für ihren Anspruch auf staatliche Leistungen schämen, verliert die Menschen.«

28 Siehe Cremer (2018), wobei natürlich Vermögen und Einkommen des Partners weiterhin mit dem ALG II verrechnet werden können.

29 Straubhaar (2017, S. 7).

30 Die Grundidee geht auf Milton Friedman (1962) zurück. In Deutschland wurde dieser Vorschlag schon früh von Joachim Mitschke (1985, 2004) vertreten. Ein ausführlicher Literaturüberblick zur Theorie und frühen Vorschlägen findet sich in Feist (2000).

31 Für Götz Werner, einen der prominentesten Verfechter des bedingungslosen Grundeinkommens, ist Hartz IV »nichts anderes als Kujonierung des Bürgers durch den Staat und in seiner Auswirkung auf den Betroffenen nur vergleichbar mit offenem Strafvollzug« (Werner 2008, S. 91). Ähnlich argumentiert auch die Bundesarbeitsgemeinschaft Grundeinkommen der Linken, siehe https://www.die-linke-grundeinkommen.de/nc/grundeinkommen/aktuell/, abgerufen am 27.10.2020.

32 Werner (2018, S. 66). Für ihn ist dies ein Bürgerrecht, das nur derjenige wahrnehmen kann, dessen Existenzminimum gesichert ist.

33 Siehe Althaus (2007) sowie Straubhaar und Hohenleitner (2007).

34 Siehe zum Beispiel Werner und Goehler (2010), die diesen Betrag jedoch als »Denkgröße« und nicht als konkreten Vorschlag verstanden wissen wollen, oder Straubhaar (2017), der diesen Betrag bei seinen Modellrechnungen unterstellt.

35 Siehe etwa Werner (2018, S. 143).

36 Z. B. Straubhaar (2017, S. 98), Bundesarbeitsgemeinschaft Grundeinkommen der Partei Die Linke (2016, S. 30).

37 Im Folgenden werden die Rechnungen von Straubhaar (2017) auf 2020 hochgerechnet. Sie nehmen, anders als Straubhaar, der vereinfachend von 80 Millionen Anspruchsberechtigten ausgeht, die tatsächliche Wohnbevölkerung in Deutschland zur Grundlage (Stand 31. Dezember 2018).

38 Straubhaars Berechnungen basieren auf den Ausgaben früherer Jahre. Danach ergibt sich ein kleines Defizit durch die Einführung des BGE (siehe Straubhaar 2017). Informationen zum Sozialbudget finden sich in Bundesministerium für Arbeit und Soziales (2018, Tabelle II). Die Abgabenquote ergibt sich aus der Volkswirtschaftlichen Gesamtrechnung relativ zum BIP, siehe Datenportal des Bundesfinanzministeriums (2019).

39 Siehe BVerfG, Entscheidung vom 28. Februar 1980, BVerfGE 53, 257 – Versorgungsausgleich I. Danach unterliegen Versichertenrenten und Rentenanwartschaften aus den gesetzlichen Rentenversicherungen dem Schutz von Art. 14 GG.

40 Siehe Bundesministerium für Arbeit und Soziales (2018, Tabelle III-1). Zahlungen der Institutionen untereinander sind hier nicht herausgerechnet, sodass das Einsparpotenzial tendenziell überschätzt wird.

41 Eine alternative Überschlagsrechnung kommt zu etwas anderen Zahlen. Laut Straubhaar (2017) sind etwa 450 Mrd. Euro der Staatsausgaben 2016 keine Sozialausgaben. Stellt man diese den Steuereinnahmen von Bund, Ländern und Kommunen in Höhe von 738 Mrd. Euro gegenüber, so ergibt sich eine Gegenfinanzierung aus dem Steuertopf in Höhe von 288 Mrd. Euro. Zählt man die Einsparungen bei der Arbeitslosenversicherung hinzu, käme man auf Einsparpotenziale in Höhe von 315 Mrd. Euro. Danach betrüge die Finanzierungslücke nur noch 645 Mrd. Euro. Um diese Finanzierungslücke zu schließen, müsste man die Abgabenquote nur um 20,4 Prozentpunkte auf 59,8 Prozent anheben.

42 Cremer (2018, S. 191 f.).

43 Das ist die Idee der sogenannten negativen Einkommensteuer, siehe Friedman (1962).

44 Siehe Jessen, Rostam-Afschar und Steiner (2017). Ich bin Viktor Steiner und Benjamin Fischer sehr dankbar, dass sie die Simulation für das Jahr 2020 unter Berücksichtigung aller Gesetzesänderungen neu durchgeführt haben. In einer früheren Studie, die keine Verhaltensanpassungen berücksichtigte, kam ich bei einem existenzsichernden Grundeinkommen zu einer Abgabenbelastung in vergleichbarer Höhe, siehe Schöb (2011).

45 Gemeint ist das Durchschnittseinkommen der gesetzlich Rentenversicherten, siehe Statistik der Deutschen Rentenversicherung (2019, S. 11).
46 Auf die Frage der »sozialleistungsinduzierten Zuwanderung« gehe ich in Kapitel 8 ein.
47 Siehe hierzu zum Beispiel Werner (2018), Straubhaar (2017), Precht (2018).
48 Häni und Kovce (2015, S. 52).
49 Werner (2008, S. 12).
50 Siehe Engler (2007).
51 Lenk (2012, S. 27).
52 Corneo (2014, S. 307).

5 DIE GRUNDSICHERUNG NEU AUFSTELLEN

1 Siehe Musterbescheid der Bundesagentur für Arbeit, unter: https://www.arbeitsagentur.de/datei/musterbescheid-algii_ba013635.pdf, abgerufen am 2.3.2020.
2 Siehe Bundesministerium für Familie, Senioren, Frauen und Jugend (2008).
3 Siehe § 31 EStG. Hier wird festgelegt, dass das Existenzminimum eines Kindes einschließlich der Bedarfe für Betreuung und Erziehung oder Ausbildung von der Steuer freigestellt wird. Gemeint ist damit das sogenannte sächliche Existenzminimum, siehe Bundesfinanzministerium (2018).
4 Siehe zum Beispiel Birk und Wernsmann (2001).
5 Siehe § 31 (1) EStG.
6 § 8 RBEG in Verbindung mit § 2 RBSFV 2019. Volljährige Kinder in Bedarfsgemeinschaften im Alter von unter 25 Jahren erhalten 332 Euro. Diese Gruppe betrachte ich im Folgenden nicht weiter.
7 Aufgrund der sogenannten Reichensteuer steigt der Vorteil ab einem Bruttomonatseinkommen von 24.385 Euro sogar auf maximal 391 Euro im Monat.
8 Als fiktive Kinderleistung wird dabei die Differenz aus Wohngeldleistungen für den Haushalt mit und ohne Kind mit eingerechnet. Die Wohngeldleistung für das Kind entsteht also auf der einen Seite dadurch, dass die Familie höhere Mietkosten hat und somit einen höheren Wohngeldanspruch geltend machen kann. Auf der anderen Seite mindert eine höhere Personenanzahl den Transferentzug des Wohngelds mit steigendem Einkommen. Bei gleicher Miete und gleichem Bruttoeinkommen erhält ein kinderloser Haushalt weniger Wohngeld. Das Alter der Kinder ist nicht relevant. Siehe hierzu § 19 Abs. 1f WoGG.
9 Siehe Bündnis 90/Die Grünen (2019) sowie BT-Drucksache 19/14326 vom 22. November 2019.
10 Siehe Bündnis 90/Die Grünen (2019, S. 3 f).

11 Siehe Wahlprogramm der Linken, Die Linke (2017).

12 Der Kinderschutzbund schlägt ebenfalls eine zu versteuernde Kindergrundsicherung vor, setzt sie aber mit 637 Euro wesentlich höher an. Sie soll das sächliche Existenzminimum für Kinder und einen Freibetrag für Betreuung und Erziehung abdecken, siehe http://www.kinderarmut-hat-fol gen.de, abgerufen am 27.5.2020.

13 Rat der Immobilienweisen (2019, S. 288). In kreisfreien Großstädten über 100.000 Einwohner stiegen Neumieten um real rund 15 Prozent innerhalb eines Zeitraums von 13 Jahren. Die Mieten auf dem Land sind hingegen im gleichen Zeitraum real kaum gestiegen.

14 Steigende Mieten können allerdings den Lebensstandard von ALG-II-Beziehern indirekt absenken. Der Regelsatz wird aus den Ausgaben einer Vergleichsgruppe errechnet. Wenn die Vergleichsgruppe wegen steigender Mietkosten weniger Geld für den alltäglichen Bedarf ausgeben kann, senkt dies den Regelsatz für ALG-II-Bezieher. Dieser Effekt ist nicht zu vernachlässigen, schließlich leben rund drei Viertel der Vergleichshaushalte zur Miete.

15 Das Wohngeld weist noch einen weiteren Fallstrick auf, der bei einer vierköpfigen Familie zum Tragen kommt: Wenn sie bei einem Bruttoeinkommen von etwa 2.000 Euro steuerpflichtig wird, ändert sich die Berechnungsgrundlage, wodurch der Wohngeldanspruch sprunghaft ansteigt, siehe WoGG § 16.

16 Siehe Dustmann, Fitzenberger und Zimmermann (2018, Abbildung 10).

17 Das gleiche Problem wird in Zukunft auch immer mehr Rentner betreffen. Wenn zukünftige Rentner wegen der überproportional steigenden Mieten nicht mehr in der Lage sind, ausreichende private Altersvorsorge zu betreiben, und zugleich wegen höherer Mieten ein höheres bedarfsgerechtes Alterseinkommen benötigen, steigt das Risiko der Altersarmut. Darauf gehe ich in Kapitel 9 ausführlicher ein.

6 EINE NEUE ARCHITEKTUR DER SOLIDARISCHEN GRUNDSICHERUNG

1 Bei 450 Euro werden bei der RBS (Stand 2020) 18 Euro mehr zurückbehalten, als an RBS maximal ausbezahlt wird. Dieser überschüssige Betrag wird mit dem Zuschuss an die gesetzlichen Kranken- und Pflegeversicherungen verrechnet.

2 Die Bezugsgrenzen verschieben sich, wenn man Kinder hat. Da man in der gesetzlichen Pflegeversicherung niedrigere Beiträge zahlt, hat man mehr übrig, um die Fürsorgeleistungen abzulösen. Die im nächsten Abschnitt

diskutierte zu versteuernde Kindergrundsicherung führt dazu, dass man mit Kindern früher Steuern auf Arbeitseinkommen zahlt. Mit dem Einsetzen der Steuerpflicht wird daher die Fürsorgeleistung wieder langsamer abgeschmolzen.

3 Siehe Sachverständigenrat zur Begutachtung der gesamtwirtschaftlichen Entwicklung (2006a,b), ähnliche Kritik kam auch vom ifo Institut, siehe Sinn und andere (2006). Eine Übersicht der älteren Diskussion findet sich in Schöb und Weimann (2006).

4 Siehe Blömer und Peichl (2019), Blömer, Fuest und Peichl (2019).

5 Siehe Bruckmeier, Mühlhan und Wiemers (2018). Zusätzlich soll der Freibetrag von 100 Euro auf 50 Euro abgesenkt werden.

6 Siehe Birk, Desens und Tappe (2019, Rdnr. 1106). Die entsprechenden Urteile des Bundesverfassungsgerichts sind BVerfGE 82, 60 (87 ff.) und BVerfGE 99, 216 (233 ff.).

7 Dabei werden alle weiteren steuerlichen Regelungen des Jahres 2020 beibehalten. Die nur wegen eines Kindes bestehenden Hinzuverdienstmöglichkeiten werden ersatzlos gestrichen (siehe Kapitel 3).

8 Wer einen Minijob mit 450 Euro annimmt und auf RBS verzichtet, könnte damit 450 Euro brutto zusätzlich zum maximalen Wohngeld verdienen, anstelle von 432 Euro Regelbedarf zuzüglich maximalen Wohngelds. Um das zu vermeiden, wird WBS ohne RBS-Bezug ab dem ersten Euro abgeschmolzen. Das betrifft auch Fälle, in denen wegen der Überschreitung von Vermögensfreigrenzen kein Anspruch auf RBS besteht. Auf diese Sonderfälle gehe ich im Weiteren nicht weiter ein.

9 Dies ist in einer Gleitzone, dem sogenannten Midijob-Bereich, der Fall, siehe § 20 SGB IV. Dort zahlen Arbeitnehmer nur einen reduzierten Beitragsanteil, der progressiv ansteigt.

10 Siehe § 32a (1) EStG. Bei steigenden Einkommen greift zunächst der Eingangssteuersatz in Höhe von 14 Prozent. Da der Steuersatz anfangs sehr schnell ansteigt, sinkt die ausbezahlte KGS dann zunächst relativ schnell ab.

11 Für die genaue Ausgestaltung der WBS-Formel siehe Schöb (2020).

7 SOLIDARITÄT UND EIGENVERANTWORTUNG

1 Jeder Arbeitnehmer, der bei einem neuen Tarifabschluss frei zwischen einer Lohnerhöhung und einer Arbeitszeitverkürzung wählen kann, kennt solche Überlegungen. Als die Post 2018 ihren Mitarbeitern freistellte, zwischen einer Lohnerhöhung oder mehr freien Tagen zu wählen, entschieden sich nicht alle für den höheren Lohn, viele freuten sich mehr über zusätzliche freie Tage, siehe Deutsche Post DHL Group (2018).

2 Während im Status quo der steuerliche Vorteil durch den Entlastungsbetrag

für Alleinerziehende mit steigendem Einkommen steigt, wird die Pauschale im neuen System besteuert und der daraus resultierende Vorteil langsam abgeschmolzen.

3 § 16d SGB II.

4 Siehe §§ 10 und 31 SGB II.

5 Das ist die Grundidee von Workfare. Zur theoretischen Begründung siehe Besley und Coate (1982) sowie Kreiner und Tranæs (2005).

6 In Anlehnung an einen Ausspruch des Altbundeskanzlers Gerhard Schröder in einem Interview für die *Bild*-Zeitung vom 6. April 2001.

7 Das orientiert sich an der derzeitigen durchschnittlichen Entlohnung von Ein-Euro-Jobs, die bei 1,40 Euro pro Stunde liegt, siehe Statistik der Bundesagentur für Arbeit (2019c, Tabelle 5.3).

8 Siehe Feist und Schöb (1998). Ähnliche Ergebnisse finden sich auch für andere Länder. Black und andere (2003) für die USA und Geerdsen (2006) für Dänemark finden, dass die Ankündigung einer verpflichtenden Teilnahme an einem Workfare-Programm Betroffene motiviert, sich vor Beginn der Maßnahme eine reguläre Beschäftigung zu suchen.

9 Siehe BVerfG, Urteil vom 5. November 2019 – 1 BvL 7/16.

10 BVerfG, Urteil vom 5. November 2019 – 1 BvL 7/16 – Rn. 209.

11 Aufwandsentschädigungen bis zu 200 Euro für ehrenamtliche Tätigkeiten werden auch heute schon nicht mit dem ALG II verrechnet, siehe § 11b SGB II und Kapitel 3.

12 Siehe www.bundes-freiwilligendienst.de. Das Bundesamt für Familie und zivilgesellschaftliche Aufgaben ist für diese Tätigkeiten verantwortlich und stellt sicher, dass sie dem Grundsatz der Arbeitsmarktneutralität genügen und keine regulären Arbeitsplätze verdrängen, siehe § 3 Abs. 1 Bundesfreiwilligendienstgesetz (BFDG).

13 Dieser Vorschlag findet sich erstmals in Schöb (2018).

14 Dörre (2014).

15 Butterwegge (2015, S. 235).

16 Blömer, Fuest und Peichl (2019, S. 36).

17 Siehe Schöb (2012) oder Knabe, Schöb und Thum (2014) sowie für die Entwicklung im ersten Jahr der Einführung des Mindestlohns Caliendo und andere (2017).

18 Siehe Knabe, Schöb und Thum (2014) für eine ausführliche Darstellung des französischen Systems. Auch Löhne oberhalb des Mindestlohns werden bezuschusst, allerdings wird der Zuschuss linear abgeschmolzen. Erst bei Löhnen über dem 1,6-Fachen des Mindestlohns, das entspricht einem Stundenlohn von 16,24 Euro, wird kein Zuschuss mehr bezahlt.

1 Diese Regelungen gelten auch für die Staaten des Europäischen Wirtschaftsraums (EWR) Norwegen, Island, Liechtenstein und für die Schweiz. Darüber hinaus werden im Rahmen von Assoziierungsabkommen auch Bürgern anderer Länder wie zum Beispiel der Türkei ähnliche Rechte gewährt (siehe Art. 3 Abs. 1 ARB 3/80). In abgestufter Form existieren weitere Assoziierungsabkommen mit anderen Ländern, die Aufenthaltsstatus und Zugang zu den Sozialsystemen regeln. Änderungen, wie sie in diesem Kapitel für EU-Bürger diskutiert werden, lassen sich in der Regel problemlos auch auf die Bürger anderer Staaten übertragen.

2 Siehe Borjas (1999).

3 2013 wurde »Sozialtourismus« zum Unwort des Jahres erklärt, siehe http://www.unwortdesjahres.net/index.php?id=112, abgerufen am 28.5.2020. In der Begründung hieß es: »Im Zuge der Diskussion um erwünschte und nicht erwünschte Zuwanderung nach Deutschland im letzten Jahr wurde von einigen Politikern und Medien mit dem Ausdruck «Sozialtourismus» gezielt Stimmung gegen unerwünschte Zuwanderer, insbesondere aus Osteuropa, gemacht.«

4 Siehe Art. 45 Satz 2 AEUV. Für Selbstständige findet sich eine entsprechende Regelung in Art. 49 Satz 1 AEUV.

5 Siehe RL 2004/38/EG, Art. 6 in Verbindung mit Art. 16 Abs. 2. Der Anspruch bleibt bestehen, wenn man nach mehr als einem Jahr unfreiwillig arbeitslos wird. Bei Personen, die innerhalb des ersten Jahres unfreiwillig arbeitslos werden, können die Sozialleistungen allerdings nach sechs Monaten eingeschränkt werden, siehe RL 2004/38/EG, Art. 7.

6 Siehe RL 2004/38/EG, Art. 7, Abs. 3(b).

7 EuGH, Urteil vom 11.11.2014, RS C-333/13 (Dano); siehe auch Gerichtshof der Europäischen Union, Pressemitteilung Nr. 146/14 vom 11.11.2014.

8 EuGH, Urteil vom 15. September 2015, RS C-67/14 (Alimanovic); siehe auch Gerichtshof der Europäischen Union, Pressemitteilung Nr. 101/15 vom 15.9.2015. Nach Art. 14 Abs. 4 Buchst. b der Richtlinie 2004/38/EG stand ihr ein Aufenthaltsrecht zu, aber aufgrund der Ausnahmebestimmung von Art. 24 Abs. 2 musste Deutschland über die sechs Monate hinaus keine Zahlungen mehr leisten (vgl. EuGH, Urteil vom 15.9.2015, RS C-67/14, Zf. 57).

9 Siehe Gesetz zur Regelung von Ansprüchen ausländischer Personen in der Grundsicherung für Arbeitssuchende nach SGB II und in der Sozialhilfe nach SGB XII vom 22. Dezember 2016; BGBl 2016 I, S. 3155, sowie den entsprechend geänderten Art. 7 Abs. 1 SGB II. Wer nach Deutschland einwandert, um erst einmal Arbeit zu suchen, hat für sechs Monate ein Bleiberecht. Das Bleiberecht verlängert sich, wenn man nachweisen kann, dass man weiterhin Arbeit sucht und begründete Aussicht auf eine Einstellung hat; siehe § 2 Abs. 2 Zf. 1a FreizügG/EU. Damit ist aber kein Anspruch auf Grundsicherungsleistungen verbunden, siehe § 7 Abs. 1 Satz 1 SGB II. Angehörige

der Staaten, die das Europäische Fürsorgeabkommen unterschrieben haben, haben dann jedoch Anspruch auf Sozialhilfe nach SGB XII, obwohl sie erwerbsfähig sind (Voigt 2017, S. 12).

10 Die ehemalige Bundesarbeitsministerin Andrea Nahles, zitiert in Bundesministerium für Arbeit und Soziales (2016).

11 Ascher (2017, S. 66).

12 EuGH, Urteil vom 4. Februar 2010, RS C-14/09 (Genc), Zf 19 f.

13 Siehe Verfahrenshinweise der Ausländerbehörde Berlin (VAB), C.2.2.1, https://www.berlin.de/einwanderung/service/downloads/artikel.875097. php, abgerufen am 20.05.2020. Der EuGH erkannte unter Umständen auch schon bei einer Tätigkeit von 5,5 Stunden pro Woche und einem Arbeitseinkommen von 75 Euro netto den Arbeitnehmerstatus an, siehe EuGH-Urteil vom 4. Februar 2010, Rs. C-14/09, Rn. 26.

14 Siehe National Institute of Statistics (2019). Danach betrug der durchschnittliche Nettomonatsverdienst im Januar 2019 2.936 Lei; Interbankenwechselkurs zum 31. Januar 2019. Die unterstellte Kaufkraftparität bezieht sich auf das Jahr 2016, siehe Statistisches Bundesamt (2018).

15 Siehe §§ 31f und 62–78 EStG sowie weitergehende Regelungen im BKGG.

16 Siehe §§ 8 und 9 AO.

17 Dabei genügt es bei den Kindern, dass sie einen Wohnsitz oder gewöhnlichen Aufenthalt in einem Mitgliedsstaat der Europäischen Union haben, siehe § 63 (1) Satz 6 EStG. Einen deutschen Wohnsitz hat, wer hier über eine Wohnung verfügt, die er längerfristig und nicht nur vorübergehend, das heißt für weniger als sechs Monate, benutzen will. Es kann sich dabei auch um eine sehr bescheidene Bleibe handeln. Von einem gewöhnlichen Aufenthalt ist auszugehen, wenn jemand sich für mehr als sechs Monate in Deutschland aufhält, dabei aber keinen festen Wohnsitz in Deutschland hat, sondern zum Beispiel wegen häufiger Ortswechsel innerhalb Deutschlands in Hotels wohnt, siehe hierzu Definitionen zu Wohnsitz und gewöhnlichem Aufenthalt in §§ 8 und 9 AO.

18 Voraussetzung ist, dass sie mindestens 90 Prozent ihres Einkommens im Inland verdienen oder ihre ausländischen Einkünfte das Existenzminimum nicht abdecken. Hierbei geht es um die fiktive unbeschränkte Steuerpflicht nach § 1 (3) EStG, die nach einem EuGH-Urteil vom 14. Februar 1995 (Schumacker), Rs C-279/93, auch für EU-Bürger gilt. Voraussetzung ist, dass überhaupt inländisches Einkommen erzielt wird (BFH, Urteil vom 14. März 2018).

19 Siehe Graf (2019, Tabelle 4).

20 Siehe Brücker, Hauptmann und Vallizadeh (2015). Cremer (2018, S. 89) verweist darauf, dass in Bulgarien und Rumänien auch die Push-Faktoren für die Minorität der Sinti und Roma sehr groß sind, bedingt durch eine lange Tradition der Ausgrenzung, die auch im Zuge der EU-Osterweiterung nicht durchbrochen wurde.

21 Siehe Giulietti und andere (2013) sowie für einen kurzen Literaturüberblick Giulietti (2014).

22 Siehe Skupnik (2014, Tabelle 3).

23 Siehe Sinn (2002, 2016).
24 Siehe Gujer (2018).
25 Siehe Pressemitteilung der Europäischen Kommission (2020).
26 Siehe Europäischer Rat, Tagung des Europäischen Rates (18. und 19. Februar 2016) – Schlussfolgerungen, Abschnitt D Sozialleistungen und Freizügigkeit, Absatz 2. Konkret ging es um den Vorschlag, die Verordnung (EG) 833/2004 entsprechend zu ändern.

9 IN WÜRDE ALTERN

1 Siehe z. B. Eberhardt, Fachinger und Henke (2010) sowie Fachinger und andere (2014).
2 Eigene Berechnungen auf Basis des SOEP 2017.
3 Siehe Eurostat (2019). Eine internationale Studie für insgesamt 195 Länder zeigt gleichfalls, dass auch in Deutschland die Lebenserwartung bei guter Gesundheit über die Zeit zugenommen hat, siehe GBD 2017 DALYs and HALE Collaborators (2018).
4 Die Regelaltersgrenze wird seit 2012 schrittweise bis 2030 von 65 Jahren auf 67 Jahre angehoben, siehe § 235 Absatz 2 SGB VI und RV-Altersgrenzenanpassungsgesetz.
5 So argumentierte etwa DGB-Vorstandsmitglied Annelie Buntenbach: »Jede Anhebung der Regelaltersgrenze ist de facto eine verdeckte Rentenkürzung, denn damit steigt auch die Zahl jener, die vorzeitig mit höheren Abschlägen aus dem Erwerbsleben ausscheiden, weil sie es schlicht nicht gesund und in sozialversicherter Beschäftigung bis zur Rente schaffen.« Siehe Deutscher Gewerkschaftsbund (2016).
6 Siehe hierzu Börsch-Supan (2007), OECD (2011), Wissenschaftlicher Beirat beim Bundesministerium für Wirtschaft und Energie (2016). Die Deutsche Bundesbank (2019) geht davon aus, dass in Deutschland bei so einem Verfahren das Renteneintrittsalter bis 2070 auf 69 Jahre und vier Monate angehoben werden muss, um das Rentenniveau zu stabilisieren.
7 Siehe Statistik der Deutschen Rentenversicherung (2019, S. 34 ff.).
8 Mit dem Rentenwert für die neuen Bundesländer für 2020 ergäbe sich eine Rente in Höhe von 606 Euro, da man dort bei gleichem Einkommen bis Ende 2024 eine höhere Rente erhält.
9 Siehe Statistik der Deutschen Rentenversicherung (2019).
10 Siehe Statistik der Deutschen Rentenversicherung (2019, S. 50)
11 Hochgerechnet mit Daten des SOEP für das Jahr 2017.
12 Siehe §§ 41 und 43 SGB XII. Anspruch auf Grundsicherung im Alter hat, wer die gesetzliche Altersgrenze erreicht hat, also je nach Geburtsjahr ab 65 bis 67 Jahre. Voraussetzung für den Bezug ist, dass man seine Bedürftig-

keit in den vergangenen zehn Jahren nicht vorsätzlich oder grob fahrlässig herbeigeführt hat, siehe § 41 Satz 4 SGB XII. Einer 83-jährigen Rentnerin etwa wurden Leistungen der Grundsicherung im Alter verwehrt, da sie zuvor innerhalb von vier Jahren 105.000 Euro Erspartes ausgegeben hatte (siehe Az. L 2 SO 2489/14).

13 Es gibt Unterschiede zum ALG II bezüglich der Förderung anderer »besonderer« Unterkunftsformen, siehe § 42a SGB XII. So gelten beispielsweise bei Unterbringung in einem Alters- oder Pflegeheim die durchschnittlichen angemessenen tatsächlichen Aufwendungen für die Warmmiete eines Einpersonenhaushalts im Einzugsgebiet des zuständigen Trägers als angemessen.

14 Siehe § 43 SGB XII.

15 Siehe § 82 Abs. 4 und 5 SGB XII.

16 Siehe Statistisches Bundesamt (2020d) und Statistisches Bundesamt (2020e).

17 Bundesagentur für Arbeit (2020b, Tabelle 2, Spalte 15).

18 Siehe § 43 Abs. 3 SGB XII sowie Cremer (2016, S. 119).

19 Buslei und andere (2019) berechnen für 2015 eine potenzielle Grundsicherungsquote im Alter von 5,8 Prozent.

20 Siehe https://www.spd.de/aktuelles/grundrente/, abgerufen am 20.5.2020.

21 Siehe BT-Drucksache 19/18473 vom 8. April 2020.

22 Genau genommen geht es nicht um Beitragsjahre, sondern um anrechenbare Zeiten nach § 51 Abs. 3a Satz 1 Nr. 1–3 SGB VI. Ausgenommen sind Pflichtbeitragszeiten oder Anrechnungszeiten wegen des Bezugs von Arbeitslosengeld. Dazu gehören unter anderem Pflichtbeitragszeiten für versicherte Beschäftigung oder Tätigkeit, aufgrund von Kindererziehung, Pflege und Antragspflichtversicherung und Berücksichtigungszeiten wegen Kindererziehung und Pflege, vgl. BT-Drucksache 19/18473 vom 8. April 2020.

23 Siehe BR-Drucksache 85/20, vom 21. Februar 2020, S. 6.

24 Siehe BT-Drucksache 19/18473 vom 8. April 2020.

25 Cremer (2020, S. 137).

26 Für den Freibetrag sind nur die Grundrentenzeiten entscheidend, das heißt, auch wenn man die Anforderungen für den Bezug einer Grundrente nicht erfüllt, kann man als langjährig Versicherter den Freibetrag in Anspruch nehmen. Zu Details der neuen Grundrente siehe Klammer und Wagner (2020), Ragnitz (2020).

27 Siehe Promberger, Wübbeke und Zylowski (2012).

28 Siehe Buslei und andere (2019).

29 Siehe Werding (2016), Sachverständigenrat zur Begutachtung der gesamtwirtschaftlichen Entwicklung (2016).

30 Die Berechnungen gehen von der heute geltenden Rentenformel aus, siehe Werding (2016, S. 12).

31 Erfüllen beide Partner die Kriterien des Grundrentenpakets, haben sie Anspruch auf den doppelten Freibetrag in der Grundsicherung im Alter. Ihr Einkommen würde sich in diesem Fall auf 1.800 Euro aus dem Grundsicherungsbezug erhöhen. Erst bei einer gemeinsamen Bruttorente von über 2.000 Euro würden sie keine Grundsicherung im Alter mehr erhalten.

32 Wenn 200 Euro der gemeinsamen Bruttorente bisher aus einer privaten Altersrente stammen, erhalten sie nur knapp 100 Euro mehr als im Status quo.

33 Dabei ist unterstellt, dass man in diesen fünf Jahren durchschnittlich 0,6 Entgeltpunkte erwirbt.

ABKÜRZUNGSVERZEICHNIS

AEUV	Vertrag über die Arbeitsweise der Europäischen Union
ALG II/I	Arbeitslosengeld II/I
AO	Abgabenordnung
BFH	Bundesfinanzhof
BGE	Bedingungsloses Grundeinkommen
BGBl	Bundesgesetzblatt
BIP	Bruttoinlandsprodukt
BKGG	Bundeskindergeldgesetz
BR	Bundesrat
BSG	Bundessozialgericht
BT	Deutscher Bundestag
BVerfG	Bundesverfassungsgericht
BVerfGE	Entscheidung(en) des Bundesverfassungsgerichts
EStG	Einkommensteuergesetz
EU	Europäische Union
EuGH	Europäischer Gerichtshof
EU-SILC	Europäische Gemeinschaftsstatistik über Einkommen und Lebensbedingungen (European Union Statistics on Income and Living Conditions)
EVS	Einkommens- und Verbraucherstichprobe
EWR	Europäischer Wirtschaftsraum
FreizügG/EU	Gesetz über die allgemeine Freizügigkeit von Unionsbürgern
GAV	Gesetzliche Arbeitslosenversicherung
GG	Grundgesetz für die Bundesrepublik Deutschland
GKV	Gesetzliche Krankenversicherung
GPV	Gesetzliche Pflegeversicherung
GRV	Gesetzliche Rentenversicherung
GUV	Gesetzliche Unfallversicherung
IAB	Institut für Arbeitsmarkt- und Berufsforschung der Bundesagentur für Arbeit

ifo	Leibniz-Institut für Wirtschaftsforschung an der Universität München
IZA	Forschungsinstitut zur Zukunft der Arbeit
KGS	Kindergrundsicherung
OECD	Organisation für wirtschaftliche Zusammenarbeit und Entwicklung (Organisation for Economic Co-operation and Development)
PASS	Panel Arbeit und soziale Sicherung
RBEG	Regelbedarfsermittlungsgesetz
RBS	Regelbedarfssicherung
RBSFV	Regelbedarfsstufen-Fortschreibungsverordnung
RL	Richtlinie
Rn	Rangnummer
RS	Rechtssache
SG	Sozialgericht
SGB	Sozialgesetzbuch
SOEP	Sozio-oekonomisches Panel
WBS	Wohnbedarfssicherung
WoGG	Wohngeldgesetz

GLOSSAR DER WICHTIGSTEN BEGRIFFE

Im Folgenden werden die wichtigsten im Buch verwendeten Begriffe kurz erläutert. Dabei wird jedoch nicht auf die entsprechenden Gesetze oder Regelungen verwiesen. Diese Verweise finden sich im Text.

Altersvorsorgedilemma

Wer wenig verdient und damit rechnen muss, später nur eine kleine Rente unterhalb des → *soziokulturellen Existenzminimums* zu bekommen, hat keinen Anreiz privat vorzusorgen. Je höher die → *Grundsicherung* im Alter, desto geringer ist der Anreiz zur eigenen Altersvorsorge.

Arbeitnehmerfreizügigkeit

Sie gibt allen Bürgern der EU-Mitgliedsstaaten das Recht, frei zu entscheiden, in welchem EU-Staat sie arbeiten wollen. Arbeitnehmer aus dem EU-Ausland dürfen dabei nicht gegenüber inländischen Arbeitnehmern benachteiligt werden. Das gilt im Hinblick auf die Entlohnung und Arbeitsbedingungen genauso wie im Hinblick auf die steuerliche und sozialversicherungsmäßige Behandlung. Arbeitnehmer und ihre Familienangehörigen haben während ihrer Berufstätigkeit Aufenthaltsrecht im Gastland.

Arbeitslosengeld II (ALG II)

Umgangssprachlich auch als → *Hartz IV* bezeichnet. Eine Sozialleistung der deutschen Sozialgesetzgebung, die 2005 im Zuge der → *Hartz-Reformen* eingeführt wurde. Es vereint die frühere Sozialhilfe und Arbeitslosenhilfe für erwerbsfähige Arbeitslose und soll das → *soziokulturelle Existenzminimum* abdecken. *ALG II* wird nicht nur Arbeitslosen, sondern auch Beschäftigten mit geringem Einkommen ergänzend zum Arbeitseinkommen gezahlt. Die ALG-II-Leistungen setzen sich zusammen aus dem → *Regelsatz*, der Übernahme der → *Kosten der Unterkunft* sowie den → *Mehrbedarfen*. Darüber hinaus sind ALG-II-Empfänger kranken- und pflegeversichert.

Armutsgefährdungsgrenze

Sie liegt bei 60 Prozent des mittleren verfügbaren → *Nettoäquivalenzeinkommens*. Wer über ein geringeres Nettoeinkommen (einschließlich Transferleistungen) verfügt, gilt als armutsgefährdet.

Armutsgrenze

Sie liegt bei 50 Prozent des mittleren verfügbaren → *Nettoäquivalenzeinkommens*. Wer über ein geringeres Nettoeinkommen (einschließlich Transferleistungen) verfügt, gilt als arm.

Asymmetrische Information

Asymmetrische Information liegt häufig bei Versicherungsverträgen vor: Die Versicherung weiß weniger über das tatsächliche Schadensrisiko als der Versicherte. Das kann dazu führen, dass Versicherungsmärkte nur unzureichend funktionieren oder überhaupt nicht bestehen können. Eines der Hauptprobleme asymmetrischer Information ist der → *Moral Hazard*.

Aufstocken

Im Rahmen der → *Grundsicherung* besteht die Möglichkeit, sein Arbeitseinkommen durch → *ergänzende ALG-II*-Leistungen aufzubessern. Diese Möglichkeit steht allen offen, deren Nettoeinkommen niedriger ist als die → *ALG-II*-Leistungen zuzüglich der → *Hinzuverdienstmöglichkeiten*.

Bedarfsgemeinschaft

Begriff aus der deutschen Sozialgesetzgebung. Zu einer Bedarfsgemeinschaft zählen neben dem erwerbsfähigen → *Leistungsberechtigten* die im Haushalt lebenden Eltern, nicht dauerhaft getrennt lebende Partner sowie unverheiratete, leistungsberechtigte Kinder bis zu ihrem 25. Lebensjahr.

Bezugsgrenze

Einkommensgrenze, bis zu der staatliche Leistungen wie ALG II, Kinderzuschlag und Wohngeld im Status quo, bzw. RBS- und WBS-Leistungen in der neuen Grundsicherung bezogen werden.

Ein-Euro-Job

Umgangssprachlich für eine Arbeitsgelegenheit, die erwerbsfähigen Arbeitslosen vom → *Jobcenter* zugeteilt werden kann. Ein-Euro-Jobber erhalten zusätzlich zu den → *ALG-II*-Leistungen eine Mehraufwandsentschädigung von (mindestens) 1 Euro pro Stunde.

Ergänzendes ALG II

Bei → *ALG II* gilt der Grundsatz: »Wer arbeitet, soll mehr haben als ein Arbeitsloser«. Dieser Grundsatz wird durch die → *Hinzuverdienstmöglichkeiten* sichergestellt, durch die man immer einen Teil seines Arbeitseinkommens zusätzlich zu den ALG-II-Leistungen behalten kann. Bezieher ergänzenden ALG IIs werden auch als → *Aufstocker* bezeichnet.

Existenzminimum, soziokulturelles

Im Unterschied zum physischen Existenzminimum, das den materiellen Bedarf zur Deckung materieller Grundbedürfnisse, wie z. B. eine Wohnung, Nahrung und die medizinische Notversorgung, umfasst, berücksichtigt das soziokulturelle Existenzminimum darüber hinaus auch den materiellen Bedarf, der ein Mindestmaß an sozialer und gesellschaftlicher Teilhabe ermöglicht. Grundsicherungsleistungen wie → *ALG II* und → *Grundsicherung im Alter* sollen dieses soziokulturelle Existenzminimum sicherstellen.

Grundeinkommen, bedingungsloses

Ein monatlicher Betrag, den jeder Bürger unabhängig von seinen wirtschaftlichen Verhältnissen und ohne Gegenleistung vom Staat erhält. Das bedingungslose Grundeinkommen sollte so bemessen sein, dass es das soziokulturelle Existenzminimum abdeckt. Damit wären weitere staatliche Leistungen überflüssig.

Grundrente

Neuer Zuschlag zur gesetzlichen Altersrente für langjährige Mitglieder der gesetzlichen Rentenversicherung. Die Einführung der Grundrente wurde 2020 beschlossen und soll im Jahr 2021 umgesetzt werden.

Grundsicherung
Oberbegriff für alle staatlichen Leistungen, die der Bedarfssicherung dienen. Sie ist das unterste Sicherheitsnetz des Sozialstaats und garantiert das → *soziokulturelle Existenzminimum* eines jeden Einzelnen, ohne nach den Ursachen der Bedürftigkeit zu fragen.

Grundsicherung im Alter
Damit sind die → *Grundsicherungsleistungen* gemeint, die nach Erreichen des gesetzlichen Renteneintrittsalters in Anspruch genommen werden können.

Hartz-Reformen
Umgangssprachliche Bezeichnung für eine Reihe umfassender Arbeitsmarkt- und Sozialreformen in den mittleren 2000er Jahren. Zu ihnen gehörte unter anderem die Einführung des → *ALG II*.

Hartz IV
Umgangssprachlicher Ausdruck für → *ALG II*.

Hinzuverdienstmöglichkeiten
Staatliche Transfers werden gekürzt (abgeschmolzen), wenn das Arbeitseinkommen steigt. Das bedeutet im Umkehrschluss, dass man einen Teil seines Einkommens zusätzlich zu seinem Einkommen behalten darf (→ *Aufstocken*). Die Höhe der Hinzuverdienstmöglichkeiten bestimmt maßgeblich die Arbeitsanreize mit.

Jobcenter
Gemeinsame Einrichtungen von Kommunen und der Bundesagentur für Arbeit, die als zentrale Anlaufstelle für Arbeitsuchende dienen. Sie betreuen alle Bezieher von → *ALG II* und sind sowohl für die Arbeitsvermittlung als auch für die Auszahlung von Sozialleistungen zuständig.

Heimatlandprinzip
Nach diesem Prinzip sollen Arbeitslose, die keinen Anspruch auf beitragsfinanzierte Arbeitslosenunterstützung haben und in der EU außerhalb ihres Heimatlandes leben, steuerfinanzierte Sozialleistungen wie z.B. → *ALG II* ausschließlich aus ihrem Heimatland beziehen. Danach hätten EU-Ausländer in Deutschland keinen Anspruch auf *ALG II* oder → *Grundsicherung im Alter*.

Kinderfreibetrag

Der Kinderfreibetrag stellt im deutschen Steuerrecht sicher, dass das Einkommen der Eltern, das diese zur Sicherung des Existenzminimums ihrer Kinder benötigen, nicht besteuert werden darf. Das → *Kindergeld* wird als Vorschuss auf den Kinderfreibetrag direkt ausbezahlt; übersteigt der Kinderfreibetrag das Kindergeld, wird das Kindergeld mit dem Kinderfreibetrag verrechnet.

Kindergeld

Das Kindergeld ist ein Vorschuss auf den → *Kinderfreibetrag*, der das Existenzminimum des Kindes von der Einkommensbesteuerung ausnimmt. Der Teil des Kindergeldes, der die steuerliche Entlastung durch den Kinderfreibetrag übersteigt, wird als zusätzliche familienpolitisch begründete Transferleistung im Rahmen des Familienleistungsausgleichs angesehen. Das Kindergeld wird monatlich ausgezahlt, seine Höhe wird nach der Anzahl der Kinder in einem Haushalt festgesetzt.

Kindergrundsicherung, zu versteuernde (KGS)

Zweiter Grundpfeiler der neuen Grundsicherung, die in diesem Buch vorgeschlagen wird. Die Kindergrundsicherung ist eine allgemeine Transferleistung für Familien zur Sicherung des alltäglichen Bedarfs aller in einem Haushalt lebenden Kinder unabhängig vom Einkommen der Eltern. Die Kindergrundsicherung ist zu versteuern, wodurch Eltern mit steigendem Einkommen stärker an der Bedarfssicherung ihrer Kinder beteiligt werden.

Kinderzuschlag

Eltern, die eigentlich durch ihr Arbeitseinkommen für sich selbst sorgen können und nur aufgrund ihrer Kinder zu Beziehern von → *ALG-II*-Leistungen werden, können einen Kinderzuschlag beantragen. Zusätzlich zum Kinderzuschlag hat man dann noch Anspruch auf → *Kindergeld* und → *Wohngeld*. Diese Förderleistungen ersetzen die Leistungen des *ALG II*. Der Kinderzuschlag wurde zuletzt im Rahmen des sogenannten Starke-Familien-Gesetzes reformiert.

Kinderzuschlagsvariante

Oberbegriff für das gesamte Transfersystem, in welchem Familien → *Kinderzuschlag*, → *Kindergeld* und → *Wohngeld* anstatt → *ALG-II*-Leistungen erhalten. Zusammen sollen diese staatlichen

Transfers dafür sorgen, dass Familien den ALG-II-Bezug schneller verlassen können. In diesem Buch wird meist unterstellt, dass Familien in dieses Transfersystem wechseln, sobald sie dadurch ihr Haushaltseinkommen erhöhen können.

Kosten der Unterkunft

Eine Teilleistung des → *ALG II*, die den Wohnbedarf der Leistungsberechtigten abdecken soll. Die Kosten werden dabei in angemessenem Umfang übernommen. Die Obergrenze für die Kostenübernahme orientiert sich an dem jeweiligen regionalen Mietniveau.

Leistungsberechtigter

In diesem Buch werden damit jeweils diejenigen Personen bezeichnet, die gemäß rechtlicher Grundlage Anspruch auf die entsprechende staatliche Leistung haben.

Mehrbedarf

Teilleistung des → *ALG II*, das besondere Bedarfsansprüche abdecken soll, die über den → *Regelbedarf* hinausgehen. Dazu zählen beispielsweise Mehrbedarfe für Alleinerziehende, Schwangere sowie Menschen mit Behinderung. Es können mehrere Mehrbedarfe parallel bezogen werden, solange sie in der Summe den einfachen Regelbedarf nicht übersteigen.

Mindestlohn

Gesetzlich festgelegte Lohnuntergrenze, die Stundenlöhne in Deutschland im Regelfall nicht unterschreiten dürfen.

Minijob

Umgangssprachlicher Begriff für geringfügige Beschäftigungsverhältnisse bis zu einem monatlichen Bruttoeinkommen von 450 Euro. Auf dieses Einkommen müssen Arbeitnehmer keine Sozialversicherungsbeiträge zahlen, Arbeitgeber können diese durch Pauschalbeträge abgelten. Jeder Beschäftigte hat die Möglichkeit, einen Minijob in Nebentätigkeit auszuüben.

Mitwirkungspflicht

Als Gegenleistung zur staatlichen Unterstützung wird eine Mitwirkung an der eigenen Wiedereingliederung in den Arbeitsmarkt erwartet. Verstöße gegen diese Pflicht können mit → *Sanktionen* geahndet werden.

Moral Hazard (deutsch: moralisches Risiko)

Gehen Personen Verträge ein, so verhalten sie sich nach Vertragsabschluss womöglich anders, als sie es ohne Vertragsabschluss getan hätten, sofern ihr Verhalten nicht beobachtbar ist (→ *Asymmetrische Information*). Wer sich gegen einen Schaden vollständig versichern kann, hat keinen starken Anreiz mehr, diesen Schaden zu vermeiden, da entstehende Kosten von der Versicherung übernommen werden. Bei der → *Grundsicherung* zeigt sich der Moral Hazard durch eine verringerte Bereitschaft, einen größeren Anteil seines Einkommens selbst zu erwirtschaften.

Nettoäquivalenzeinkommen

Das Nettoäquivalenzeinkommen gibt an, wie viel verfügbares Einkommen jedes Haushaltsmitglied eines größeren Haushalts haben müsste, um als Alleinstehender den gleichen Lebensstandard erreichen zu können wie im Haushaltsverbund. Dahinter steht die Überlegung, dass ein vierköpfiger Haushalt nicht das vierfache Einkommen benötigt, um den gleichen Lebensstandard wie ein Alleinstehender zu haben. Viele Dinge wie Küche, Bad, Fernseher oder Waschmaschine müssen nicht für jedes Haushaltsmitglied extra angeschafft werden. Standardisierte Berechnungsverfahren versuchen das zu berücksichtigen, indem sie Einkommen von Personen aus verschiedenen Haushalten im Hinblick auf die Bedarfsabdeckung miteinander vergleichbar machen.

Niedriglohnsektor

Umfasst alle Arbeitnehmer, die weniger als ⅔ des mittleren Bruttostundenlohns in Deutschland verdienen.

Regelbedarf (Regelsatz)

Eine Teilleistung des → *ALG II*, die den alltäglichen Bedarf, insbesondere Lebensmittel, Kleidung, Pflegeprodukte und Hausrat, abdecken soll. Die Bestimmung des individuellen Bedarfs erfolgt anhand festgelegter Regelbedarfsstufen und unter Berücksichtigung von Arbeitseinkommen der Mitglieder der Bedarfsgemeinschaft. Der Regelbedarf wird als Pauschalleistung ausgezahlt. Die Höhe des festgelegten Regelbedarfs orientiert sich dabei an den Ausgaben einer statistischen Vergleichsgruppe der Einkommens- und Verbraucherstichprobe. In den Jahren ohne statistische Erhebung werden die Regelsätze entsprechend der Nettolohn- und Preisentwicklung angepasst.

Regelbedarfssicherung (RBS)
Erster Grundpfeiler der neuen Grundsicherung, die in diesem Buch vorgeschlagen wird. Sie sichert den alltäglichen Bedarf aller erwerbsfähigen und aller im Ruhestand befindlichen Erwachsenen eines Haushalts.

Rentenniveau
Kurzform für das Standardrentenniveau. Es gibt an, wie viel Prozent des aktuellen Durchschnittseinkommens der Erwerbstätigen ein Rentner erhält, der 45 Jahre lang genau das durchschnittliche Arbeitseinkommen verdient hat und entsprechende Beiträge in die gesetzliche Rente eingezahlt hat.

Sanktionen
Kommen Leistungsempfänger ihren in einer Eingliederungsvereinbarung festgelegten Verpflichtungen gegenüber dem → *Jobcenter* nicht nach, kann dieses Leistungskürzungen verhängen. Art und Umfang der Strafe hängen von der Schwere und Häufigkeit der Verstöße ab. Die Höhe der finanziellen Minderungen durch Sanktionen ist durch ein Bundesverfassungsgerichtsurteil begrenzt.

Solidargemeinschaft
Bezeichnet den Zusammenschluss mehrerer Personen durch die gegenseitige Anerkennung wechselseitiger Verpflichtungen. Im Rahmen einer Versicherungsgemeinschaft gehören dazu einerseits die Pflicht zur gegenseitigen Unterstützung im Schadensfall, andererseits aber auch die Forderung, den Eintritt eines Schadens durch eigenverantwortliches Handeln weitestgehend zu vermeiden.

Sozialgesetzbuch (SGB)
Gesetzliche Grundlage für die Regelung der verschiedenen staatlichen Sozialleistungen. Das Sozialgesetzbuch gliedert sich in zwölf einzelne Bücher. Für die in diesem Buch analysierten Probleme sind insbesondere das SGB II (Grundsicherung für Arbeitsuchende) und das SGB XII (→ *Sozialhilfe*) von Bedeutung.

Sozialhilfe
Bezeichnet alle staatlichen Leistungen für Hilfsbedürftige, die nicht erwerbsfähig sind oder über der gesetzlich festgelegten Altersgrenze liegen. Als Grundsicherungsleistung dient sie ebenfalls der Absiche-

rung des → *soziokulturellen Existenzminimums*. Zur Sozialhilfe zählt insbesondere auch die → *Grundsicherung im Alter*.

Sozialstaatsdilemma
Der Sozialstaat steht er vor einem Dilemma: Zu viel Fürsorge untergräbt die Bereitschaft zur Selbsthilfe und verstärkt dadurch die Probleme, die er eigentlich lösen will. Zu wenig Fürsorge fördert zwar Eigeninitiative, nimmt aber billigend in Kauf, dass diejenigen, die sich selbst nicht helfen können, im Stich gelassen werden.

Transferentzugsrate
Wie viel von einem staatlichen Transfer an eine → *Bedarfsgemeinschaft* ausgezahlt wird, hängt vom Einkommen der in ihr lebenden Personen ab. Je mehr diese Personen selbst verdienen, desto mehr können sie für sich selbst sorgen. Die Transferentzugsrate gibt an, wie viel Prozent des zusätzlichen Bruttoeinkommens abgezogen werden. Im Buch wird mit der Transferentzugsrate in der Regel die Summe aller Abzüge, einschließlich der Abzüge durch die Sozialversicherungsbeiträge und die Lohnsteuer, bezeichnet. Eine Rate von 50 Prozent bedeutet, dass der Staat 50 Prozent des Bruttoeinkommens einbehält, wenn die Bedarfsgemeinschaft 1 Euro mehr verdient. Der Haushalt erhält damit netto 50 Prozent seines Bruttoverdienstes.

Verdeckte Armut
Personen leben in verdeckter Armut, wenn sie Anspruch auf → *Grundsicherung* haben, diese aber nicht in Anspruch nehmen. Darunter fallen sowohl diejenigen, die bewusst auf staatliche Unterstützung verzichten, als auch diejenigen, die nicht wissen, dass sie anspruchsberechtigt sind.

Versicherungskonkurrenz
Wenn der Staat allen Bürgern Grundsicherungsleistungen verspricht, wenn sie in Not sind, besteht für den Einzelnen kein Anreiz, sich privat zu versichern. Das staatliche Hilfeversprechen steht damit in Konkurrenz zu privaten Versicherungen und verdrängt diese vom Markt.

Wohnbedarfssicherung (WBS)
Dritter Grundpfeiler der neuen Grundsicherung, die in diesem Buch vorgeschlagen wird. Sie garantiert jedem Haushalt eine be-

darfsgerechte und damit angemessene Wohnung, indem sie die Kosten für diese Wohnungen unabhängig vom regionalen Mietniveau übernimmt.

Wohngeld
Vom Staat gezahlter Zuschuss zu den Wohnkosten für Haushalte mit geringem Einkommen, sofern sie keinen Anspruch auf → *ALG II* haben.

Wohnsitzlandprinzip
Im Rahmen der → *Arbeitnehmerfreizügigkeit* können EU-Bürger auch in anderen Ländern der Europäischen Union leben und arbeiten. Gemäß dem Wohnsitzlandprinzip zahlen die EU-Bürger in dem Land Steuern, in dem sie ihren Wohnsitz haben. Sie erhalten dann auch steuerfinanzierte Sozialleistungen im Gastland, sofern sie bedürftig werden.

Zuwanderung, sozialleistungsinduziert
Zuwanderung, die im Wesentlichen mit der Absicht erfolgt, Sozialleistungen im Gastland zu erhalten.

DANKSAGUNG

In den letzten 25 Jahren hatte ich die Gelegenheit, mit unzähligen Experten, Kollegen, Praktikern, Politikern, Betroffenen, Studenten und Freunden die vielfältigen Probleme des Sozialstaates und der Grundsicherung zu erörtern. Diese Gespräche und Diskussionen haben meinen Blick auf dieses Thema geschult und sind damit auch in dieses Buch mit eingegangen. Daher gilt mein erster Dank all meinen Gesprächspartnern in dieser Zeit.

Mein Dank geht auch an mein Lehrstuhlteam, das mich beim Schreiben dieses Buches mit großem Engagement unterstützt hat. Allen Mitarbeitern gilt mein aufrichtiger Dank. Malte Preuss half mir anfangs nicht nur bei der Datenauswertung und -aufbereitung, sondern auch in vielen Diskussionen, in dieses Buch hineinzukommen. Svenja Miltner und Tom Günther leisteten nicht nur hervorragende Forschungsassistenz, sondern begleiteten den Entstehungsprozess dieses Buches mit großem Engagement und großer, unermüdlicher Diskussionsfreude. Sie haben verschiedene Fassungen des Buches gelesen, kritisch kommentiert und viele Verbesserungsvorschläge gemacht. Cordula Arlinghaus-Budimir hat mit großer Sorgfalt das Manuskript gegengelesen. Wenn es eilig, war, halfen die studentischen Hilfskräfte Julián Ferrín, Sören Gaum, Jakob Skiba und Bahar Uguzer immer wieder gerne aus. Ein besonderer Dank geht auch an meinen früheren Mitarbeiter Clemens Hetschko. Seine wissenschaftliche Leidenschaft für das Thema, gepaart mit sachlicher, beharrlicher aber immer konstruktiver Kritik hat mir sehr geholfen.

Mein Dank geht auch an Viktor Steiner und seinen Mitarbeiter Benjamin Fischer. Sie haben sich auf meine Anfrage hin sofort bereit erklärt, die Beschäftigungseffekte und fiskalischen Effekte der neuen solidarischen Grundsicherung auf Grundlage des aktuellen Gesetzesstandes zu simulieren.

Im Laufe der Zeit haben viele Freunde und Kollegen Teile des Buches gegengelesen und zum Teil sehr ausführlich kommentiert. Mein Dank geht an Christian Calliess, Georg Cremer, Frank-Michael Gorges, Udo Hermann, Andreas Knabe, Kai Konrad, Marcel Thum, Christian Waldhoff und Joachim Weimann sowie an die vielen Teilnehmer in den Veranstaltungen, in denen ich die Gelegenheit hatte, die Idee einer solidarischen Grundsicherung zur Diskussion zu stellen.

Ein besonderer Dank geht auch an Jens Schadendorf. Er hat die Entstehung des Buches schon von einem sehr frühen Stadium an mit viel Wohlwollen begleitet, ohne dabei jedoch mit Kritik zurückzuhalten. Die Gespräche mit ihm haben mir geholfen, das Thema einzugrenzen und klarer zu strukturieren. Darüber hinaus hat er Teile des Textes lektoriert und dadurch viel lesbarer gemacht. Ihm verdankt dieses Buch auch seinen Titel.

Mein Dank geht auch an den Campus-Verlag, insbesondere an Waltraud Berz für die fortwährende Unterstützung und Ermutigung, sowie an Andrea Dietrich für die sorgfältige Bearbeitung des Manuskriptes.

Schließlich geht mein Dank auch an meine Familie. Meine Tochter Sarah-Christina Schöb hat mehrere frühere Fassungen sorgfältig gelesen und kritisch kommentiert. Und mit meiner Frau Christine Bayer-Schöb habe ich immer wieder die verschiedenen Aspekte des Buches intensiv diskutiert. Sie war auch meine kritischste Leserin, die mich aber bei aller Kritik auch immer wieder in meiner Arbeit ermutigt hat. Ihr gebührt mein größter Dank – und nicht nur dafür! Ihr ist dieses Buch gewidmet.

Berlin, den 6. Juni 2020

REGISTER